儿童研究与教育

丛书主编　侯莉敏

儿童生活与教育

侯莉敏　著

·桂林·

图书在版编目(CIP)数据

儿童生活与教育 / 侯莉敏著. -- 桂林:广西师范大学出版社,2024.9. --(儿童研究与教育 / 侯莉敏主编). -- ISBN 978-7-5598-7084-1

Ⅰ. G61

中国国家版本馆 CIP 数据核字第 202456C0V6 号

儿童生活与教育

ERTONG SHENGHUO YU JIAOYU

出 品 人:刘广汉
策划编辑:韦 莹
责任编辑:韦 莹
版式设计:四 两
封面设计:王媚设计工作室

广西师范大学出版社出版发行

(广西桂林市五里店路9号   邮政编码:541004)
(网址:http://www.bbtpress.com)

出版人:黄轩庄

全国新华书店经销

销售热线:021-65200318 021-31260822-898

山东临沂新华印刷物流集团有限责任公司印刷

(临沂高新技术产业开发区新华路1号 邮政编码:276017)

开本:720 mm×1 000 mm   1/16

印张:15.25   字数:220 千

2024 年 9 月第 1 版   2024 年 9 月第 1 次印刷

定价:78.00 元

如发现印装质量问题,影响阅读,请与出版社发行部门联系调换。

　　谈到儿童是什么，我们会想到很多与之相关的词语：孩子、天使、宝贝……这些都是成人基于对儿童的认识并由此发明的称谓，儿童其实远在这些概念出现之前就已经存在了。蒙台梭利说："儿童是在塑造人类本身——不仅仅是一个种族、一个社会阶层或一个社会集团，而是整个人类。"每一位成人都曾经是一个孩子，只是长大以后，常常忘却了孩童时代的种种。由此，研究儿童成了成人社会需要不断接续完成的命题。

　　儿童研究，作为诸多领域中的一项基础性研究，堪称教育研究的起点。人类教育的本原性探索，理应从对"童年"一词的解读开始。在以往的儿童研究中，哲学、社会学、人类学、心理学和教育学等学科以各自的"学科之眼"审视着儿童的本质特征、身心发展、全面成长以及儿童所处的社会阶层、权利保障与文化背景等多个方面。尽管如此，儿童研究仍未得到充分的关注和重视，即儿童研究尚未成为一门显学。究其原因，是我们大多数人研究儿童的初衷在于，希望尽早地把他们培育成为成熟的个体，以便他们能更快地踏进成人社会。诚然，从"自然人"走向"社会人"是每个儿童的必经之路，但在当今世界各种文化系统中，抚育儿童、造就儿童的是成人。成人总是试图获得并维持对儿童的影响力。殊不知，在知识获取方面存在不足，缺少对儿童的充分理解和尊重，这种影响力是极为可怕的。

　　承认儿童的本质特性是教育发生的重要前提，从这一点来说，儿童研究对儿童教育意义重大。只有准确理解儿童、把握儿童的发展特点才能有效推进和落实"以儿童为本位"的教育。刘晓东教授提出"儿童研究是人学研究的核心，是人文学科的源头或基础"，李政涛教授认为"儿童研究是教育研究中的基础性和前提性研究"，这些观点我是完全认同的。结合我国的教育发展现状来看，儿童研究的发展状况直接影响了教育研究及改革的进程与方向。

20 世纪初，随着西方儿童文化的传入，我国掀起了"儿童研究""童年的发现"的浪潮。由此引发了对传统儿童观的批判，并开始对教育观进行革新。凌冰、陈鹤琴、鲁迅、丰子恺等学者发出了"解放儿童""一切为了儿童""救救孩子""儿童本位"的教育号召。进入 21 世纪以来，为纠正成人主导、应试为主的教育导向偏差，儿童研究重新回到教育领域中，期待以回到儿童本身的研究来引领教育的目标及方向。可以说，儿童研究的重启推动了学校教育改革与教育研究的转向。当今中国正经历百年未有之大变局，时代发展为儿童研究的理论生长和实践探索带来了千载难逢的机遇。基于儿童研究的儿童教育，既是对"理解儿童"和"尊重儿童"的教育内涵之充分阐释，也是对"解放儿童"和"发展儿童"的时代使命之有力回应。如今教育与儿童生活的抵牾，网络庸俗文化对校园的侵蚀、儿童身体的禁锢，以及儿童心理健康等种种问题，成为当下教育所急需审慎面对和解决的现实问题，也使我们不得不回到教育问题的出发点和源头上进行思考：儿童是什么？儿童研究应如何进行？基于儿童的教育应如何进行？……

本套丛书以儿童为原点，对儿童生活与教育、儿童教育哲学、儿童身体与教育、儿童文化与教育等方面的关系进行探讨，力图找寻儿童研究的教育路径：回到儿童研究的问题本源——儿童的生活，通过剖析儿童观与儿童教育的误区，探寻儿童生活的本质，以此来提出回归儿童生活的儿童教育；追溯儿童研究的逻辑起点——儿童教育哲学，对"儿童是谁""儿童与教育""儿童的学习何以发生"等基本问题和基本关系进行阐释；关注儿童研究所不能缺席的主体——儿童身体，对不同情境下儿童的身体参与及其受到的规训与教化进行再度审视，指出教育在儿童身体发展中的作用；进入儿童的世界——儿童文化，去感受儿童在走向社会化的过程中，自主、自发、自成一体且又极具创造性的文化现象。

　　本套丛书抛砖引玉，是对"基于儿童的研究"和"基于儿童研究的教育"所进行的尝试与探索，希望各界学人多提宝贵意见，批评指正！

　　是为序。

侯莉敏

2024 年 4 月

深究儿童教育最本源的命题

　　我曾答应给《儿童生活与教育》第一版写序，事情一多就忘了，后来想赶写也来不及了。感谢侯莉敏教授给我"补过"的机会，为该书的第二版写序。生活与教育是我一直感兴趣并热心关注的一对关系。我感到这对关系里包含着儿童教育中最本原的命题，这些命题是现代儿童教育理论无法回避的，也是生发儿童教育理论的重要学术根基。《儿童生活与教育》抓住了这个最本原的命题，并对与此相关的理论问题进行了深入的探索和回应，为儿童的生活与教育这对重要关系增加了丰厚的学理说明和实践解读。

　　《儿童生活与教育》聚焦童年生活，深度关注童年文化，站在儿童的立场上深入童年生活，分析当代童年生活的扭曲和成人儿童观的偏离；提出了"从生命存在形式认识儿童"，并解释了儿童和儿童期的意义及儿童发展成长的推动力；确认了儿童生命的特殊性和生命的价值，儿童生命成长对人生发展的关键而独特的意义；充分肯定了生活对儿童的重要价值和对儿童成长的意义，提出了"生活是生命或精神有目的的创造过程"的见解。对儿童来说，远离生活就是遏制成长。因此，要站在生活的基础上来思考儿童的生命和精神成长，要站在生活的基础上来思考儿童的教育。让儿童教育真正回到生活世界，回到儿童本身，而不是沉醉于符号体系和成人的生活。这对当今幼儿园教育中存在的"小学化"和"成人化"倾向是一种适切的诊疗。

　　《儿童生活与教育》以回归儿童生活为基础，明确提出了儿童教育的主张，充分肯定了儿童的主体地位和主体作用，同时高度肯定了他们所展现出的相互作用和自我教育的能力，改变了儿童被动教育和被迫灌输的形象，确立了儿童自主、自由、自动的形象。成人应当科学地和理性地理解儿童和成人的关系，成为儿童的陪伴者、支持者和合作者，这对儿童的成长至关重要。为了实现这一目标，成人需要观察和研究儿童，为儿童创设适宜的环境和条件。在此过程中，成人需要有积极性、主动性和创造性。只有这样，我们才能使儿童的生活和活动更加适宜，使儿童更加积极主动，更具有主体性，能更好地获得新经验。成人和儿童的主体性均根植于共同的生活实践。在此过程中，成人不是简单地照护儿童的生活，而是要和儿童共同生活，在生活中互动，在生活中共同发展。

《儿童生活与教育》提出了儿童生活教育，并且对儿童生活教育的目的、原则及实现历程做了展现。生活教育是很多教育家都关注的重要教育理念和实践取向。生活教育的核心是确认儿童生活的价值，关注儿童在生活过程中的学习和成长。生活教育需要让儿童体验现实生活，接触生活中的事物，关注生活的现象，发现生活中多样化的联系。生活教育不只是生活本身，生活教育需要发现和思考生活中的问题，并努力尝试去解决这些问题；生活教育需要发现生活存在的多样化的关系，在发现和理解这些关系的过程中，提升智慧和能力。因此，生活是整体的，生活教育就是综合的教育。儿童在生活过程中，不断面临新的困难和问题，还得到教师适宜的支持和引导，从而实现了身体和精神的成长，这才是真正的生活教育。

我们正在进行高质量学前教育体系的建设，需要重新审视儿童，重新思考学前教育的适切性和有效性，需要真正关注教育质量的核心要义——对儿童的理解、支持和促进。理解儿童一定是在与儿童共同生活的背景下实现的，理解儿童为何如此和将要如此，才能为儿童创造新的生活契机，为儿童提供适宜的环境和材料，让儿童获得适宜的活动和发展空间与机会，才能为儿童提供适宜的鼓励、支持和引导，让儿童在属于自己的生活世界里不断前行。因此，高质量的儿童教育需要强化生活教育的理念，需要关注和珍视童年生活的价值。我们要充分认识童年对人生的意义，并努力以更加贴近儿童的内心世界、融入儿童日常生活的方式开展教育实践。作为与儿童共同生活的成人，我们应该反思自己的童年经历，要把为儿童创造发展的机会和可能作为成人的基本职责。

《儿童生活与教育》给了我很多的启发和感悟，在此，我谈了自己的学习体会和认识，是为序。

虞永平

2024 年 4 月

侯莉敏博士的《儿童生活与教育》一书出版在即,我在此向她表示祝贺。这些年来,侯莉敏花了大量时间阅读儿童教育学的经典著作和相关文献,从她这本书中应能看出这些阅读对她的影响。这些阅读不是蜻蜓点水,不是随心所欲,而是艰辛的劳动。阅读引领她逐步潜入伟大智者的思想世界,这是那些不愿下苦功的人所无法抵达的。

阅读是读者和文本的相互构建,在阅读中,那阅读的人在成长,被阅读的文本在那阅读的人心中生根。通过阅读,侯莉敏的学术视野和学术境界日见提升,儿童教育的近现代立场逐步在她心中确立,她的理论思维也被这种阅读点燃串串火花。这些思想的火花就藏在本书中,等待读者再次点燃。

我是做教育基础理论研究的,强调基础理论研究的重要性有王婆卖瓜之嫌,不过我还是要强调:在一个传统教育观念根深蒂固的国度搞儿童教育改革,靠几个人做基础理论研究,宣传儿童教育现代观念,是远远不够的。迄今为止,"儿童"这一概念还没有真正进入中国教育学的"深层语法"……中国儿童教育变革需要一批人而不是几个人来做这种儿童教育学的基础研究工作。作家王蒙 20 年前曾经写了一篇小说《坚硬的稀粥》(载《中国作家》,1989 年第 2 期),批评变革在原地转圈而不敢有所突破。变革不只是量的变化,还应当有质的突破和提升。儿童教育的改革如果只是将那些苦涩得难以下咽的知识、道德或技能包上糖衣,只是将过去强制的粗暴的方法换成甜言蜜语的劝导,这种变革只是浅表的变革，无法转向现代化的阳关大道。中国儿童教育需要革命性的基础观念、根本立场和大政方针的变革，这就要求儿童教育学界应当有新的思路、新的观念，这就要求加强儿童教育基础理论研究，以理论创新、观念创新带动教育变革和行动创新，从而走出教育变革的瓶颈，走出文化变革和社会进步的瓶颈。因而，这就需要一支特别有战斗力的儿童教育基础理论研究的队伍。中国不是多了这种儿童教育基础理论研究，而是缺少这种研究。对理论研究、理论建设不够重视，甚至敌视理论研究，显然是错误的。因为任何观察都是一定理论基础上的观察，任何思考都是一定理论基础上的思考。中国儿童教育学的现代观念不是绰绰有余，而是严重不足。中国儿童教育的变革和进步，离不开基础理论研究，离不开历史研究。

"昨天文小姐，今日武将军。"侯莉敏通过刻苦的学术钻研获得了理论思维的翅膀，通过思想史研究磨砺了双眼。理论思维和思想史素养是一个学者所必备的。学者如果没有这对翅膀和这双慧眼，那只能是文弱的"文小姐"，而难以成为"纤笔一枝谁与似？三千毛瑟精兵"般的"武将军"。

古人云："审堂下之阴，而知日月之行、阴阳之变。"(《吕氏春秋·慎大览·察今》) 有人愿意做这种研究，说明我国儿童教育基础理论研究进入了早春。侯莉敏的专著试图对儿童教育的基本问题进行深入探究，我对这本著作的学术价值满怀信心。在翻阅这本书的过程中，我似乎听到了从远方的快车道传来的列车疾速行进的声音。我知道，中国儿童教育基础理论研究进入快车道的时代即将来临。

刘晓东

2009 年 4 月 16 日于南京

目 录 | CONTENTS   >>>

引　言　>>>　　　　　　　儿童世界何处寻

　　早期教育是 21 世纪公众关注的焦点之一。这个时代也为早期教育的发展带来了各种可能和机遇。对早期教育研究者来说，在能够为儿童、家庭和托幼机构所做的事情中，在改变和改造早期教育方面，这种可能性似乎是没有尽头的。但是，最重要的问题是：儿童是否需要我们成人所做的这一切？儿童成长真正需要的是什么？

一

　　笔者曾经在报纸上看过两则报道。一是"某地的一所幼儿园为 70 名小朋友安排了身穿黑色博士服的隆重毕业典礼，园长介绍说，希望这个典礼给孩子留下关于学习与美好未来的深刻印象"。二是"某市的一个两岁幼童乖巧聪明，拥有超强的记忆力，小小年纪就能识 1200 多个汉字。孩子的妈妈曾是一名幼儿教师，在孩子 5 个月大时，她发现孩子特别爱听'三字歌'的录音带，于是从孩子 13 个月起，她就按识字挂图教他识简单的生字。现在，孩子已经能背诵一年级语文教材中的全部课文。据介绍，孩子的家长已经为他申报了吉尼斯世界纪录，正在等待回音"。

　　翻开报纸，打开电视，这样的报道比比皆是，这不得不让我们思考一个问题：社会、家庭以及幼教机构提供的早期教育、倡导的早期教育理念是迎合谁的？是儿童吗？

　　当然不是，很显然，我们的早期教育在很多时候是迎合成人的，儿童是为未来、为成人而生活的；我们的文化也只有成人的概念，儿童也被看作"小大人"，被当作成人一样对待。虽然我们对儿童的关注在增强，可儿童过早地被推入成人世界，他们穿着精心设计的衣服，在电视上、电影院里观看成人节目乃至在更年幼的时候就遭遇到媒体的暴力侵蚀。很多时候，儿童与成人之间的界限变得模糊不清，儿童被鼓励像成人一样做事，像成人一样说话。如"不要输在起跑线上"这样的口号逼迫儿童迅速成长，但他们成长得太快、太迅速，以至于仓促地走进了成人社会。在儿童能力与成人愿望发生冲突的时候，灌输、劝导、威胁和训斥的"物化教育"随之而来。美国的尼尔·波兹曼在他的《童年的消逝》中写道："儿童已经基本上从媒体尤其是电视上消失了，当然我不是说年纪小的人看不见了，我是说当他们出现的时候，都被描绘成十三四世纪的绘画作品上那样的微型成人……""那些在节目里的儿童和成人，他们在各自的兴趣、语言、服装或性欲上的表现都没有什么区别……"[1]危言耸听吗？一个男孩说："我不认为一个10岁的孩子看了成人节目，就不再是儿童了。"另一个女孩则说："大多数孩子看电视节目，知道那不是真的。"[2]孩子说得有道理。只要他们存在，儿童就存在。只是作为儿童，没有了自己的话语，没有了本该属于自己的那片湛蓝晴朗的天空，没有了独立的人的生活，儿童还是儿童吗？儿童教育关注的是什么？

关注儿童，关注儿童的生活与发展，这本是儿童教育的基本出发点和根本目的。1900年，瑞典教育家爱伦·凯提出了"20世纪是儿童的世纪"，这既是一种教育宣言，又是对稚嫩纯真心灵的庄严承诺。但是，回望过去的一百年，这种宣言已化为泡影。20世纪，人类遭遇了战争、掠夺以及社会和政治秩序的重建，教育成为满足政治、经济和军事发展的工具和手段，教育的根本目的不是为了儿童，不是为了儿童的生长和生活本身，儿童成为"生活世界"的弃儿。"20世纪教育的历程表明，满足政治、军事、经济方面的需要几乎成为各国不同时期教育发展和改革追

---

[1] 尼尔·波兹曼：《童年的消逝》，吴燕莛译，广西师范大学出版社，2004年，第1页，第172—173页。
[2] 同上。

求的目标，而儿童发展的需要几乎成了一种奢侈品。"[1] 儿童生存、发展和教育还存在许多问题，童年生活的独立价值难以得到关注，儿童常常被看作未来的生产力，如潜在的商人、工人、技术人员或科学家，与此相适应的儿童教育，就有可能忘却儿童的现实生活和可能生活，这样的教育与儿童本真的生活是相脱离的。

二

其实，早在古希腊，柏拉图就提出，教育是一种让"灵魂转向的技巧"，"一种使灵魂尽可能容易、尽可能有效地转向的技巧"。这种"技巧"，"不是要在灵魂中创造视力，而是肯定灵魂本身就有视力，但认为它不能正确地把握方向"。他认为"教育实际上并不像某些人在他们的职业中所宣称的那样——他们宣称他们能把灵魂里原来没有的知识灌输到灵魂里去，就好像他们能把视力放进瞎子的眼睛里去似的"。[2] 这意味着教育从根本而言就是或者说只能是诱导的、启发的，而不是灌输的，教育的根本任务不在注入，而在引导学生使其追求知识。这实际上意味着真正的教育并不是把成人的世界简单地灌输到儿童世界之中，而恰恰应该从儿童世界的既有内涵出发，引导他们逐渐去认识、体验、发现外在的成人世界的内涵，来进一步丰富、拓展儿童世界的内涵。但是，进入现代社会以来，随着科学技术的发展，人们对物欲追逐的合法化、对自然征服的热切化，使得人们的生活发生了巨大的变化，教育不得不适应这一生活方式转向的要求，摈弃古典人文教育的传统，于是逐渐出现功利化的倾向。也正是从这开始，儿童当下的生活价值被忽视，成人生活世界日渐侵蚀儿童生活世界，并高高跃居于儿童世界之上成为现代教育的常态，最终使得教育中儿童的世界不再完全属于儿童。

教育要不要为将来生活做准备？这当然是需要的，而且是必要的，因为任何教育都是要提高个体文化的、社会的适应性，并最终使个体以

---

[1] 陆有铨：《躁动的百年——20世纪的教育历程》，山东教育出版社，1997年，第916页。
[2] 柏拉图：《理想国》，转引自刘铁芳：《守望教育》，华东师范大学出版社，2004年，第157页。

健全的方式参与广泛的社会生活之中。但问题的关键在于，"儿童期的十几年生活，一面固然是成人生活的预备，但一面也自有独立的意义与价值"[1]。儿童不但要生活在成人的世界中，还要生活在自己的世界中。他在成人的世界中接受教育，获得更好的发展，但也要在自己的世界中获得自由，感受生活的乐趣，体验世界的美和人生的美。可是现在，"我们每个人都会发现，我们现代的儿童不是懂事懂得太晚了，而是懂事懂得太早了，他们幼年、童年和少年的心灵状态不是被破坏得太晚了，而是被破坏得太早了。他们过早地被置入一个由几千年的文化发展造成的复杂的文化的社会，成人的社会，成年人的文化从他们出生那一天起就骚扰着他们幼小的心灵"[2]。果真如此？当下儿童在教育中是如何生活的呢？教育是否符合了儿童生活的需要？

反思教育实践，我们看到在一个个封闭的制度化的学校教育体系中，一些教育者常常忘记儿童，忘记儿童的真实生活，片面地用成人迷恋并津津乐道的科学技术、工具理性或所谓"高雅""文明"的书本文化，来支撑儿童诗意栖居、野性盎然的生命世界，甚至诱惑儿童早早地、不合时宜地进入成人的世界，扭曲儿童的天性。这种不明智的教育以成人的意志霸权控制着儿童的生活，制造着儿童不自然、不自由和不自主的认识，也制造着对教育的逆反、厌恶，甚至敌意的情绪，这种教育当然也就成了儿童异己的生活。

三

教育者需要反省自己，教育应当回归到儿童生活中去。但是，什么样的儿童教育可以让我们回到儿童的生活世界里去呢？让我们借助胡塞尔的"生活世界"理论来进行思考。胡塞尔对我们存在于其中的世界做了"生活世界"和"科学世界"的划分。在他看来，"'生活世界'是一个非课题性的、奠基性的、直观的、人的生命存在的综合性世界，是人

---

[1] 周作人：《儿童的文学》，转引自止庵《周作人讲演集》，河北人民出版社，2004年，第35页。
[2] 王富仁：《把儿童世界还给儿童》，《读书》2001年第6期。

正经历着的世界，是由人构成的关系世界，也是一个人在其中的实体世界"[1]，即这样的世界是一个前科学的、在先被给予的世界，是一个直观的、奠基性的世界，是富有意义、富有价值、本真存在的世界。而科学世界是人们依据经验、规范、条例而形成的一种理性世界。生活世界和科学世界是有关系的，即生活世界是科学世界的根基，科学世界产生于生活世界，但科学世界和生活世界也是有区别的，不能把这两个世界等同起来，或者用科学世界完全代替生活世界。目前我们的教育其实就是科学世界代替了生活世界，因此，胡塞尔提出了"返回生活世界"的口号。根据这一思想，20世纪90年代以来，我国教育界开始关注和引进"生活世界"这一命题，并在教育理论和实践中形成了自己的话语体系，即在"生活世界"话语的基础上，教育本质被认为是一种特殊的生活过程，教育不仅仅是生活的准备，教育应该关怀儿童的生活，特别是要关怀儿童当下的生活，关怀此时此刻在此的儿童的生命状态；教育应当成为此时此刻的个体实现可能生活价值完满的一种特殊方式，教育还直接启发、拓宽个体全面的生活视野和价值视野，并引导、尊重个体独特的生活价值取向和追求生活价值的方式，尊重并关怀个体日常生活的价值。教学过程则被理解为师生展开对话、理解而达成"你—我"师生的过程，教学就是教师与学生运用想象力来从事意义创造和分享的过程，即师生之间不是简单的知识授受，而是共同进行有关学习主题、意见、思想、情感的交换和分享的过程。

这种回归生活的教育，给教育尤其是早期教育带来了曙光，因为"在幼儿教育中同样也存在着两种世界，一种是'生活世界'，即日常生活形态中普遍的幼儿教育世界，另一种是'规范世界'，即制度化、体系化、科学化、规范化了的幼儿教育世界"，"从'规范世界'走向'生活世界'，并不是说幼儿教育不要科学的学科活动，而是说我们应更关注儿童的日常生活，关注日常生活所给予儿童的各种发展机会与潜能，关注日常生活中的种种价值与意义，关注儿童在日常生活中的每一个疑惑、困难与问题，关注儿童在日常生活中的每一个发展历程，而这恰恰是长

[1] 郭元祥：《生活与教育》，华中师范大学出版社，2002年，第113—114页。

期以来为我们所忽视的"。[1]因此,儿童世界的寻找与儿童生活的重建就成了我们每一个从事早期教育工作者的重任。

寻找儿童世界,还给儿童一个属于他们自己的生活,也应该是我们这个时代教育改革与发展应唱响的主旋律。当然,先辈已经为我们指明了方向。

罗素提出:教育要使儿童过美好的生活!

杜威宣称:教育即生活!

陶行知则说:生活即教育!

四

21世纪伊始,我们已经有了一个良好的开端,一系列法规政策的颁布,人们对理想生活和理想教育的追求,儿童生活开始与儿童教育并行,这都促使我们走向儿童,了解儿童,思考儿童,这也使儿童世界的寻找和儿童生活的重建与回归有了可能。

儿童的世界在哪里呢?《父与子》的作者卜劳恩的漫画《假期第一天》描绘了这样的场景:胖胖的小老头儿趁儿子熟睡之际,悄悄把他弄上车(没带作业本),警察也配合,路人也配合,孩子终于醒在梦幻般的美丽田野。周围的小动物惊讶,孩子更惊讶,秃顶父亲"阴谋得逞",躲在树丛中含笑窥测,内心比田野更美丽。[2]小男孩在父亲的呵护下肯定找到了自己的儿童世界。苏联作家巴乌斯托夫斯基讲述了关于安徒生的故事,那就是《夜行的驿车》。

去年夏天我在日德兰半岛,住在一个熟悉的林务员家里。有一次我在林中漫步,走到一块草地上,那里有许多菌子。当天我又到这块草地上去了一趟,在每只菌子下面放了一件礼物,有的是银纸包的糖果,有的是枣子,有的是蜡制的小花束,有的是顶针和缎带。第二天早晨,我

---

[1] 姜勇:《论儿童发展的可能性——从教育的"规范世界"走向"生活世界"》,《学前教育研究》2002年第6期。

[2] 卜劳恩:《假期第一天》,《语文世界》2019年第2期。

带着林务员的小女孩到这个树林里去。那时她七岁。她在每一只菌子下找到了这些意外的小玩意儿。只有枣子不见了。大概是给乌鸦偷去了。您要是能看见就好了，她的眼睛里闪着多大的喜悦啊！我跟她说，这些东西都是地下的精灵藏在这里的。[1]

这位七岁的小女孩一定在菌子下找到了她的儿童世界。当然，安徒生的世界本来就是一个"儿童的世界"，他用整个青春和生命创造了永远的"儿童世界"。还有丰子恺那幅广为人知的漫画《阿宝两只脚，凳子四只脚》。丰子恺画下了他女儿阿宝替凳子穿鞋的样子，他描述道："阿宝！有一晚你拿软软的新鞋子和自己脚上脱下来的鞋子，给凳子的脚穿了，只穿袜立在地上，得意地叫'阿宝两只脚，凳子四只脚'。"阿宝此时此刻不就沉浸在自己创造的儿童世界里吗？而丰子恺也在孩子的世界里一次次地找到了自己憧憬的生活，他感叹道："孩子能撤去世间事物的因果关系的网，看见事物的本身的真相。他们是创造者，能赋予生命一切的事物。他们是'艺术'国土的主人。"[2]确实，还儿童以本真的世界，就是让过于成熟的人类一次又一次地去重温那不断逝去的永恒，那也是疲惫中的成人遥远的精神家园。

五

我是一个走出儿童期的孩子的母亲，也是一个肩负社会责任的儿童教育工作者。本着对儿童的爱，我踏上这条满是艰辛但也充满快乐的路。走近儿童，走进他们的生活，理解他们的思想，尊崇他们的天性，重构儿童应有的生活和教育，这在理论和实践中都有着重要的意义。

本书从关注儿童的当下生活开始，通过对儿童日常生活的调查，发现儿童教育目前存在的误区。通过悬置、反思这些现象与认识，寻找儿童生活的本源，由此，提出理想生活基础上的早期教育。

---

[1] 康·巴乌斯托夫斯基：《金蔷薇》，李时译，西苑出版社，2018年，第307页。
[2] 丰子恺：《阿宝两只脚，凳子四只脚》，转引自丰陈宝、杨子耘编《丰子恺随笔精粹》，上海古籍出版社，2004年，第51页。

本书主要采用现象学的研究方法，即对儿童生活与生活世界的研究，旨在获得对儿童日常生活体验的本性或意义更深刻的理解。现象学研究的是现象的本质，它通过对物体本源的描写来激发人们的思考。因此，现象学的出发点在于情境，重在引证我们直接普通的经验，并对那些最普通、最熟悉、最不证自明的东西实施结构化的分析。为了这个目的，我们可以利用诗人、作家、艺术家的作品，也可以直面生活本身，对嵌入生活情境中的一个典型的意识节点进行分析、阐释和说明，以期找出事物的"共核"。研究手段和路线可以体现在以下三个部分的内容中。

第一部分：生活的迷失：儿童观与儿童教育的误区。本部分从儿童当下的生活现状入手，从现状中梳理出儿童教育存在的问题，并对问题的原因进行探源，在此基础上进行分析。

首先，从童年的消逝开始，通过回顾童年概念的发展历程，指出童年正在消逝，但导致童年消逝的不是单纯的媒介这一个因素，而与整个社会的观念、文化传统有关。媒介作为文化的一个方面，当然会影响到儿童的观念。如果说电视真的引起了童年的消逝，那么消逝的原因不应该是电视这种形式本身，而是操纵电视的人，他们的文化观念、儿童观、经济利益动机等决定了他们要美化和鼓励儿童成人化。如果在我们的文化中没有童年的概念，那么，即使没有电视这种工具，成人也会利用其他种种手段从儿童身上获取利益并鼓励儿童尽快地成人化。从这个意义上来看，尼尔·波兹曼的重要贡献就在于通过回顾童年概念的发展历程，告诉我们"童年"是一种社会概念，即文化概念。这为我们理解儿童打开了一个新的视角，即儿童的存在，既是生物学上的存在，也是文化意义上的存在。作为生物性的存在，只要儿童的生命期存在，童年就存在。但作为文化概念的存在，童年可以在一定的历史条件下产生，也可以在一定的历史条件下消失。当一个社会中的儿童过着童年应有的生活的时候，人们不必提到童年概念；当这种童年生活可能被损害的时候，人们要捍卫童年；当这种童年生活尚未出现或未被社会认可的时候，则要提出和发展童年概念。

当然，每个时代都需要人们去理解和发展童年的概念，这与文化的传承和进化有关，即说到底，儿童的生活与人们对儿童的理解有关，而儿童观的形成又直接受着文化的影响。从"文化变迁中的儿童"到"教育影响中的儿童"，我们在文化和教育中不断找寻着儿童，找寻着儿童自己的足迹，然而，我们看到：儿童生活不断受到某些成人生活的侵蚀，儿童失去了自己的主体地位。而教育也在一定程度上发生了"异化"，教育成为某些成人手中的"工具"。探寻根源，在于缺乏对儿童的本体认识，缺乏对儿童教育的本质理解，更缺乏对儿童生活的本源探讨。重新认识和理解儿童及儿童生活和教育，成为时代赋予我们的重大责任，而回归生活世界，关注儿童的生活方式，关注儿童在现实生活中的地位，赋予教育生活意义和生命价值，也就成为当今教育改革的必然要求。

本部分收集和分析资料的具体方法如下：

（1）观察儿童生活中的逸事：现象学主张采用"近距离观察法"，因为对儿童来说，通常很难写出书面材料或参与对话访谈，所以，为了获得儿童的经验，就得参与他们的生活（主要是在早期教育机构中的生活）。通过观察与记录儿童在一日活动典型情景中的玩耍、交谈等活动，深入儿童的生活世界，直面儿童当下生活的本真。

（2）从网络资料和文献资料中检索和搜寻儿童教育中人们最关注的问题，特别是各种各样关于儿童早期教育开发的方案，对现阶段儿童教育追求的功利性目的进行分析和梳理，挖掘儿童可能生活的背景。

（3）对主题进行分析：主题是儿童生活经验的焦点、意义和要点，是人们试图理解现象的一种形式。"主题分析"则指主题意义不断显现的过程，在此过程中，通过作品的引申意义和形象描述将主题体现出来并使之清晰化。

第二部分：生活的本源：儿童生活的本质探寻。本部分主要阐述了儿童及儿童生活的本义，并从教育与生活的关系入手，考察和了解教育与生活的历史变迁，由此进一步提出儿童生活及生活世界的实质。

首先，儿童是双重存在的复杂生命体，儿童的发展既受着个体和类的生物进化的影响，也受着环境中文化的影响。作为自然的存在，儿童的发展受着天性和内在指导方针的指引；作为文化的存在，儿童的发展又受到一定的社会环境的影响，儿童也需要成人和教育的影响。

以此为根据，儿童的生活就应该以儿童为主体，从内在的生物性开始，受个体和类的天性发展的指引，又受外在的环境的影响，接受文化社会的"侵蚀"，由无意识向有意识发展起来。因此，儿童生活由儿童内在生活与外在生活同构而成。同时，儿童的生活与成人的生活是有区别的。儿童生活与成人生活是人生过程中的两个不同阶段，两者既有紧密的联系，也有本质的区别。成人的生活是构筑一个超自然的环境，他必须用活动和智慧努力进行我们通常称为"生产劳动"的工作，这种劳动是社会性的、共同的和有组织的，同时必须遵循一定的社会规范；儿童在本质上是生活在成人社会之中的自然人，是超社会的人，对成人在自然之上所建立的那个人为世界而言，儿童是一个陌生人，他们适应不了成人社会的种种规范和准则，在很多时候，他们有可能是成人社会中既定秩序的破坏者。因此，成人的生活更多的是体现文化，而儿童生活则更多的是体现自然，从自然界到人类社会是由儿童的生活联结起来的。

其次，教育作为儿童生活的反映，理应走进儿童的生活世界，而生活世界也为教育带来了新的理念。生活世界强调人在生活世界中是人的生存与人的价值的体现，由此确立了人的生命意识，这实质上意味着在教育中我们也要确立儿童的主体地位，尊重儿童生命；生活世界注重人与世界的互动关系，因此生活世界中的教育也需要把儿童置于一种关系世界当中，使儿童在亲历世界的过程中，学会处理与自然世界的关系、与社会世界的关系以及与自我主观世界的关系；生活世界注重人的生成的动态关系，强调人在其中，人是动态的生成过程，这样对人的重新理解和定位，使得教育也应该注重对人即儿童的整个生命历程的动态把握，即观照他们的过去、现在和未来，观照他们的现实生活和可能生活。

本部分收集和分析资料的具体方法如下：

（1）发生学的研究方法：对个体与人类生活的发生进行分析，即把儿童放在整个生物种系和历史文化背景中去考察和理解他们的生活。

（2）以"个人"体验作为研究起点：通过收集自己和他人亲身体验过的儿童生活描述，了解儿童生活的本质。

（3）文学、传记、艺术中的生活体验描写：从这些作品了解人类生活的某些侧面以及可能的人类经验，从多角度、多方面理解儿童。

（4）对生活之存在性进行分析：在现象学研究中，生存的空间（空间性）、生存的感体（实体性）、生存的时间（时间性）、生存的人际关系（相关性和公有性）这四个范畴已被公认为生活世界的基本结构，也是世界存在的基础。它们共同构成一个错综复杂的生活世界实体，儿童也生活在这个实体之中。在本书中，我们主要对儿童的教育生活进行反思。

第三部分：生活的重建：回归儿童生活的儿童教育。从儿童与儿童生活的本源出发，通过对儿童教育误区的批判，提出和构建基于儿童生活的儿童教育。

首先，回归儿童生活的教育直接指向的是儿童的生活，而儿童的生活由内在生活和外在生活同构而成。在内在生活方面，儿童的发展受着个体和类的天性发展的指引，因此，儿童是自己的教育者，儿童体内的指导方针以及主动学习的能力使儿童能够自己教育自己；在外在生活方面，儿童的发展受到社会以及文化的影响，这种影响主要通过与成人的交往来获得，因此，成人，特别是父母和教师，是儿童成长的支持者。

其次，回归儿童生活的教育的目的是以儿童为本位的，教育要使儿童体验生活和存在的意义，把他培养成为完满的现实生活和可能生活的主体，即把儿童培养成为个体生活的主体和社会生活的主体。因此，回归儿童生活的教育奉行的便是双重原则，即教育的自然原则和社会原则，主张培养的是幸福的个人和合格的公民，这也与教育的目的相一致，而一个符合儿童成长需要的课程将有助于儿童获得更好的发展。

本部分主要的方法是解释。我们在梳理儿童教育面临的主要问题是什么、儿童是什么、儿童的生活以及儿童的生活世界是什么的基础上，提出儿童教育应该有的立场和观点。当然，这样的解释还建立在逻辑和历史相一致原则的基础上，即把儿童的教育与人类文化历史发展的进程联系起来，并去寻找儿童发展与种系发展相互平行的轨迹，以此提出与儿童生活相适应的儿童教育。

I

生活的迷失：

儿童观与儿童教育的误区

| 文化变迁中的儿童 | 教育影响中的儿童 | 问题与根源 |

生活的迷失：
儿童观与儿童教育的误区

　　罗马哲学家卢克铁斯说过："初生的婴孩，好像一个被怒涛冲到岸上来的水手，天然的势力把他从母亲的胎里拿到光明的海岸上边来，此时他既无衣服可以御寒，又乏言语可以达意，真可谓没有一点生存的能力，只能俯伏地上作悲哀的啼哭而已。"[1] 但是，新生婴儿来到这个世界的最初哭声，实际上代表着他那强有力的存在冲动，这种冲动包容了这个婴儿将来发展的无限可能性。他们充满着好奇，具有天生的探究能力。在他们眼里，这个世界不断地扩大，越来越清晰可辨，但他们也是柔弱的，需要成人的照料，也需要成人回应他们的好奇。成人是艰难的，儿童的每个问题都会把他们带到一个十字路口，每一种回答都是一种选择，也是一种迷惑。因为成人的每一种反应都是一种答案，带着他们自己对世

---

[1] 陈鹤琴：《陈鹤琴全集》（第一卷），北京市教育科学研究所编，江苏教育出版社，1987年，第53页。

界理解的答案，任何一种答案都排斥其他可能的答案。世界在儿童面前是扩大了还是缩小了？

但不管怎样，随着岁月流逝，从童年到成年，儿童逐渐学会和掌握自己所处社会的艺术、制度、言语和规则等文化遗产。初生婴儿在生存技能和适应能力等方面均不如野生动物，但年复一年，在所有高级活动中，儿童越来越显示出其优越性，并最终能完全脱离野蛮状态而进入大自然的另一个王国。只是作为成人的我们必须思考：我们该如何对待和理解儿童已有的各种力量？也许我们可以找到许多证据表明成人正在尊重儿童，如我们已不会把儿童看成一张可以任意涂抹的"白纸"或一种可以随意修剪的"植物"。但在当今社会中，一种新的观念正在形成，即催促儿童尽快成长的观念。这种观念认为儿童在很小的时候就具有超凡的力量，甚至在婴儿期，就有超出他们年纪的能力了。这种想法让某些成人以为可以无限地开发儿童的各种潜能，催促儿童早熟，并且认为儿童并不会因此受到伤害。在这种观念的影响下，儿童教育也出现某些偏差，如认为早期教育就是及早教育，儿童在刚出生之时，甚至在母腹中，就应该开始教育。为此，有人专门开发出整套的"教育方案"，并配以各种门类齐全的课程，通过教导父母，儿童在婴儿时期就俨然在学习一所综合大学的课程。这些人打出的口号：及早教育可以刺激孩子的智力更快地发展，由此可以让孩子在人生的竞技场上捷足先登。这实在是儿童观和儿童教育的误区。

第一章

文化变迁中的儿童

儿童的发展既受到生物因素的影响，也受到社会因素的影响。不同的社会对儿童的理解和要求不同，就会产生不同的儿童观念。在当今社会中，催促儿童成长的观念可谓日益膨胀，一些儿童从幼儿阶段起就被各种势力催赶着快快长大，草草地结束无忧的童年，一脚跨入成人世界的大门，扮演起"小大人"的角色。造成这种现象的原因很多，而其中一个重要的原因是：现代人普遍受着媒介文化的影响，而某些媒介文化在改变人们生活方式的同时，也改变了人们对周围事物及儿童的看法。

一、从童年的消逝说起

在儿童成长过程中，大众媒介，特别是儿童媒介能使儿童获取必要且充分的信息资源、娱乐资源和知识资源。但是，自从电影等大众媒介产生以来，尤其是 20 世纪 50 年代电视在西方开始普及后，一些社会学家、教育者、文化研究者开始担心这些媒介的普遍使用会使儿童过早地进入成人社会。其理由是，电视利用其形象手段，将成人社会一览无遗地暴露给儿童，从而导致儿童过早地成人化。1982 年，尼尔·波兹曼在《童年的消逝》一书中，提出了这样一个命题：以电视为中心的媒介环境正在导致童年在北美地区的消逝。波兹曼认为，童年理念能否存在主要取决于当时社会的大众媒介形式。通过对童年历史的考察，他提出：印刷媒介有效地将成人世界与儿童世界相隔离，由此发明了童年；以电视为中心的媒介环境模糊了成人与儿童的世界的界限，由此导致童年在北美地区的消逝。

> > >　**童年的消逝**

　　波兹曼的观点引起了世界各地人们的广泛关注，或许正是这种"消逝"的意识，才引起了学者对儿童历史的研究热情，就像《童年的消逝》中写的："在现有的一切证据中，没有任何一个能比童年的历史已成为当前学者研究的一大产业这个事实更能说明问题。马歇尔·麦克卢汉[1]曾评论说，当一种社会产物行将被淘汰时，它就变成了人们怀旧和研究的对象。"[2]那么是否就如他们所说的，儿童已经在童年生活中消失了呢？童年究竟是个什么样的概念？

　　童年（childhood）即儿童期，指的是生理上自然存在的一个年龄阶段，或者说它是随着现代科学特别是生理学、心理学的发展而被确定的一个概念。但是，一些文化学家和历史学家通过自己的研究阐明，所谓儿童期，本质上是近代社会变迁的一个产物，它是社会和历史的概念。如法国学者阿利埃斯在其《儿童的世纪：旧制度下的儿童和家庭生活》一书中指出的：儿童概念其实只是近代教育制度确立以来形成的一个概念，在那以前，人们对儿童与成人的区别并没有明确的认识。在阿利埃斯以后，又有一些研究者从各种角度对童年的形成做了分析和说明。综合起来，他们的研究主要说明了童年是近代以来随着教育、产业、信息传播技术等的发展以及中产阶级的成长而成长起来的一个概念。与此同时，研究者试图解释这样一个问题：对成人社会来说，童年到底意味着什么？

────────────

[1] 马歇尔·麦克卢汉，加拿大传播理论家，著有《理解媒介——论人的延伸》等。
[2] 尼尔·波兹曼：《童年的消逝》，第6页。

波兹曼认为，童年的理念可能是文艺复兴以来的人类历史上最伟大的发明之一，将儿童看作在人格上独立的个体，让儿童享有与之身心发展相适应的童年生活，但美好的童年并非自有人类社会以来儿童就天然享有，也未必会永远存在。波兹曼指示，16世纪以前，六七岁以上的儿童被认为与成人没有什么不同，因为在当时，大家是以口语来交流的，"在口语世界里，成人的概念并不存在，因此，儿童的概念就更不用提了"[1]。在这样的一个口语世界里，儿童生活在一个跟成人一样的社会范围，儿童有机会接触该文化中几乎一切的行为方式。"那时没有分离的童年世界。儿童跟成年人一样做同样的游戏，玩同样的玩具，听同样的童话故事。他们在一起过同样的生活，从不分开。"[2]波兹曼的描绘说明了当时的文化不能也不情愿对儿童有什么隐瞒。因为在口语时代，当一个儿童学会如何说话的时候，他就变成了一个成人，一个全面参与社会活动的成人。因此，中世纪童年缺失的根本原因是当时的传播环境不能把儿童与成人分离。

但印刷术的发明和普及改变了一切。首先，"印刷创造了一个新的成年定义，即成年人是指有阅读能力的人；相对地便有了一个新的童年定义，即儿童是指没有阅读能力的人。"[3]在这样一个新的传播环境里，儿童要成长为成人，就必须接受教育以达到成熟，这就产生了童年的概念。其次，印刷可以重新赋予人类自我意识，让每一个独特的个体得以自我思索和讨论，因为印刷术使阅读者及其反应跟社会环境脱离开来，读者可以退回到自己的心灵世界，从而发展人的个性，强化自我意识，最终使得童年概念开花结果。最后，印刷起到了隔离成人与儿童的作用，使儿童远离了成人的秘密、社会的秘密，儿童文化与成人文化成为两个既有联系又有区别的概念。可以说，印刷术大大限制了儿童了解社会秘密的可能性，将儿童习以为常的日常生活世界的经验封闭了。

[1]尼尔·波兹曼：《童年的消逝》，第19页。
[2]同上书，第22页。
[3]同上书，第26页。

波兹曼认为，1850—1950 年是童年的黄金时代。因为在 1950 年之前，至少美国已成功地让儿童离开工厂，接受教育，儿童有了自己的服装、家具、文学、游戏以及社交世界。数以百计的法律规定儿童和成人在本质上有区别，社会赋予儿童很多特别的待遇，并提供特殊保护。到 20 世纪初期，在美国，童年概念已被视为一种天生的权利，一种超越社会和经济阶层的理想。但是，到了 20 世纪中期，电子技术的发明与出现——首先是收音机、广播，然后是电报，再然后是电视——开始动摇和破坏童年，"由于电子媒体肆无忌惮地揭示一切文化秘密，它已对成人的权威和儿童的好奇构成了严重的挑战"[1]。

从波兹曼的研究可以看出，无论是童年的产生还是童年的消逝，童年首先都是文化即符号环境的产物，而符号本身即文字，原来是成人垄断知识、控制信息的最重要的工具，是人们接受人类经验的主要途径。儿童之所以需要童年，是因为他们必须在童年时期学习由成人发明、操纵的文字符号和文字规则，在具有了一定的阅读能力后才能"知书达理"，与成人一起享用文化的信息，因此，童年是在一定的文化的影响下产生的。但如今符号世界及其传播方式的变化打破了将儿童隔离于成人世界的屏障。如在美国，这种变化发生于 20 世纪 50 年代，同电子传播平行发展的"影像革命"，一个由图片、漫画、海报和广告所构成的符号世界取代了原有的理念世界。

研究者在这个符号构成的世界里敏锐地意识到了图像对消除童年和成人的作用：由于图像的重要性逐渐取代了文字，新的符号世界破坏了区分儿童和成人的历史根基，尤其是电视。在电视身上，原来的资讯结构崩溃了。虽然电视上也出现语言，而且有时候也很重要，但是支配观众的意识、传达重要意义的是影像，而非语言。用最简单的一句话表示，人们观看电视。[2] 最重要的一点是，电视呈现资讯的方式，是让每个人都有机会观看它，这就意味着电视节目不需要以"儿童"和"成人"来进行分类。……出现这种情况，"只是因为电视机不能藏在柜子里或放在

---

[1] 尼尔·波兹曼：《童年的消逝》，第 128 页。
[2] 同上书，第 111—112 页。

架子上束之高阁，让儿童够不着，即电视的外在形式，跟它的符号形式一脉相承，不能使它具有排他性"[1]。由此，"我们可以断定，电视侵蚀了童年和成年的分界线。这表现在三个方面，而它们都跟电视无法区分信息使用权密切相关：第一，因为理解电视的形式不需要任何训练；第二，因为无论对头脑还是行为，电视都没有复杂的要求；第三，因为电视不能分离观众"[2]。

正是由于电视等电子媒体引起的资讯结构的变化，成人将儿童隔离于成人世界的"污垢"外的努力失去了原本的效果，如今的儿童可以轻而易举地了解成人世界里的欲望和游戏，而成人对作为"天使"的儿童也开始失去想象的热情。成人开始意识到，儿童不是幼稚无知的，他们通过电子媒体了解了他们想知道的一切。儿童和成人一样居住在电子环境里，不再呈现出儿童的个性，儿童和成人一起变成了"大众社会人"。电子媒体并非人类感官的延伸，而是否定人类感官的存在，它带领我们进入一个与他人同时存在又转瞬即逝的世界，远非人类个体经验所及。正因如此，它消灭个人风格，也就是人类的个性本身。而波兹曼等研究者认为，个性是童年概念的土壤，消灭了个性，童年当然也就不复存在了。

与此同时，童年概念的消逝必然会影响到成人概念的存在，因为童年概念与成人概念是并存的，没有童年概念当然也就没有成人概念。波兹曼认为，当代成人概念绝大部分是印刷媒介造就的，几乎所有跟成人世界有关的特性都与识字文化有关，如自制力、延迟满足的包容力、复杂的抽象思考能力、关注历史和未来的能力、注重理性和秩序的能力。他认为，电视文化说到底是以图像和故事为主的文化。当电视媒介将识字能力推移到文化的边缘，进而取代它在文化中的中心地位时，一个崭新的儿童化的成人概念开始出现，这种成人在知识、情感能力发展上拒绝成熟，他们不愿与儿童有明显的界线。

总之，在"大众社会人"的背景下，某些成人逐渐失去了对信息的

[1]尼尔·波兹曼：《童年的消逝》，第115页。
[2]同上。

控制权而且愈来愈追求儿童化，而儿童则有更多的机会和渠道接触成人社会，但由于他们缺少成人的理性思考，也就不可能成长为真正的成人。也因此，从某种意义上来说，在电子媒介时代，既没有真正的儿童，也没有真正的成人，有的则是儿童化的成人和成人化的儿童。

>>> 童年真的消逝了吗

《童年的消逝》向人们敲响了一个警钟：美国的儿童文化正面临被电视摧毁的危险。这种观点引发了人们探讨媒介文化与童年生活的兴趣。不仅是成人，儿童也加入了讨论。有孩子给波兹曼写信说："我天天看电视，但我没有感到童年消逝了，我仍然是儿童。"那么，童年真的如波兹曼所说由于电视的普及而消逝了吗？波兹曼的观点对我们认识文化与童年生活之间的关系有什么意义？

其实，童年概念的出现与发展，首先关涉人们对儿童的基本看法。童年作为人这种生物体的一个发展阶段，自有人类以来就存在着。只要儿童存在，童年就存在，但这种存在，仅仅是作为生物性而存在，与文化和观念上的存在无关。直至欧洲文艺复兴运动以及欧洲思想启蒙运动使人的价值、人的尊严被重新认识以后，"儿童"才被发现，人们看到，世界上除了男人，还有妇女和儿童，由此产生了相应的童年概念和儿童观。在对儿童认识的基本方面，许多心理学家、哲学家等均有独特的贡献。18世纪的卢梭在《爱弥儿》中认为，儿童是独立于成人的个体，有自己的尊严和权利，儿童期是个体生命发展的重要时期，其重要意义不仅仅是成人生活的预备，而且儿童的现在和将来是一个连续发展的过程，儿童应该享受大自然赋予的童年生活，只有经过这样的阶段，儿童的身心发展才有可能。教育不应为儿童的未来牺牲儿童的现在，而应该重视儿童的现在。到了20世纪，美国教育家杜威充分肯定了童年生活的价值，他指出："生活就是生长，所以一个人在一个阶段的生活和在另一个阶段的生活，是同样真实、同样积极的，这两个阶段的生活，内容同样丰富，地位同样重要。因此，教育就是不问年龄大小，提供保证生长或充分生活的条件的事业"[1]，"常态的儿童和常态的成人都在不断生长，他们之间的区别不是生长和不生长的区别，而是各有适合于不同情况的不同的生长方式"，"生长的首要条件是未成熟状态"[2]。所以，教育者要"尊重未成熟状态"。因此，尊重儿童、保护儿童并促进儿童身心健康发展是社会应有的责任。

现代西方，特别是北美和欧洲的许多国家，经历了从18世纪童年概念"发明"以来的一系列的发展变化，应该说对儿童有了充分的认识和理解，社会也赋予了儿童更多的权利，并以法律制度等形式对儿童进行保护，儿童的地位、儿童的发展有了一定的保障。但随着社会的进一步发展，由于技术的进步，童年概念正面临着巨大的挑战和危机，由此，波兹曼竭力主张要开始捍卫童年。不过，波兹曼要捍卫的是18世纪古典化的童年。在波兹曼看来，印刷品的发明在成人与儿童之间画出了一条明显的界线，因为成人能掌握儿童所不能掌握的技巧：阅读和写作。这样成人就能把自己的隐私和秘密收藏起来，从而使成人社会与儿童社会成功地分离开来。与此同时，儿童也应该有自己生存的独特价值，即需要被送到学校去学习阅读和写作，才能一点点地长大成人。因此，只要我们回到阅读、写作的理性时代，我们就能捍卫好童年。在这里，波兹曼好像忽略了一个基本问题，那就是，既然童年是作为文化的概念来进行讨论和规定的，那么，社会的进步、文化的变迁就会引起童年概念的变化。进入20世纪以来，儿童赖以生长的社会环境、家庭环境发生了巨大的变化，随着科学的发展，儿童的卫生保健有了极大的改善，儿童无论是身体还是心理都有了很大的变化。儿童的生理、心理和智力方面发生了变化，他们的需求也会发生变化，他们身上会产生带有时代文化特征的新特质。童年并不是一成不变的，坚持童年概念，就应该看到它的变化。因此，波兹曼所捍卫的18世纪的童年，本身就有悖于真正的童年概念的意义，因为真正的童年概念的核心在于儿童是独立于成人的个体，

---

[1] 约翰·杜威：《民主主义与教育》，王承绪译，人民教育出版社，2001年，第60页。
[2] 同上书，第58页。

他们应该享有与自己身心发展相适应的生活。要求儿童回到18世纪的童年生活，实质上是以成人头脑中的过去生活来否定儿童现在的生活。童年应该是此时此地的儿童的真实生长，而不是成人根据自己对童年的回忆形成的某种概念。

在波兹曼的所有观点中，我们能明显感受到的一个最基本观点是，现代技术特别是媒体新技术直接导致了童年的消逝，因此他对电视、计算机等媒体影响下的大众文化和教育进行了广泛而尖锐的批评。那么，电视能否摧毁童年？按波兹曼的理解，电视作为视听大众文化，被成人和儿童共享，儿童的个性不复存在，所以也就带来了儿童文化的消亡，儿童和成人一起变成了"大众社会人"。由此看来，电视摧毁的是儿童的个性，从而摧毁了童年。个性就是童年概念的基本核心，如果真是如此，儿童个性的消亡是电视这种媒介形式就能做到的吗？事实上，在现代社会，儿童个性形成既受到电视媒介的影响，也受其他许多媒介形式的影响。流行读物、网络文化都有可能造成"大众社会人"。另外，作为儿童本身，不同的成长环境能造成不同的儿童，儿童并不是完全被动地使用媒介，儿童也并不只是单纯地生活在某种媒介环境（如电视）中，而是受到媒介文化以及社会环境共同的影响。与此同时，我们也不能完全排除电视节目提高人的自我意识和个性发展的可能性。因此，要想得出"电视消亡了儿童的个性从而消亡了童年"的结论，就必须对影响儿童个性的诸因素进行考察。

不管我们如何去理解和评判波兹曼的观点，他为我们敲响的警钟是值得我们深思的，童年是在消逝，但童年的消逝不是出于单纯的媒介这一个因素，而与整个社会的观念、文化传统有关。媒介作为文化的一个方面，当然会影响到儿童的观念。如果说电视真的引起了童年的消逝，那么消逝的原因不应该是电视这种形式本身，而是操纵电视的人，他们的文化观念、儿童观、经济利益动机等决定了他们要美化和鼓励儿童成人化。如果在我们的文化中没有童年的概念，那么，即使没有电视这种工具，一些成人也会利用其他种种手段从儿童身上获取利益并鼓励儿童尽快地成人化。

二、谁在催促儿童成长

"大众社会人"的出现，使得儿童与成人的界限模糊，儿童不断地被一些父母、学校、媒体催促着快速成长。

父母作为孩子成长的支持者，本应给孩子更多自由的空间，可是在当今社会，一些父母为了让自己的孩子尽快"成才"，可谓煞费苦心，在给予孩子巨大压力的时候，他们自己也承担着同样沉重的压力。其实，更多的时候，这种压力还是来自社会的快速变迁。因为一个社会的儿童成长观念，必然会受到这个社会的经济形态、物质文化、社会变迁等因素的影响。而今天，社会变迁的速度日益加快，这必然影响了个人及家庭的观念。对现代的某些父母来说，养儿育女的责任经常会和工作、找寻新伴侣、成立新家庭，甚至和维持最起码的生活水平相冲突，在这种情况下，许多父母几乎不可能再遵循往昔的观念来照料孩子。为了缓解对孩子的内疚感或减轻自己的压力，一些父母开始逼迫孩子迅速成长，因为孩子一旦长大成人，他们承担的责任就会减少。而社会中"早熟"儿童的出现，又使这些父母找到了效法的榜样，使得他们更坚定自己的信心。因此，过多的压力就落在了孩子的身上。下面是一个五岁孩子的作息时间表。

星期一：7时起床，8时上幼儿园；15时至17时，学识字；18时回家吃饭；19时去少年宫上画画班；21时写识字作业1小时；22时睡觉。

星期二：8时上幼儿园；15时学英语；18时回家吃饭，看书1小时；20时学拼音1小时；21时看电视；22时睡觉。

星期三：15时至17时学美术；晚上去少年宫学围棋；回来，学英语1小时；22时睡觉。

......

星期六上午：学珠心算。

星期日下午：学小提琴。

"唉，没办法。现在社会竞争这么激烈，不从小抓紧点，以后上不了名牌大学，找不到好工作，就影响了孩子的一生。"孩子的父亲道出了许多父母的忧虑和无奈。

一些媒体同时反映并制造了这种在催促压力下成长的儿童的状况。正如波兹曼认为的那样，电视缺乏旧媒体（如报纸、广播）所具有的"知识障碍"，不需要儿童通过学习而获得理解它的能力，由此简化了他们对信息的接近，将从前保留给成人的经验公开展示给了儿童，这在一定程度上意味着人类的经验变得"同质化"了，即所有的人都可以拥有同样的经验，儿童也因此"世故"和"成熟"了。但实际上，儿童享用与成人同样的信息，懂得使用与成人同样的词语，并不意味着其真正理解这些信息的内容，因此，电视只是产生了"虚假世故"的现象，却蒙蔽了成人并导致成人把儿童当成比他们实际年龄更大的个体来对待。

曾经看过某电视台的一期谈话节目，谈话的主题是"你喜欢动画片吗"，参与的人有中学生、小学生和幼儿园的孩子以及他们的家长。当主持人问孩子是否看过动画片。这些孩子拉长声音齐说："看过。"主持人接着问："为什么喜欢看动画片？"他们愣了一下，然后纷纷说："为了受教育。"还有一个孩子振振有词地说："我喜欢国产动画片，因为可以受教育；我不喜欢看外国动画片，那里面尽是色情暴力。"主持人追问："你看到什么色情了？"那个孩子迟疑了一下，然后很快地说："他们亲嘴。"全场哄堂大笑。

这个节目里的孩子可以说就是"虚假世故"孩子中的一个代表，为了表现自己的世故和成熟，他故意"讨好"成人，难怪一位儿童教育专家尖锐地指出，一些儿童已经患上了"集体失语症"。那么，是什么导致一些孩子得了集体失语症呢？为什么某些孩子一到公众面前就不会说自己的话，一张口就是大人想听的话，这与什么有关呢？当然是与长期以来某些媒介或成人社会对这些孩子的"操纵"有关。打开电视，经常可以看到孩子"作秀"的节目，一些孩子穿着成人的衣服，模仿着成人的动作，如果不注意他们奶声奶气的童声，你会以为是成人在说话。某些媒体也确实在某些时候喜欢将焦点集中于儿童的天真可爱等外表形象上，并诱导儿童说出成人想听的话。

卜卫在研究 50 年来媒介与儿童的关系后提出：当下，童年还未成为一种社会普遍接受的社会概念。正是由于童年概念还未成为普遍的社会事实，儿童成长的社会氛围在一些时候是鼓励儿童尽早成为"标准化的成人"，在这个标准化的过程中，儿童的生命过程本身被忽略了。[1] 更值得注意的是，我们的某些媒体正在复制这种"标准化的成人"。这些媒体，无论是纸质媒介还是电子媒介，大多是由缺少童年概念的成人操纵的。在这种社会氛围中，某些成人以他们的要求来确定儿童节目的主题，塑造"小大人"样的儿童形象，即使表现儿童的天真，也是为了装饰成人社会，表达成人所要表达的思想，这样的天真其实早已不是儿童天性的自然表现，而是变成一种儿童需要学习和掌握的表情，这种表情被一些媒体工作者戏称为"电视操练"。多年来的儿童节目"成人化"问题就是通过反复地"操练"形成的，这正是童年概念缺乏的必然反映。

童年概念的缺乏，还表现在一些成人把儿童当作自己的私有财产，按照社会和自己的要求"培养"着儿童，儿童期被最大限度地缩短了。孩子为了尽快地长大，要承受巨大的压力和繁重的学习任务，成长不再是一件按部就班的事情，而当一些成人忽略了儿童的个别需要和自由意志的时候，成长就成了"揠苗助长"。

在这种压力下成长起来的儿童有两种可能的发展方向，要么很快失去童真，成长为温顺、听话的早熟儿童，在韦伯看来，"这些孩子表现过分地好，又听话，又讲理，根本不符合他们的年纪"；要么处处与成人"作对"，表现出对成人压力的"反抗"。[2]

2005 年 6 月 10 日，中央电视台《面对面》节目采访了《中国少年

［1］卜卫：《媒介与儿童教育》，新世界出版社，2002 年，第 109 页。
［2］大卫·艾肯：《萧瑟的童颜——揠苗助长的危机》，洪毓瑛等编译，和英出版社，1998 年，第 115 页。

报》"知心姐姐"栏目主持人卢勤，聊的话题就是目前中国家庭教育中出现的问题。卢勤在节目中列举了大量的事例阐述自己的观点，其中有一个案件触目惊心，那就是2000年发生在浙江省金华市的一起杀人案。这个震惊全国的案件发生在一个17岁的少年身上，这个名叫徐力的少年在家中亲手杀死了自己的母亲。卢勤作为《中国少年报》"知心姐姐"栏目的主持人曾经到少管所看望徐力。徐力跟卢勤叙述道："我跟我妈妈感情不算太好，我们家有两居室，我有自己独立的房间，但是我在家里没有一点秘密，我们家没有一个抽屉是带锁的，我写的日记放在抽屉里妈妈可以随便翻看，看着不顺眼就打我骂我。有一次我写我和同学去溜冰了，妈妈知道以后把我狠狠打了一顿，笤帚都打断了，以后我再也不写日记了。妈妈对我的希望就是考上清华大学、北京大学，至少要考上浙江大学，我知道我都考不上，我虽然是一个重点学校重点班的学生，可是我是这个班倒数第四名的学生。妈妈有个同事的孩子是我们班前三名的学生，每次考完试妈妈总是拿我的成绩跟那个孩子比较，总是说：'你怎么那么笨呢？别人能考前三名你怎么考不到？你是猪脑子啊！'妈妈的指责就让我内心里特别反感，我觉得自己非常尽力了，但是父母的要求非常高。"卢勤在听完徐力的讲述之后，描述了当时自己的心情：当我走出看守所的时候外面下着小雨，我的脸上一直流着热泪，内心特别不平静，我明白一个简单的道理，爱和恨就像一张纸的正反面，正是过高的期望扭曲了一个母亲对孩子的爱，扭曲了一个孩子善良的心，使他走向了极端。

这当然是一个极端的例子，在现实生活中，像徐力这样采取极端行为的并不多见，但是像徐力妈妈望子成龙的心理以及采取的教育方式，相信很多父母和孩子都非常熟悉。其实，"望子成龙"没有错，只是这样的"望子成龙"带着某些成人太多的急功近利，不闻、不问、不顾儿童自己的需求，孩子成了父母以及成人实现自己欲求的"工具"。

透视今天的"童年"生活，很显然，一些儿童是为未来、为成人而生活的，我们的文化在很多时候也只有成人的概念，儿童被看作"小大人"，被像成人一般对待。虽然我们对儿童的关注在增强，可儿童过早地被推入成人世界，他们穿得像成人，承担的压力也和成人一样。其实，一个社会如何教育与养育儿童以及怎样对儿童的需要做出反应，通常是由社会上的人们如何看待儿童来决定的，这就是儿童观的问题。

三、儿童观的误区

当今社会，早熟的儿童不断涌现，虽然某些父母、学校以及媒体是儿童成长的主要催促者，但是，究其根源，是我们社会缺乏普遍的对儿童期的正确认识，我们并不把儿童期看作一种截然不同的生命时期，这是导致社会和家庭对儿童认识形成偏差的主要原因；与此同时，这种偏差的产生还与我们的文化在很多时候看不到儿童生活的内在独立的价值有一定的关系，儿童仅仅被看作国家的未来，或被看作光耀门庭的工具，这样的思想必然导致现代儿童观的误区。

> > >　儿童仅仅被看作国家的未来

儿童作为社会化成员的一分子，当然要生活在一定的国家社会中，而且要作为国家未来的公民来加以培养。但是他们作为社会中的弱势群体，会因为不同的政治文化和国家政权，以及这个社会对儿童的不同理解，具有完全不同的社会化进程以及生活和权利。

儿童的形象经常在政治动员中被广泛利用。儿童作为政治动员的资源被国家和政治团体所利用，这在下面这则关于美国和古巴之间围绕埃连·冈萨雷斯的纷争事件的报道中有着很生动的演绎。

1999 年 11 月 22 日，古巴埃连·冈萨雷斯的母亲带着年仅六岁的小埃连同其他一些人偷渡美国，途中不幸翻船，母亲丧生而小埃连获救。惨案发生后，围绕着埃连的归属和去向，古巴和美国展开了一场举世瞩目的争夺战。在古巴国内，埃连的父亲胡安·冈萨雷斯（他背后有古巴政府以及反美情绪高涨的民众）要求美国将埃连交还给他，而在美国的埃连的亲戚（他们背后有美国的反古巴势力）则坚决反对把孩子送回古巴。

在这一场看似以孩子的利益为主的对立、争夺中，孩子其实仅仅代表着一个象征性的符号，关于孩子的抚养权的争夺双方则成了意识形态——国家政治相互对立的古巴和美国的道具。换句话说，这一场争夺涉及关于儿童的意义的问题：小埃连首先应该是一个"孩子"，还是一个普遍意义上的"人"？他到底是应该作为一个"孩子"生活在他的父亲身边，还是应该作为一个"人"生活在美国？其实，小埃连的故事为我们提供了一个解读"儿童"意义的生动读本，埃连·冈萨雷斯之所以成为举世瞩目的"人物"，首先是因为他是一个孩子，是他父亲的未成年的儿子。如果他业已成年，他的命运和故事将完全是另外一种结局。

而在以经济建设为主导的国家中，儿童的形象又成了获取经济利益的牺牲品。如作为商业策略，儿童形象被商家大量使用于商品广告，广告业之所以盯上儿童，首先当然是因为巨大的儿童市场。在某些成人的大脑中，"一切为了孩子"这种观念是根深蒂固的，一些商家为了迎合他们打出了"为了你的宝宝""让你的孩子更聪明、更健壮"等口号，催生了儿童消费市场不正常的局面。

从某种意义上说，儿童的形象无论是用于商业广告还是用于政治宣传、社会动员，都有着相似的地方：一些成人需要利用儿童的形象来达到自己的目的。但如果我们成人把儿童仅仅看作国家的未来，这是以牺牲儿童的当下生活为代价的。

> > > 儿童被看作光耀门庭的工具

成人对儿童的美好想象当然与一个简单的事实有关：儿童是成人生命延续愿望的承载体，也是自家门庭是否兴旺发达的主要标志。在传统的中国社会中，儿童是属于他们的血缘团体，即父系亲族团体的孩子，尤其是男孩负有维系家族延续即"传宗接代"的使命，"儿子"既是父亲炫耀的资本，也是体现自身权威的道具。而在家庭内部，以孝行为核心的家庭伦理是儿童必须遵循的行为规范，儿童必须依附于、服从于他们的父母，代际间的支配——服从关系、同辈间的长幼序列，使中国的儿童养成顺从型的权威主义的性格特征。

从20世纪初的新文化运动开始，一些"新青年""五四青年"和知识分子对中国社会中人们的儿童观，儿童在家庭内所处的状况以及普遍存在的家庭关系、亲子关系中对儿童的不尊重等现象，进行了尖锐的分析和批判。鲁迅先生在《狂人日记》中发出"救救孩子"的呼喊。鲁迅对当时儿童观的批判，首先是说中国人并不将儿童当作"人"来对待。"中国的孩子……小的时候，不把他当人，大了以后，也做不了人。……中国娶妻早是福气，儿子多也是福气。所有小孩，只是他父母福气的材料，并非将来的'人'的萌芽，所以随便辗转，没人管他，因为无论如何，数目和材料的资格，总还存在。即使偶尔送进学堂，然而社会和家庭的习惯，尊长和伴侣的脾气，却多与教育反背，仍然使他与新时代不合。大了以后，幸而生存，也不过'仍旧贯如之何'，照例是制造孩子的家伙，不是'人'的父亲，他生了孩子，便仍然不是'人'的萌芽。"[1]因此，在这样以"孝"为大的文化中，孩子只是家庭行孝的工具，同时孩子作为父母的"福气"，充当的是父母的"门面"，他们当然不能有自我，必须听话、顺从，为了家庭的兴旺，还必须"出人头地"。

到了现在这个时代，对儿童的关注和围绕儿童所进行的活动越来越多，也越来越兴盛。新的一代被称为"小太阳""小皇帝"，牵动着社会中很多父母的敏感神经，占据着家庭和社会生活中的重要地位。从中国传统的农业社会要求儿童"顺从"，到今天，我们无数的成人心甘情愿地把自己当作一块块铺底垫高的基石，把孩子托举起来，奉为"小皇帝"，这称谓变化的后面，又隐藏着怎样的丰富内涵呢？这里面包含着父母强烈的期盼。"望子成龙"是父母的殷殷期望，"光耀门庭"则是孩子背负的重

[1] 鲁迅：《鲁迅论儿童教育》，董操等编，山东教育出版社，1985年，第3页。

大责任。这种"望子成龙"的心态，曲折地反映了中国的某些父母和成人对儿童态度的功利性，他们对孩子的态度、教育投入往往是建立在对孩子将来的"前途"的判断上的。如果觉得孩子是"有出息"的，就不惜一切代价，甚至是倾家荡产去供养；反之，如果觉得孩子将来是"没有出息"的，那孩子的命运就会很悲惨，要么棍棒相加，要么放任自流。鲁迅曾说中国的父母或者是"为儿女作牛马"，或者是"任儿女作牛马"。在这样的文化意识之下，中国人的孩提时代注定要承重度过。

从"童年的消逝"开始的讨论中，我们看到"童年"作为一个文化概念，它可以在一定历史条件下产生，也可以在一定历史条件下消失。这与每一时代人们的儿童观紧密相连。当一个时代的儿童有着很高地位的时候，我们不需要提童年的概念，而当一个时代的儿童没有地位的时候，我们需要提出童年的概念，捍卫童年的概念。当然，每个时代我们都需要理解和发展童年的概念，这与文化的传承和进步有关。说到底，儿童的生活与人们对儿童的理解有关，而儿童观的形成又直接受着文化的影响。

目前，一些成人用自己的标准不停地要求着儿童，并把原本属于成人世界的压力转嫁到儿童身上，儿童丧失了自己应有的主体地位和自由空间。儿童期匆忙度过，儿童被迫去成长，而且成长得太快、太迅速，在很多时候，儿童与成人之间的界限变得模糊不清，这实在是儿童观的误区。这样的儿童观势必也会影响儿童的教育。

第二章

教育影响中的儿童

对成长中的儿童而言，教育无疑是一个重要的影响因素。教育对人的影响，主要是以提高人类每一代人的生命和生活质量为使命的，也是以儿童的发展为本位的；同时，教育也应该以实现人的自由为其目的。但是，教育在有些时候、有些地方成为某些成人手中的"工具"。

儿童主要是在学校和家庭中接受教育。学校教育首先考虑的是现实社会的存在和发展，是一代代的儿童成长为什么样的成人的问题，为此，学校教育首先执行的是社会的功能，即为社会培养未来的接班人，而不是儿童本身固有的兴趣。学校教育在很多时候会把儿童自身尚无法产生兴趣但对其在现代社会求得实际生存和发展所必需的一些知识技能灌输给他。所以，从这个意义上来说，教育对人的发展是一个强制性的因素。除了学校教育，家庭教育也是儿童教育的一个内容，但我们常常把家庭教育理想化，认为家庭教育更符合爱的教育的原则。只要我们具体地而不是抽象地看待儿童的家庭教育，我们就会发现，在很多的时候，家庭教育比起学校教育更带有功利性质，因为从自然情感上，父母更爱自己的子女，这种爱也更经常地表现为对儿童未来命运的关心，即这种关心不是使他们更加关心儿童当下的内心感受，而是更关心他们成人后的状况，经常用成人标准要求他们，甚至用只适于成人的惩罚威胁他们。

正因为如此，从古代到现代，在儿童教育中我们都能找到成人的这种功利主义思想。如早在南北朝时期，中国就有"教妇初来，教儿婴孩"的俗语，这实际上就体现着成人对儿童及早教育的思想，而"三天不打，上房揭瓦"则反映了在儿童教育中成人管束、约束的作用。现如今，"望子成龙""不要输在起跑线上"等口号，让许多父母不惜代价地致力于对子女智力的"早期开发"。于是，为了一岁会识字，两岁会算术，三岁四岁会背经书、讲英语……各种早教课接踵而来。与此同时，各种"方案"和"运动"也纷纷登台，再加上一些"教育专家"的推波助澜，使得儿童教育"开发"呈现热闹异常的现象。

一、"天才""神童"的教育方案

"神童"教育由来已久。在古代，我国主要是通过童子科来选择神童。唐朝，儿童参加童子科被称为"应神童举"。"古人在评价神童时，尽管不同时代所推崇的神童类型各不相同，但总是以成人社会的道德规范作为标准，如孝悌、礼让、谋略、文才等，而很少涉及神童作为儿童应该具有的特征，如天真、活泼，富有想象力，具有探索精神等。在选拔神童时，童子科作为官方选拔神童的权威考试，它的考试内容和科举中面向成人的其他科目的考试内容基本相同，只是在要求掌握的数量上有所减少。如唐朝的明经科和童子科都要求考生熟知《论语》和《孝经》，此外，明经科要求考生能通九部'正经'中的五部经、三部经或二部经，而童子科则要求儿童能通其中的一部经。"[1] 什么样的儿童才是神童呢？《册府元龟·总录部·幼敏》中记载：若夫幼而慧，少而成者，益可贵矣……老成之姿，著于容止，赋笔之丽，成于俄顷……斯仲尼所谓"生知之者欤"。在这里，"少而成者"，就是少年老成的儿童，而"老成之姿，著于容止"则更加清楚地说明，只有表现出成人化特征的儿童才是最出色的儿童，也就是神童。

---

[1] 吕智红、唐淑：《神童教育的历史回顾与反思》，《学前教育研究》2001 年第 5 期。

显然，这种神童观是以古代社会的"小大人"儿童观为基础的，即认为儿童本身所具有的儿童期的特征是幼稚的、没有价值的，真正优秀的儿童应该具有成人化的特征，如早慧的儿童、早熟的儿童等，这些儿童就是神童，是人们崇拜的对象，是儿童的榜样，也是成人培养儿童的目标和标准。在当代教育中，"童子科"的选拔考试消失了，但神童教育的观念依然存在于社会现实之中，特别是20世纪90年代以来，通过某些新闻界炒作和宣传，神童教育的各种方案铺天盖地向我们涌来。各种方案虽然形形色色，但目标基本一致，即培养"神童"。不少方案明确以培养"神童""早慧儿童""超常儿童"为目标，而培养"神童"的主要内容也是基本一致的：以识字为主。我们摘录一个方案，也许可以管中窥豹。

　　日前，某潜能开发有限公司创办的一种少儿教育模式在广州、北京等地出炉。他们选择培养孩子的年龄段是1—12岁，孩子除了去学校接受正规教育，还要在科学的环境和专业的教学过程中陆续接受包括初中、高中、大学的全部课程，并同时学习生物学、微生物学、基因学、化学、物理学、天文学、地理学、植物学和考古学等多种综合性自然科学以及音乐、艺术、外语等多门技能，以提高儿童综合高级思维能力。目标是到孩子初中毕业时，成为一个超越很多大学生的天才少年。

　　与这些方案同时出现的就是各种育儿书的大量出版，它们同样打出了具有煽动性的口号，如"你的孩子是天才吗？""神童能够培养吗？""看清楚小家伙的心思，让孩子的潜能全面释放，爸爸妈妈是孩子的榜样噢！""天才无一例外是先进教育方式的产物，庸才无一例外是错误教育方式的结果。""能力不须天生，天才可以培养，只要父母用对方法，每个孩子都可以成为天才儿童。"……这一句句话语，煽动了无数"望子成龙"的父母，也"圆"了许多父母的"梦"，因为靠着它们为成人提供了一服服"良方妙药"，"神童"被制造出来了。由此，培养超常儿童的教育持续升温。据某报消息：继某小学后，某学校也开始招收"超常儿童"，在两个学校的报名现场都挤满了带着孩子的家长。当某些中学、小学甚至幼儿园热招"超常儿童",进行集中教育之时,一些社会培训机构也掀起了"制造神童"的旋风,如北京一家培训机构制订了某某计划,不用经过苛刻选拔的小孩,只要交10万元就能让一个10岁孩子考上大学。至此,超常儿童不再稀缺、天然,而成为"人工制造"。

既然"神童""天才"可以制造出来,只要是成人都可以成为"制造家",那么,这种制造当然就以一些成人的意志为中心,儿童就成了作坊里的"毛坯"。如果说古人只是用"手工作坊"来制造神童,那么,现代人就是用"工厂"来生产神童。神童教育方案就是生产神童的"工厂"。这些方案在宣传时总是选择"神童""超常儿童""早慧儿童"等作为广告用语,说明在某些成人的观念中,"神童"仍然是有吸引力的。同时,我们也可以看到,以识字量、阅读量或学业成绩来衡量与评价儿童,正是唐代以来推崇的"尚文型"神童在当代现实中的延续和反映。

我们如此炮制"神童",这些"神童"的命运也值得我们关注。

2004年开始,各大报刊、网络报道了一个叫魏永康的"神童"。《新民晚报》2004年8月25日在《没伙伴没玩具没童年》一文中列出了这位神童成长的履历表:魏永康,1983年生。2岁掌握1000多个字。4岁掌握初中文化。小学只上了二年级和六年级。1991年10月,8岁的他上了重点中学,也跳过了他的童年。妈妈跟着喂饭一直到高三。生活中,除了学习还是学习,没有伙伴,也没有玩具。中学老师说:"他的智力,他的接受能力,就像复印机。"13岁时,考进大学,母亲"陪读"4年,全面料理其日常生活。其学习让人放心,但性格让人担心。与人交往的方式仅仅是一句话"你好",一个动作握手。17岁时考入中国科学院硕博连读班。妈妈不能再陪读。结果2003年,一门考试交了白卷,便从中国科学院肄业回到了老家。几乎在同一时间,中央电视台《新闻会客厅》向公众展示了东方神童魏永康现今的尴尬状态:这位天才儿童在13岁自修完小学至高中的课程,以602分的总分考入湘潭大学;四年后又以总分第二的成绩考入中国科学院高能物理所,硕博连读。但目前已经年满21

岁的魏永康在生活上仍然离不开母亲的照顾，衣食住行都要母亲安排。

这位"神童"是他母亲曾学梅一手炮制出来的。在曾学梅看来，她只是和天下所有的父母一样，热切地期盼着儿子早点成才。"当发现儿子有非同于一般人的智商后，我承认我确实非常兴奋。为了激励自己和儿子，我在家中的墙上用毛笔写下了一行字：'万般皆下品，唯有读书高。'"为了让魏永康一心读书，她包办了儿子所有生活上的事。"饭都是我喂给他吃，"曾学梅毫不隐瞒地说，"他是男孩子，我心目中的男孩子只要读书，不要做家务。除了永康去北京的几年，我一直都在他身边。他的起居基本上都是我照顾的，帮他打洗脸水，帮他铺床，喂他吃饭。"魏永康稍微不服，她就"武力"制服。"当然我舍不得打他，只是轻轻地打一下或者说上两句。有一次，永康惹他爸爸生气，他一下子就往永康头上打了两下。我立刻和他爸爸吵了起来，我说孩子的头不能打，他还要读书，考博士。"在记者采访曾学梅时，她多次向记者强调："我真的心疼永康，他要读书，我不想让他在别的问题上牵扯太多的精力，这样对他的学习不太好。"魏永康的老师们也提醒过曾学梅，要对孩子进行成人教育，教他如何做人。但曾学梅说，在她心中，学习比什么都重要。"曾有同学塞给永康《红楼梦》《西游记》这些书，我没有让他看，全都没收了。学生就应该读教材，就得围绕教学计划、考试大纲这根指挥棒转。"这位固执的母亲还告诉记者："永康在两岁的时候就认识 1 000 多个字，在认字之前，他还不会说话，我就教他认东西。我说永康，床在哪里，他就用手指；哪里是碗，他也指。当发现他具有超人的记忆力后，我就把几个字写在墙壁上，结果他对这些字特别感兴趣，每天还扶着墙壁一边走一边问，怎么念爸爸的'爸'字，妈妈的'妈'字。"曾学梅的这种教育方法也取得了"效果"，魏永康一天也没有离开过书，站也看书，坐也看书，时刻都在看书。"我给永康定的生活目标就是要考上博士，当上科学家，一心一意搞研究。可他就是不听我的话，听我的话早就上了博士，就不会肆业回家了。"对儿子一年前肆业回家的这件事情，曾学梅仍然耿耿于怀。当然，她也承认了自己的教育方式存在一些问题。为此，她给记者轻声地念了一首自己写的打油诗："好苗是永康，园丁是我，土地是我，可我教子无方……"

魏永康的故事带给我们太多的反思。如果说，高考前魏永康一边看书一边吃母亲喂的饭，或者在刚入大学时校方同意其不用住校而是与母亲同住，都可以理解，但是仔细想想，21岁的人还不能独立生活，这应该算是魏永康母亲教育的失败吧。尽管魏永康是个比较极端的例子，更多的孩子没有受到那么严厉的管制，但是从魏永康的例子中我们还是可以思考很多的问题。而且站在儿童这边，我们也需要对教育做更多的思考。

二、制度化的教育机构

现代的学校教育是一种集体性的教育，是把同一年龄的儿童编入同一班级进行集体教学的形式。就兴趣而言，儿童彼此之间的差别很大，不仅男女儿童之间有天然的生理的和心理的差别，就是同性别儿童，由于家庭、环境、身体、习惯和知识范围等各种条件的不同，也会有彼此兴趣的差异，统一划整的教学活动很难照顾到每一个学生的兴趣，"因材施教"在这种集体性的教育中永远只是一个值得努力的目标和理想，不可能得到完全实现。而与此同时，作为教育机构中的教师，他们的责任感首先表现为社会的责任感，越是负责的教师越要考虑现实社会对一个社会成员的要求，这使得他不能完全迁就儿童的兴趣，而是要把儿童的兴趣引到自己预定的教学过程当中来，并且尽量约束那些不符合教学过程的儿童兴趣。这样的约束，靠的就是制度和纪律的要求。因此，学校教育首先就是要建立一整套的制度和纪律，在这样制度化的学校机构中，儿童也在生活，只是这样的生活与儿童的本真生活是有一定的距离的。

按理说，教育无所不在，大千世界本身就能够对一个有灵性的人，从他的孩童阶段就施以教育，山川树木、飞禽走兽，都是教育他的东西，人当然可以在里面感化。但现在，儿童从入幼儿园开始，就进入一种制度之中，在这样的制度化教育中，成人通常是在用一种固定的，更多地以不是方便儿童而是方便成人、不是有利于儿童而是有利于成人的价值观念、行为习惯和行为模式，来规定一整套的制度约束、限制儿童的日常生命状态。《教育文摘周报》在 2003 年 9 月 10 日刊登的这则消息在一定程度上反映了这种状态。

2002 年，德国著名幼儿教育学者艾申波茜博士在一位中国儿童教育专家的陪同下走访了某地几所幼儿园，在一所幼儿园看到的情景，令艾申波茜博士甚为惊讶。"这家幼儿园里，竟然没有一个专门为孩子玩'过家家'而布置的角落；书架上也没有任何孩子做手工用的材料。凡孩子目光所及之处只是文字图片，从教室一直延续到寝室。房间里摆得满满的小床四周见不到孩子家人的照片、美丽的图片和孩子从家中带来的私人玩具……据说这家幼儿园四五岁的孩子已经可以认识一千多字……"艾申波茜博士非常反感把小学生的学习任务强加到幼儿园孩子身上的做法。艾申波茜博士强调说，人脑研究的最新成果不断证明了儿童大脑神经只有在孩子主动用脑时才会得到锻炼，孩子只有在自觉自愿的情况下才能接受所学的内容。孩子世界观的形成不可能来自被动式的说教，对孩子采取灌输的教育方式是不可能成功的。实际上，单纯地提前学习时间并不能加快儿童成长的速度，每个孩子都有着自己生长的时间表，不应该人为地提前或推后。已经有无数的事实证明，违背教育的自然规律是会受到惩罚的，有时一个错误的教育理论将会导致一代人甚至几代人的"营养不良"。

艾申波茜博士所看到的幼儿园应该是在多年前我们时有所见的，幼儿园的墙壁挂满的是要求孩子记忆的拼音、汉字和计算题。多年前，我曾经参加过一个省级单位组织的幼儿园调研活动，走访了 20 多个幼儿园，发现知识化教学的倾向特别严重。在一个中班的活动室里，要求孩子当天完成的任务是：用 6、10、16 三个数字列三个算式，结果问了几个孩子，答上来的不多，而问一个"列出"了算式的孩子："算式是什么?"她摇摇头,我接着问:"6表示什么?"还是摇头。再问:"你是怎么列出来的?""老师教我背出来的。"她很快回答道。与教师座谈,当问及"为什么要在幼儿园教小学课本"时,园长和教师几乎异口同声地说是家长要求的,家长的要求成了很多幼儿园进行识字、计算教学的托词,也成了许多幼儿园选择教学内容的主要依据。幼儿园成了加工厂,教师是加工者和生产者,家长是原材料的提供者和产品验收者。幼儿作为"毛坯"被送到"加工厂",幼儿园必须按照家长的要求进行"加工",家长要求越高,所付的成本当然也就越高。因此,一些能提供"良好加工服务"的幼儿园收费当然就高。某地有所幼儿园一年仅学杂费就高达1.8万元,面对人们的质疑,幼儿园园长如此回答:之所以收费高,主要是出于成本考虑,学生从小班开始进行识字、珠心算等教学,中班以上进行电脑、钢琴、美术、书法、形体和围棋等特长教育。此外,每名幼儿每年可配发13套园服,往返学校都有校车接送。要想有高回报当然就得有高付出。为此,家长作何反应呢?一位3岁女孩的家长说:"家里只有这么一个女儿,做父母最大的愿望就是她长大后有出息,这家幼儿园的费用虽然比较高,但是软硬环境都很好,不仅可以预先学习英文,而且还可以培养孩子一些其他方面的特长,现在择业竞争这么激烈,以后到她们那一代还不知道怎么样呢,总不能让她输在起跑线上吧?"供需双方达成一致,这样的幼儿园当然有自己的市场。但是办教育与办工厂毕竟是两回事,儿童毕竟不是等待加工和生产的"产品",他们是一个个鲜活的生命主体,在这样的"加工厂"里,他们的生命活力和创造力受到了压制。儿童的生活受到制度的严格安排和控制,他们被安排着统一的作息时间,在统一的时间里进行着同样的学习和游戏,即使上厕所也在规定的时间内进行,几乎每个幼儿园都有"一日活动安排表",从中可以看到儿童在制度中"统一"地生活着。

7:45—8:15,晨间活动;

8:15—9:00,晨间锻炼、早操;

9:00—9:20,早点;

9:20—10:00，教学活动；

10:00—10:50，游戏、课室活动；

10:50—11:10，餐前活动；

11:10—12:00，午餐；

12:00—12:15，散步；

12:15—14:30，午睡；

14:30—15:00，起床、整理；

15:00—15:30，户外活动、体育锻炼；

15:30—16:40，点心、区域活动；

16:40—17:15，离园活动。

儿童的生活是"儿童"的，儿童在他们的生活中应该是无拘无束、自由自在的，是充满童心、童趣、童稚的。一旦我们在教学中以理性的尺度，以唯一的尺度，或以某种崇高的尺度，来剪裁儿童世界，儿童就不在生活之中了。

我们今天的教育是统一的教学，统一的教材，统一的进度，统一的要求，按年龄统一地组成一个班级。我们的教师在用一个标准，塑造和修剪个性差异的儿童，他们就像是工程师，就像是园丁。说起园丁，可以联想起丰子恺的漫画《剪冬青联想》：春天到了的时候，路边的冬青开始长出长短不齐的嫩芽，辛勤的园丁操起手中的剪刀，对准这些嫩嫩的树芽"咔嚓""咔嚓"几刀，直到把它们修剪得平平整整。园丁修剪花木靠的是剪刀，教师"修剪"学生靠的是什么呢？我们看看以下两则集体教学活动观察记录。[1]

---

[1]观察记录者：本人；观察时间：2005年4月11日；观察地点：某地幼儿园大班。
观察对象：幼儿36人，教师2人（一位是班主任老师，一位是配班老师）。
观察方法：全面描述与定点观察相结合。
观察背景：开学已经一个多月了，这个学期的第一个主题活动是"我是小小兵"，比起上个学期来说，孩子动作快了，更具有自主性，教师在这个学期开始强调在有效时间内更快地完成任务，正在开展的主题活动是"要上小学了"。

观察记录一:

8:30—8:50 晨间讨论,全班坐成半圆圈,老师坐在中间。老师问,幼儿举手,老师点名回答。讨论围绕三个内容进行。

1. 师:值日生看看今天的教室有什么改变了?

幼:记录板改变了。

师:怎么改变了?

幼:没有天气的温度了。

师:那你们怎样知道温度?

幼:看温度计。

师:温度计为什么分两个地方放?

幼:人多的时候,可以分开来看,就不挤了。

师:对呀,回答很好,很会思考,大家拍拍手鼓励。

(全班齐拍手五下,有节奏地两下快三下慢)

2. 师:现在布置一个作业,听清楚了。(是一个通过看钟指出钟的刻度与时间是否一致的判断对错练习)

师:我再说一遍,听明白了吗?(又把练习的要求交代了一遍)

幼:(部分)听明白了。

师:时间是什么样的?

幼:最宝贵的。

师:对,时间最宝贵,要抓紧时间做事。

师:今天由我们班升国旗,要选小旗手,怎么选?

幼:根据上次顺序倒过来。

师:这个方法太麻烦,我们换一个方法,按照值日生的组选,下次再根据这个组往下顺延。这次是维尼组升旗。全体起立,稍息,立正。

幼:(全部齐声喊)一二!

幼儿排好队,下楼做操。

观察记录二:

9:10—9:50 全班集体教学活动,全班坐成半圆圈,老师坐在中间。

师:今天请大家听一首歌曲,听完后请你告诉大家,你感觉到了什么。

（播放歌曲《歌唱春天》）听了一遍，老师提问，幼儿举手；老师点名，幼儿回答。

幼：我感觉春天来了。

幼：我感觉在唱歌。

幼：我听了这首歌，感觉全身都没有力气了。

师：为什么？

幼：我太感动了。

幼：我想去放鞭炮。

幼：我感觉有一群印第安人穿着白色和红色的衣服。

幼：感觉在开汽车。

幼：想当解放军，很精神。

幼：我觉得在过年。

师：再听一遍，用动作表现。

"教学永远是教师教的过程"，而在教师高控的集体教学中，教师依靠的是权威和纪律。虽然教师把注意力放在了儿童身上，但教学的内容、过程以及教师与幼儿的交往方式受着教学组织形式的影响，这样"问答式"的教学方式，主控权还是在教师手上。成人永远应该是"教"者吗？教师如何退位才能达到与幼儿平等的地位？从学习角度看，幼儿在集体教学环节中的学习是受着教师和教学任务牵引的，举手意味着自己的主动行为，只要举手，愿意回答问题就是"好孩子"，而这样的"好孩子"，是以"受训者"的身份出现的，是在教师和制度的训练下培养出来的。儿童根据成人的需要来思考和回答，自己的天性要求是受到压制的，这在音乐教学中表现得更为充分。音乐本来是儿童离开母体最早表现出来的"本能的缪斯"[1]，音乐于儿童，就是天性的表现，就是本能的歌唱，用成人对待音乐的理解和感受的方式来要求儿童，让儿童说出对音乐的

---

[1] 挪威奥斯陆大学著名音乐学家让-罗尔·布约克沃尔德教授认为："本能的缪斯"是人类中每一个成员与生俱来的一种以韵律、节奏和运动为表征的生存性力量和创造性力量。儿童生下来的第一声啼哭，就表现出强烈的缪斯式的冲动，也就是音乐的冲动。

感受，这样的教学是否适合儿童？这是值得我们思考的。

儿童的生活不仅在于它的意义，更在于它是生命的冲动，是创造的，在一定意义上是"野性"的。诗人泰戈尔晚年曾办了一所学校，他的学生可以光着脚在草地上奔跑，骑在高高的树杈上读书，有人感到吃惊和不理解。对此，泰戈尔说："童年是一个文明人一生中唯一可以在树杈和客厅的椅子间做出选择的时期，难道因我已是成人不便这样做就该去剥夺孩子的这种权利吗？……我知道，在这实际世界上，鞋子是要穿的，道路是要铺设的，车子是要使用的。然而，在孩子受教育时期，难道不应该让他们懂得，世界并非是舒适的客厅，而是一个诸如自然的东西，而他们的肢体之所以被造就得如此美妙，正是对自然的一种回应。"[1]

三、儿童教育的误区

一些儿童养育者，不仅"望子成龙"，而且希望自己在养育孩子上的一番辛劳有所收获，至少希望自己养育的孩子比同龄其他孩子更加优秀。从神童培养的开始到今天社会的精英教育，无不渗透着人们对教育的期待。

>>> 揠苗助长

一位研究中国教育的法国人认为，过去的一些中国人将儿童当作成人，却将成人当作儿童。[2]确实，在过去的传统教育下，儿童在很小的时候就被要求读圣贤之书。这些书，当然只有到了成年才能理解，因此，就要求儿童先去死背下来再说，这样强迫儿童去接受他们心灵发展阶段还未能吸收之事物，自然是把儿童当作了成人。然而，被当作"成人"的儿童，却享受不了成人的权利，他们对自己是没有权利的，他们只是生活在成人安排的各种"教育"中。如果说古时候的成人热衷于让

---

[1] 泰戈尔：《泰戈尔随笔》，刘湛秋主编，安徽文艺出版社，1995年，第80、82页。
[2] 孙隆基：《中国文化的深层结构》，广西师范大学出版社，2004年，第208页。

儿童背各种经书，那么，今天的成人则带着孩子一起参加各种智力投资的竞争，即使有困难、勉为其难，也在所不惜，况且，这种投资在自己的或别人的孩子身上还可"见效"。有些孩子，小小年纪就拿到英语、计算机、钢琴、美术以及其他各种名目的证书，更有学生获得国际奖牌，从而使家长、教师备受鼓舞，更加起劲地参与智力投资或其他各种投资竞争。急于得到生长的结果以致忽视生长的程序，无疑是"揠苗助长"。

一些教育是培育早熟儿童的"温床"，它要求儿童早早地具有成人的气质，尤其是早早地具有使命感和责任感，它既给渴望入世建功的少年一个辉煌无比的社会理想，又要求这些少年先从自身的学习和苦修做起，以对自我近乎虐待的苛求和禁欲主义迈开走向壮伟理想的第一步。在一些民间故事和古典文学作品中，我们能找到这样的"英雄少年"，如12岁为上卿的甘罗，位列第一条好汉、力劈宇文成都的李元霸，白马银枪威震天下的罗成，杨家将里一代又一代的少男少女……然而，无论是在初涉世事就才气横溢，如以"落霞与孤鹜齐飞，秋水共长天一色"折服了众人的天才少年王勃，还是那位翻江倒海、抽龙筋剥龙皮，然后又自杀以还父亲所赐肉身的哪吒，他们以少年老成与聪颖智慧成为早熟儿童的典型代表，但在小小年龄名震天下之后，便很难再造辉煌，甚至在光彩夺目的少年期过后，很多人从此就销声匿迹。

究其原因，这样的教育要求是反自然之道。儿童、少年同成人的最大区别就在于他们的身心发育尚未成熟，成人在对待教育，特别是儿童早期教育的问题上面临着十分困难的选择，这是因为早期儿童无法充分地表达自己的内心想法，而成人的心理与经验同早期儿童又相去甚远。成人对儿童早期的各种安排将在儿童成长中留下什么样的影响，造成什么样的后果，事先难以预料，过后也难以具体测定，所以，成人对选择什么样的儿童教育需要有足够的小心谨慎的态度。其实，关于这个问题，教育家尤其是近代以来的西方教育家不断给予我们告诫，如蒙台梭利在她的《童年的秘密》中指出："儿童心理学和儿童的教育一直是从成人的角度，而不是从儿童的角度来进行研究的，因此，他们的结论必须从根本上予以重新审查。"[1]卢梭则说："我们对儿童是一点也不理解的：对他们的观念错了，所以愈走就愈入歧途。最明智的人致力于研究成人应该知道些什么，可是却不考虑孩子们按其能力可以学到些什么，他们总是把小孩子当大人看待，而不想一想他还没有成人。"[2]西方一些国家经历了18世纪中叶以来教育的理性时代，已经充分沐浴在"自然、自由"的教育氛围之中。尽管对儿童身心发展的内在规律尚难精确地加以表述，但还是存在一些共识，如儿童自然成熟有一定顺序；儿童智力或动作的发展，经历从模糊到精确的过程；儿童发展存在连续性，同一个个体在同一时期内发展不平衡，不同个体在同一时期发展的速率也不平衡。因此，不顾儿童自然成长、自然成熟的规律，人为地刺激某种生理或心理机能早熟，将使儿童的发展失去平衡，造成不可弥补的损失。所以，我们应当反思当今过热的早期教育开发。所谓的"儿童智力投资"，且不说是劳民伤财，对儿童来说，这种教育起的是揠苗助长的作用，欲速非但不达，反而有害。

"应当警告：不要进行过度的教育。要避免运用一切不必要的强制，这样的强制可能使儿童无所适从，可能抑制他们的情绪，毁灭他们的乐趣；同时，这还可能毁灭他们今后对童年的美好回忆，乃至对教育者真诚的谢意。"[3]"多数人已经承认智慧上的早熟结果有害，可是还需要承认道德上的早熟结果也一样有害……用刺激去提前引起这两种较高能力的活动，都会使日后的性格吃亏。"[4]先贤的忠告需要我们不断重温。

> > >　　**及早教育**

与揠苗助长如出一辙的就是几千年来儿童教育的经验之谈：及早教

---

[1]玛丽亚·蒙台梭利：《童年的秘密》，单中惠译，京华出版社，2002年，第4页。
[2]卢梭：《爱弥儿——论教育》，李平沤译，人民教育出版社，2001年，第2页。
[3]赫尔巴特：《普通教育学·教育学讲授纲要》，李其龙译，浙江教育出版社，2002年，第34页。
[4]斯宾塞：《斯宾塞教育论著选》，胡毅、王承诸译，人民教育出版社，1997年，第154页。

育。在我国，早在南北朝时期就有"教妇初来，教儿婴孩"一说，而在世界教育史上，也确实有不少的教育家对这个问题做过阐述，比较有代表性的就是夸美纽斯。他在《大教学论》中提道："人最容易在少年时期去形成，除了这种年龄就不能形成得合适。"他所谓少年时期，实际上是指人的幼小时期。夸美纽斯认为，品性的形成要及早开始，"因为人生不应该消耗在学习上面，而应该消耗在行动上面，所以，我们应该尽快对于人生的活动有所准备，因为在合适地学好我们的功课以前，也许会被迫停止我们的活动"；"一切事物的本性都是娇弱的时候容易屈服，容易形成，但长硬以后，就不容易改变了……同样，只有在儿童时代，筋肉还能接受训练的时候，手和别的部分才能施以训练，做出熟练的动作"；"在人身上，唯一能够持久的东西是从少年时期吸收得来的……同样，在一个人身上，头一次的印象是黏附得非常坚实的，只有奇迹才能消灭它们。所以，最谨慎的办法是，在很小的时候，就去把人形成到合乎智慧的标准"[1]，一旦养成不良习惯，再改变就相当困难了。

不过，夸美纽斯所说的"及早教育"是建立在"适当教育"的基础上，他在《母育学校》一书中特别强调：儿童的大脑还处在尚未闭合的状态，五六岁以前的儿童，大脑也没有完全凝固，"对于这种年龄的儿童，使其在游戏中自然地、不自觉地来感知事物，也就够了"[2]。

可见，及早教育如果是建立在"适度"的基础上，就会有利于儿童的发展。但今天许多对儿童智力的"早期开发"，是建立在非理性的基础上的，强调的是"过早开发"和"过度开发"，全然不顾儿童的自然发展规律。其实，自然为儿童的发展安排了一定的顺序，这种顺序是不能违背的，它表现在儿童发展的进程中，自然的教育就必须与这种进程保持同步。当代心理学也证明：儿童身心的发展变化，受机体内部生物基因固有的程序制约，儿童成长中各种机能的出现都有一个内部时间表，外部环境虽然对儿童的发展有一定的影响，但它不足以改变机能成熟的步

[1] 夸美纽斯：《大教学论》，傅任敢译，教育科学出版社，1999年，第29—32页。
[2] 夸美纽斯：《夸美纽斯教育论著选》，任宝祥等译，任钟印选编，人民教育出版社，1991年，第67页。

伐。某种机能尚未成熟时，通过教育或训练，促使其提前出现或加速发展，结果往往是事倍功半，甚至使这种能力的发展受阻。所以，对待儿童，首先要尊重，不要急于对他们做出或好或坏的评价，让大自然先教导一段时期之后，我们才可以去接替它的工作，以免在教法上同它相冲突。不要害怕错失良机，因为由于错用时间而带来的损失，远比在那段时间中一事不做的损失大。而且，儿童本身也不会消极地等待发展，卢梭认为"儿童时期就是理性的睡眠"，我们"不仅不应当争取时间，而且必须把时间白白地放过去"，因为"在他们的心灵还没有具备种种能力以前，不应让他们运用他们的心灵"，所以，"最初几年的教育应当纯粹是消极的。它不在于教学生以道德和真理，而在于防止他的心沾染罪恶，防止他的思想产生谬见"。[1]

---

[1] 卢梭：《爱弥儿——论教育》，第93、118页。

第三章

问题与根源

　　"教育"和"生活"是人类生存、延续和发展面对的两个基本范畴。从人类总体的发展角度来说，教育是人类的一种存在与延续方式；对个体而言，教育是个体发展过程必经的一种生活领域。而生活则是关于本体论的问题，即人的生命存在的问题，它包含了人的存在、人的地位、人的本性和人的价值等问题。教育从产生之日起，就围绕着人、人生或人的生活起伏着，发展着，变革着，并与人类社会及个体生活发生着多样的联系。因此，关注教育与生活的关系成为关注整个教育发展历史的一条主线。近几年来，"教育与生活的关系之所以成为我们关注的焦点，直接原因是社会转型引起的社会生活的变化。理解和把握社会生活是解决教育与生活关系问题的前提"[1]。同时，对成长中的儿童而言，教育无疑是儿童生活的重要组成部分，在儿童的发展中占有很重要的地位。然而，回眸已经过去的20世纪的现代教育，我们不禁汗颜：百年承诺——"20世纪是儿童的世纪"，已经化为泡影。其根源在于我们缺乏对儿童观与儿童教育的正确理解。从"文化变迁中的儿童"到"教育影响中的儿童"，我们在文化和教育中不断找寻着儿童，找寻着儿童自己的足迹，然

────────────

[1] 胡延琴：《论儿童生活与成人生活的生态关系》，《河南教育学院学报》（哲学社会科学版）2004年第1期。

而，我们看到，我们的文化中还没有完全发展起儿童的概念，儿童过早地受到某些成人生活的侵蚀。

一、儿童观误区的根源

＞＞＞　物质文明与适应文化的失调对儿童观的影响

最早提出适应文化的是美国文化社会学派的著名代表人物威廉·费尔丁·奥格本。奥格本认为我们这个时代最大的特点就是社会变迁，而社会变迁主要是源于文化的变迁。而文化则可以分为物质文化和适应文化，其中适应文化包括制度文化和精神文化，指的是知识、信仰、道德和风俗等内容，与物质文化相对应。在奥格本看来，适应文化是适应物质文化而发生变迁的，但是，如果物质文化的变迁要快于适应文化，就会造成文化的失调。[1]

在当今社会里，物质文化变迁的速度非常快。从原始社会到农业社会经历了几十万年，从农业社会过渡到工业社会也经历了几千年的时间，而工业社会到信息社会则仅仅用了几百年的时间。在信息社会还没有到来的 20 世纪初，奥格本就指出：现代社会变迁的主要动力来源于物质文化的变迁，但是物质文化的飞速发展使得适应文化越来越难以适应，当适应文化还未适应旧的物质文化时，新的物质文化已经取代了它。因此，社会或文化发展本身就是一个调适的过程，只有适应文化适应了物质文化，文明才能产生和发展。作为文化概念的儿童观，当然属于适应文化的范畴，其产生与发展也当然要适应于物质文化的发展与变化。从这个角度再去理解波兹曼提出的童年概念，可知童年的"发明"与发展确实是与文化特别是与物质文化中的技术与科学的发展变化相连，当物质文化（如印刷术、电子技术等）向前发展，适应文化不能做出相应的调适时，两者就会产生矛盾，社会问题与危机也就紧跟着出现。在这样的背景下，不同时代的儿童观既代表了适应文化与物质文化的调适程

---

[1] 威廉·费尔丁·奥格本：《社会变迁——关于文化和先天的本质》，王晓毅、陈育国译，浙江人民出版社，1989 年，第 4 页。

度，也在一定程度上反映出物质文化的发展速度。因此，在这个意义上去阐述儿童观的形成与发展，也就是阐述我们人类自身的演变与发展历程。

18世纪英国的工业革命是工业领域内的一场革命，以大量采用新技术为标志。这些新技术使人类在100年之内所生产的商品比以前整个文明史生产的还要多，这也使人类生活方式的变革比以前整个文明史所产生的变革还要大。例如，从文明之初就开始使用的主要交通工具——马和马车，工业革命后被汽车和火车替代，这使得人们（主要是指西方社会）的交往方式以及对事和人的认识发生翻天覆地的变化。而之后的两个世纪，莫尔斯发明的电报和贝尔发明的电话开创了现代人生活的基本图景。与现代的物质文化相适应的适应文化，当然也面临着变革与发展。从十七八世纪开始启蒙运动以来，人们强调人的自尊和尊严，童年概念比过去任何时候更富有人文意味，并形成自己的理论框架。这时期，有两个人的思想对建立现代儿童观产生了深远的影响。弗洛伊德从心理学框架出发，认为儿童的头脑里有一个无可否认的结构和特殊的内容，如儿童具有性能力，富有各种情结和本能的心理冲动。弗洛伊德还认为，在努力达到成熟的成年的同时，儿童必须战胜、抛弃和升华他们的本能。因此，弗洛伊德驳斥洛克的论调，赞同卢梭的观点：头脑不是一张空白的书写板，儿童的头脑的确最接近"自然的状态"，天性的要求必须考虑在内，否则就会造成永久的人格错乱。同时，弗洛伊德又驳斥了卢梭的观点，赞同洛克的说法：儿童和家长之间早期的相互影响，对决定儿童将来成为何种成人起着决定性的作用，通过理性教育，头脑的热情可以得到控制。没有压抑和升华，文明是不可能实现的。同样，杜威从哲学的框架出发，认为儿童的需求必须根据孩子是什么而不是将来是什么来决定；无论在家里还是在学校，成人必须问自己：这孩子现在需要什么？他们现在必须解决什么问题？杜威相信，只有这样，儿童才会成为社区中对社会生活有建设意义的参与者。杜威在《学校与社会》中写道："只须要求他们有最全面的主张和成长……待时机一到，成人生活的纪律和文化自然会出现在成长起来的儿童身上。"弗洛伊德和杜威的观点基本上概括并发展了近现代以来正确的儿童观，人们特别是西方社会的成人开始普遍理解和接受这种观点：儿童的发展有其自身的规律，儿童天真、好奇、充满活力，儿童的天真、好奇都不应该被扼杀，否则就有可能失去成熟成年的危险。

如果说在现代文明中发展起来的童年概念有所发展的话，那么它首先是在物质文化的冲击下发展演变起来的，同时，现代儿童观的建立始终伴随着对传统儿童观的不断梳理[1]以及批判。到了今天，物质文化以更快的速度向前发展，电视、媒体等信息社会的多元化对每一位成人以及儿童都是新的考验。在新的物质文化之前，我们该对自我以及儿童具有什么样的认识，即该产生什么样的适应文化呢？是应该像波兹曼那样痛斥电视等现代电子技术消除了成人世界和儿童世界的界限，宣布"童年已经消逝"，童年的美好只能寄托在对过去印刷术时代文明的回忆，还是像马克·佩斯[2]宣称的那样，"游戏世纪"已经到来，太空已被虚拟世界取代，电动玩具和网络能实现人们对未来的想象，因此成人和儿童生活在同样的学习世界里，不应该有太大的区别？[3]不管怎样，在西方，物质文化与适应文化的不调适已经要求人们重新认识和理解儿童，物质文化的巨大冲击，要求我们在保有人性的同时，调适对世界、对儿童的认知和文化。这样的要求，给儿童观建设带来新的问题和困难，当然同时也带来新的机遇和挑战。

通过对西方社会童年概念发展历程的讨论，我们看到了儿童观在当代社会主要面临的危机与挑战。反观中国文化，同样的难题摆在我们面前，我们也需要应对高度发达的物质文化，重新衡量和创造新的时代文化。

---

[1] 这种梳理也是一个继承与发展的过程，如杜威的关于儿童观的认识就深受夸美纽斯和卢梭等思想家的影响。

[2] 马克·佩斯是美国南加州大学影视学院"互动媒体"系的主任，堪称"3D世界之父"，同时也是让3D影像在网络上传输的VRML语言的创造者，他在他的代表作《游戏世纪》里指出：现代人是在奇妙玩具环绕下成长起来的，他们自行打造了一个游戏世界，他们生活在"终身幼儿园"中，在这里，设计、互动与个人在学习过程的关联是教育最主要的特色，通过像电脑或是网络等科技，儿童可以自我教育。

[3] 马克·佩斯:《游戏世纪》，蔡文英译，世界图书出版公司，2003年。

如前所述，在传统的社会里，儿童与成人的年龄区分不甚明了，即童年还未真正从成人中分化出来，因为传统文化中的儿童，相比较他们的生理年龄，代际（即辈分）关系在文化中受到更多的重视。一方面，尽管孩子还很年幼，他会被要求必须和成人一样严格遵守家庭伦理；另一方面，只要父母还活着，孩子不管长到多大，他都不可能完全被承认为一个成人，他必须遵守与父母间的那种永远不可变更的大人—孩子关系。同时，即使生理年龄依然是个孩子，如果发生代际交换，那他就将被置于大人的地位，理所当然地被授予与其地位相当的权力，并被要求扮演成人的角色，历史上经常能见到的"小皇帝""幼帝"正是这样的例子。这也许正好反映了传统社会曾经是一个"祖先崇拜""群体本位""长者本位"的社会，在那样的社会中，儿童被看作传宗接代的工具。儿童既然被看作工具，他们的存在，无论是作为一个"人"还是作为一个"儿童"，都没有获得应有的重视和保护。周作人在《儿童的文学》中写道："以前的人对于儿童多不能理解，不是将他当作缩小的成人，拿'圣经贤传'尽量地灌下去，便将他看作不完全的小人，说小孩懂得什么，一笔抹杀，不去理他。"[1] 正因如此，儿童在传统文化中是受到蔑视的，活泼天真、乳臭未干的儿童是受到排挤的，"少年老成"才是传统社会所推崇的儿童观。由于"看不起小孩"，因此"传统文化要求儿童快快结束儿童期。成人用长袍马褂将儿童打扮成成人的样子，以成人的规范要求儿童，用四书五经作为催熟剂灌输给儿童"[2]。在这样的背景下，传统文化中的儿童就成了某个家族、家长的附属物。很显然，儿童在某些成人面前是没有自身的权利的，他只是一个"奴隶"。父母特别是父亲，掌握着儿女的生死大权，当然也可以任意地安排子女的未来和命运。在这种思想的影响下，儿童不能朝着"儿童个体"的人格成长的方向发展，"严

---

[1] 周作人：《儿童的文学》，转引自止庵《周作人讲演集》，河北人民出版社，2004年，第35页。
[2] 刘晓东：《儿童教育新论》，江苏教育出版社，1998年，第49页。

父"或社会教养者当然可以用威吓的手段，甚至出手到"打"，否则就会被认为是害了下一代。正如《三字经》所说："养不教，父之过；教不严，师之惰。"

在这种文化背景下，成人一方面表现出对儿童的蔑视与束缚，另一方面，由于子女是自己生命和权利得以不朽的一种手段，因此成人又表现出对儿童感恩和崇拜的情结。在这种情况下，一方面成人并不尊重儿童的自我愿望，任意为儿童安排未来，另一方面又存在溺爱儿童的倾向，孩子成为家中的"小祖宗""小皇帝"。这种对待儿童的态度当然是与现代文明相悖的，而建立在现代文明基础上的现代儿童观，推崇的是"个体本位""幼者本位"的思想。虽然这些年来我们不断强调儿童的社会地位，积极参与国际社会为发展儿童事业而采取的一致行动，目前儿童所受到的关注和爱护以及所拥有的生活条件也远远超过他们的前辈，但是，传统文化中根深蒂固的落后的儿童观，不断地影响着我们建设现代化的、科学的、正确的儿童观。因此，要想创设和建立当代儿童观，首先要做的是改造我们传统儿童观中的缺陷部分，如把儿童当作传宗接代光耀门庭的工具的观念，然后，学习各种文化中正确的儿童观。正如刘晓东在《儿童教育新论》中倡导的，"第一，应当对传统文化中的儿童观，包括儿童观的主流和支流作进一步的梳理，去其糟粕，吸收其精华；第二，应当站在时代的制高点上来观照各种文化中的儿童观，以便洋为中用；第三，加强国际合作，在法律上保障儿童的权利；第四，做好宣传普及工作，使现代化的儿童观深入人心"[1]。在此基础上，才能建立和实现现代的儿童观。

二、儿童教育误区的根源

>>> 远离儿童天性的教育

儿童的天性是与生俱来的，规定着儿童的发展方向与发展历程，成人要做的只是发现和了解儿童的天性，顺着天性给予适当的引导就足够

---

[1] 刘晓东：《儿童教育新论》，第63—64页。

了。夸美纽斯认为儿童天生就有"知识、德行与虔信的种子","我们不必从外面拿什么东西给一个人,只需把那暗藏在身内的固有的东西揭开和揭露出来,并重视每个个别的因素就够了"。"万物确乎都已存在人的身上;灯、油、火绒,以及一切用具都已具备,只消他善于擦出火星,着上火,点好灯,他便立刻能够看见,能够充分享受上帝的智慧放在他身上和世间的稀有的珍藏。"[1]夸美纽斯的精辟阐述表明,大自然赋予了包括人类在内的每一个种系以先天素质,大部分种系能面对变化着的环境条件而保持一个目标,并具有在与同类及物质环境相互作用的基础上进行学习的能力。我们在新生儿身上就可以看到他们的各种先天素质和很强的学习能力。如婴儿学会走路,通常依靠他们自身的力量,这是他们的天性使然(因为他们本身就是双足行走的动物),而不是外界强迫他们这样做。试图在婴儿太小的时候教他们行走,其过程不仅漫长,而且可能对儿童的身体造成伤害。同样,试图教一个两岁的婴儿如何交谈,不仅徒劳无益,还可能引起儿童的情绪障碍。所以,只要是在正常的条件下,儿童的发展过程中都包含了这种自发式的天性学习,这种学习的发生不需要悉心的指导、奖励或惩罚,其动机来自内部需要,这意味着父母只能在一定程度上促进和推动儿童的发展,但不能强迫儿童学习。我们的儿童教育应该是小心翼翼地维护和引发这种内在的素质和能力,并提供适宜的环境让其健康成长。

"我们给幼小的植物和动物提供空间和时间,因为我们知道,这样,它们将按照在它们及每一个体之中发生作用的规律良好地发育成长。人们给幼小的动物和植物提供安宁的环境,并力求避免用暴力干扰它们,因为人们知道,相反地去做会妨碍它们完美地发育和健康地成长。"[2]在对待自然物方面,我们的做法常常是正确的,但在对待人的问题上,会走上完全错误的道路,觉得年幼的人是一块蜡和一团泥,可以用来任意拿捏,把儿童的发展完全嵌入成人预想的模式当中——其危害可想而知。

---

[1] 夸美纽斯:《大教学论》,第 15—16 页。
[2] 福禄培尔:《人的教育》,孙祖复译,人民教育出版社,2001 年,第 9 页。

其实，早在 20 世纪初，一些知识分子受西方思想的影响，开始了对违背儿童天性的教育的批判，其中以鲁迅先生的批判最为引人注目。鲁迅曾言简意赅地总结说："往昔的欧人对于孩子的误解，是以为成人的预备；中国人的误解，是以为缩小的成人。"[1] 他曾经以孩子图像所表现的"儿童"意义为观察角度，对当时中国的儿童进行了仔细的研究。

中国和日本的小孩子，穿的如果都是洋服，普通实在是很难分辨的。但我们这里的有些人，却有一种错误的速断法：温文尔雅，不大言笑，不大动弹的，是中国孩子；健壮活泼，不怕生人，大叫大跳的，是日本孩子。

然而奇怪，我曾在日本的照相馆里给他照过一张相，满脸顽皮，也真像日本孩子；后来又在中国的照相馆里照了一张相，相类的衣服，然而面貌很拘谨、驯良，是一个地道的中国孩子了。

为了这事，我曾经想了一想。

这不同的大原因，是在照相师的。他所指示的站或坐的姿势，两国的照相师先就不相同，站定之后，他就瞪了眼睛，觑机摄取他以为最好的一刹那的相貌。孩子被摆在照相机的镜头之下，表情是总在变化的，时而活泼，时而顽皮，时而驯良，时而拘谨，时而烦厌，时而疑惧，时而无畏，时而疲劳……。照住了驯良和拘谨的一刹那的，是中国孩子相；照住了活泼或顽皮的一刹那的，就好像日本孩子相。[2]

其实，孩子是一样的，不一样的是不同社会的儿童观和人们的育儿方式，这决定了这个社会儿童的性格，进而影响着整个民族的文化特性。鲁迅对过去中国父母持有的儿童观和育儿方式也进行了尖锐的批判。

倘若走进住院的弄堂里去，就看见便溺器，吃食担，苍蝇成群的在飞，孩子成队的在闹，在剧烈的捣乱，有发达的骂詈，真是一个乱烘烘

---

[1] 鲁迅：《鲁迅论儿童教育》，第 72 页。
[2] 同上书，第 57—58 页。

的小世界。但一到大路上，映进眼帘的却只是轩昂活泼地玩着走着的外国孩子，中国的儿童几乎看不见了。但也并非没有，只因为衣裤郎当，精神萎靡，被别人压得像影子一样，不能醒目了。

中国中流的家庭，教孩子大抵只有两种法。其一，是任其跋扈，一点也不管，骂人固可，打人亦无不可，在门内或门前是暴主，是霸王，但到外面，便如失了网的蜘蛛一般，立刻毫无能力。其二，是终日给以冷遇或呵斥，甚而至于打扑，使他畏葸退缩，仿佛一个奴才，一个傀儡，然而父母却美其名曰"听话"，自以为是教育的成功，待到放他到外面来，则如暂出樊笼的小禽，他绝不会飞鸣，也不会跳跃。

现在总算中国也有印给儿童看的画本了，其中的主角自然是儿童，然而画中人物，大抵倘不是带着横暴冥顽的气味，甚而至于流氓模样的，过度的恶作剧的顽童，就是钩头耸背，低眉顺眼，一副死板板的脸相的所谓"好孩子"。这虽然由于画家本领的欠缺，但也是取儿童为范本的，而从此又以作供给儿童仿效的范本。[1]

这样的一种儿童观，只能使儿童备受折磨和摧残，阻碍着儿童的身心发展，儿童当然是"几乎看不见了""不能醒目了"，待到这些儿童长大成人后，就只能像"暂出樊笼的小禽"那样，"绝不会飞鸣，也不会跳跃"了。

归根到底，儿童教育深受成人的儿童观的影响，儿童如果生活在一片"儿童"概念发展还不健全的土地上，没有自己的文化，当然就不可能有符合儿童天性的教育。

>>> 教育与儿童生活的分离

什么是生活？陶行知说："有生命的东西，在一个环境里生生不已的就叫生活。"[2]人生就是要"活"——要"生活"。在陶行知看来，生命

---

[2]陶行知：《生活即教育》，转引自陶行知《中国教育改造》，东方出版社，1996年，第142页。

生生不息，就是生活。梁漱溟甚至把生命与生活等同，他说："生命与生活，在我说实际上是纯然一回事；不过为说话方便计，每好将这件事打成两截。所谓两截，就是，一为体，一为用。"[1] 生活的根本内涵是生生不息的生命的展现，生命是生活的主体和核心。教育本来应该是为儿童生命世界和生活内容舒展空间的，即通过合理地设计儿童与生活的物质空间和精神空间，处理好教育生活与日常生活、教育活动与社会活动等方面的关系，为儿童的成长和生活创设合理的、宽松的物质空间和精神空间。但制度化的教育实践证明是令人失望的，学校教育与儿童生活隔离：一是教育的内容与生活相脱节，教育远离了儿童的生活世界；二是以成人的世界代替儿童的世界，教育失去了对儿童当下生活的关注；三是教育中缺乏儿童的生活气息，教育丧失了生命的活力。

从本体上看，教育与生活的关系经历了一个从原始的统一到分化与隔离的过程，而造成这种分化与隔离的最主要因素就是教育愈来愈趋向制度化、知识化和科学化。生活不同于"知识""科学"：科学与知识的世界是图像的、符号的世界，生活的世界是人的世界，是由人的活动所开展出来的世界，是通过人自身的活动而生成的世界；科学是抽象的，生活是诗意的；科学奉行本质主义，生活主张生成性思维；科学是知识，生活是体验，生活就是生命的亲历性和实践性。现在的儿童教育就是让儿童在"科学世界"和"知识世界"之中，而不是在他们的生活之中，当然我们在学校的教育中就看不到儿童应有的生活，看不到儿童对生命意义的舒展。

当然，从儿童来看，他们满怀希望来到学校，他们希望生命的力量得到释放，天性得到保护，这种对天性的渴望早在他们来到这个世界之前就被深深地培植在他们生命的胚芽里，又在与父母、兄弟姐妹的相处中，在与同伴的游戏中得到加强。但是，这种渴望突然与制度化教育中的强大约束力量相遇，而且这种力量似乎处处与儿童与生俱来的力量作对。许多儿童在他们早年的童年生活中像小鸟一样可以快乐地在天空中自由地飞翔，他们可以把自己想象成许多不同角色，从满脸污垢的小捣

---

[1] 梁漱溟：《梁漱溟教育论著选》，马秋帆编，人民教育出版社，1994年，第263页。

蛋,到展翅高飞的雄鹰。可是,几年的制度化教育生活之后,他们大多再也不能像以前一样自由飞翔了,他们失去了自己的天性。其实,这是两种文化(即学校文化和儿童文化)相遇所带来的冲突。挪威奥斯陆大学著名的音乐学家让-罗尔·布约克沃尔德曾经对这两种文化进行过充分的比较,认为"在充满缪斯天性的儿童文化和毫无情趣的学校文化之间,存在着强烈的冲突,学校是一种从事系统地压抑儿童天性活动的机构"。布约克沃尔德进一步对这两种文化做了如下对比[1]:

儿童文化	学校文化
生态整体性	教学分割性
总体生命的发展	每一门课程的进步
生存	规范性
真实的	第二手的
时间的连续性	时间被分割为一些碎片
整体性	课程划分造成的专业化
玩	学
口语的	书面的
直接参与	为将来而阅读
体能相近	体能距离
尽可能延伸每个人自己的能力	崇尚别人所确定的界限
自己的理解	教师的评估
我已经会做了	你还是不会做
胜任愉快的经验	不能适应的记忆
艺术的	逻辑的
质量标准	数量标准
自主的	谨守日程表

[1] 让-罗尔·布约克沃尔德:《本能的缪斯——激活潜在的艺术灵性》,王毅、孙小鸿、李明生译,上海人民出版社,1997年,第121—123页。

儿童文化	学校文化
童趣	被迫成人化
今天就干！	等你再大点！
娱乐原则	实用原则
亲密感	距离感
勇敢	犹豫
冒险	谨慎
移情	客观
为什么	什么
创造	重复
想象力	技术理性
$1 + 1 \approx X$	$1 + 1 = 2$
自由不羁的蔚蓝色小马	已被安了辔头的马
情感的	理智的
原发的	组合的
可改进的	标准化
不可预期的	可预期的
幽默的	严肃的
吵闹	安静
感觉的	理性的
活跃的身体运动	身体运动的消极化
我从活动中学到东西！	静静地坐着！
平等的	有等级的
自我控制	由别人控制
自由	协调
可以打破的局限	确定无疑的局限

儿童以游戏为天性的文化进入另一种文化，由一种生活过渡到另一种生活，本来是以连续性来作为铺垫和延伸的。但是，在儿童进入制度化的教育机构的第一天，这种连续性就被打破了。在制度化的教育机构中，孩子被一道道命令胁迫，天性被一次次压抑，学校变成了消磨个性、消除自主性的罪魁祸首，孩子对在这样的学校里学习几乎毫无兴趣。

　　当然，我们也看到，儿童文化与学校文化的这种差异并不是绝对的，也有许多学校在引导儿童从自发的富有创造性的游戏中学习。可儿童一旦进入存在这种差异的学校，马上就会面临两种根本不同文化的冲突，这容易造成儿童对学校生活丧失信心；当儿童被迫服从一种陌生的学习形式时，他们逐渐与自己的天性告别，即与自己的本性非常接近的东西失去联系，而这种东西本是生命的熔炉，那些印象、事实和价值观等都被熔铸成一个真实的自我。如果我们"摧残"了孩子的心灵，我们剥夺了他们与外部世界的自然联系，会导致什么样的灾难性后果吗？显然，对自然界生态平衡遭受破坏将导致的恶果，我们知道得越来越多，比如当我们大面积地毁坏地球上的森林时，我们就有可能饱尝更多的洪涝之苦；当我们无节制开采地球上各种资源时，我们在破坏着自然的食物链，也破坏着人类自身的生存环境。人类对环境，可以说是给予了极大的关注，只是对人类本身，对儿童的生存环境，我们又知道多少呢？儿童的文化需要得到尊重，因为只有源于儿童自身文化动力的学习才能真正推动社会和学校的发展，我们需要知道的是，首先向儿童学习，然后儿童才会向你学习。

　　因此，重新认识和理解儿童及儿童的生活和教育，成为时代赋予我们的重大责任，而回归生活世界，关注儿童的生活方式，关注儿童在现实生活中的地位，赋予教育生活意义和生命价值，也就成为当今教育改革的必然要求。

II

生活的本源：

儿童生活的本质探寻

| 儿童生活的基础 | 儿童生活的实质 | 儿童的生活世界 |

生活的本源：
儿童生活的本质探寻

　　生活的本源是什么？生活为什么而发生？生活的根本目的是什么？我们怀着疑虑不断回到这些问题上来。神话学家坎贝尔（Joseph Campbell）说过，生活的经验比生活的意义更有价值。意义是抽象的，经验是真实的，经验使我们参与世界的活动，让我们来到生活的场所。那儿的感觉、行为、思考和孤独，都要求我们的承认与回应。

　　如何体验这个世界，取决于我们生于斯、长于斯的世界，取决于我们参与世界过程中环境的影响。与生俱来的特质也影响到我们体验的方式。与生俱来的个性、成长模式、个人倾向与情感从出生第一刻，直到死亡的那一天，莫不影响我们如何看待人生、反映人生。简单地说，与生俱来的一切，就是我们遗传获得的基因。虽然个人的生活经验只能在基因限定的蓝图下，产生某些程度的影响，但是，正如美国著名的文化社会学家奥格本所指出的，人的发展不能只用生物因素来解释，因为

"从最后一次冰川期以来，人的生物本质基本上没有变化，或变化甚小，而社会则从简单的原始社会进化到现代的工业社会。另外，世界上许多地方，人的生物本质差别不大，但文化相距甚远"[1]。因此，与生物学的解释相反，奥格本指出，社会变迁和人的变迁主要源于文化的变迁。

所以，考察生活的本源，挖掘儿童生活的本质，就是要把儿童放回到一个大的社会文化背景中去，反观社会变迁即生物进化和文化进化在儿童的发展中留下的烙印，这样我们才有可能真正地走进儿童的生活。

---

[1] 奥格本:《社会变迁——关于文化和先天的本质》，第 3 页。

第四章

儿童生活的基础

　　对儿童生活的理解首先建立在对儿童的理解上，因为，儿童是儿童生活的主体。因此，探寻儿童生活的本源就应该从认识和理解儿童开始。而且，儿童是什么样的人，也决定着儿童能过什么样的生活。

　　儿童是什么样的人？儿童应该如何发展？这也是每一个从事儿童教育工作的人都应该思考和回答的问题。自从卢梭在教育史上第一次确立儿童的特殊地位后，人们对儿童的探索就没有停止过。20世纪以来，由于交叉学科、边缘学科的不断出现，特别是生命哲学和哲学人类学的出现，关于人的理解和认识不断得到深入，儿童概念应该有更多的含义与解释。

一、从生命的存在形式来认识儿童

　　对儿童的研究可以回归到对人的研究问题上："人是什么？"苏格拉底把它作为哲学的基本问题，原来是作为针对死的启示来理解的，后来康德在这个问题的基础上提出其他三个哲学基本问题。这三个问题就是："我能知道什么？""我该做什么？""我可以企求些什么？"应该说，围绕这三个基本问题的探讨和争论在哲学上从来就没有停息过，并由此出现一些新的哲学流派，如20世纪20年代兴起的哲学人类学。当然这门学科的出现也有其他的特殊原因，正如这门学科的创始人之一舍勒尔概述的那样："不断发展着的研究人的种种专门科学，与其说阐明了人的本质，不如说使人的本质变得更加模糊不清了……因此我们可以说，现在人的本质问题比历史上任何一个时期都令人迷惑不解。"[1] 也正是这种迷惑不解，使得人的本质问题成为最复杂的问题。不管怎样，人作为自己的生命主体，它的存在不仅仅是个体生命的存在，也是种系生命的存在。

>>> 人是双重存在的复杂生命体

人是什么？人性是什么？人与动物的区别是什么？这是哲学家一直苦苦思索的问题。早期的哲学家把人与动物的形体相区分，把人定义为"两足而无毛"或"没有羽毛的两脚动物"；后期的哲学家则更多的是从人的某种特性出发，把人定义为有某种特殊本质的理智的动物。然而，近两个世纪以来，理智作为人的一个出色的本质特征，其地位却发生了动摇。舍勒尔和普勒斯纳作为哲学人类学的创始人，认为人的本质可以通过把人纳入动物全面的发展阶段中去加以认识，人和动物在进化史上有本质的区别。在此，把人与动物进行区分与比较，是具有特别意义的，因为长期以来，人们从动物的角度来认识人，把人归为动物的族类，运用"求异法"寻找人与动物的不同特征，认为只要从特征上把人与动物区别开来，就把握了人的本质。这样对人的理解是不全面的。从达尔文开始，我们承认我们是灵长类动物，相信自从我们的祖先从曾经生活过的热带树上爬下来之后，我们就永远摆脱了林栖生活，我们在自然之外建立了独立的文化王国，人类所特有的文化才是人与动物的根本区别。法国著名的思想家埃德加·莫兰在《迷失的范式：人性研究》一书中通过对人的进化史的研究指出：生命的历史出现在25亿年之前，它先后经过了脊椎动物、爬行动物和哺乳动物的历史，1 000万年前才有类人

---

[1] O.F. 博尔诺夫：《教育人类学》，李其龙等译，华东师范大学出版社，1999年，第21页。

猿的出现，狒狒、猕猴、黑猩猩是"我们的低等兄弟"，人的进化真正开始是从猿人到智人的转变。从猿人到智人的转变，大脑结构的变化起着根本的作用，在促进大脑机能的发展上，文化起着决定性的作用，"文化构成了一个对所有在脑的复杂化的方向上发生的生物突变给予优待的机构"。[1] 因此，在人作为物种的进化中，文化的发展起了决定性的作用，文化成为人的本性，也因此我们可以认为，文化创造了人。可是，对人类的个体而言，他的发展还受到种系生命发展的影响。从猿人进化到智人，人与动物区分开来，文化性是智人的主要特征；但从猿人到智人，生物进化从来就没有停止过，只是到了智人，生物进化变得极其缓慢，而文化进化则是突飞猛进的。因此，从根本上说，人是具有生物性与文化性双重特性的复杂体，莫兰在《未来教育所必需的七种知识》一文中阐述的"一中之二"的思想，就进一步表达了这种思想，即人类既是一个充分的生物的存在，又是充分的文化的存在，他本身包含这种原始的合二为一性，这是一个高级和超级的生物，以前所未有的方式发展了生命的潜能。[2]

因此，人首先是一个充分的生物学的存在，但是如果他不充分地拥有文化，他将是一个最低级的灵长类动物，是文化使他身上积累起那些被保存、传授、学习的东西，它们包含着后天获得的规范和原则。"一中之二"的思想，代表着生物与文化在人身上的统一。在这个统一体中，精神和文化起着同样重要的作用。人类精神是在大脑与文化的关系中产生和强化的，精神一旦涌现出来，它就干预大脑的运作和反馈并作用于它。人类只有通过文化和在文化中充分实现人性。没有无大脑的文化，但也没有无文化的精神，因此一个三元联立的圆环存在于大脑—精神与文化之间，精神处于大脑与文化之间，就把人和动物区分开来，人类也从一个简单的生物体成长为一个复杂的、拥有精神与文化的统一体。

根据这样的思想考察人的本质，不应该只从人在宇宙中所处的地位

[1] 埃德加·莫兰：《迷失的范式：人性研究》，陈一壮译，北京大学出版社，1999年，第65—66页。
[2] 埃德加·莫兰：《复杂性理论与教育问题》，陈一壮译，北京大学出版社，2004年，第38页。

着手，而应该首先关注人和由人创造的世界（文化的和历史的世界）之间的关系。哲学人类学家普勒斯纳从一开始就把人理解为"文化的发祥地"，并做了细致的说明，他认为：经济、国家、法律、宗教、艺术和科学等一切文化领域都是作为独创性成就而由人创造出来的。因此，它们并不具有那种独立于人而又必须服从的固有的规律性；相反，正是人在这些文化领域表达出来的一定需要导致了这种规律性的产生。我们必须从人的需要出发，从其在人的生活中所要发挥的作用出发，去理解这些文化。其实普勒斯纳包含着这样的意思，即文化是由人创造的，但人创造文化以后，并不能因此而任意支配它，因为人恰恰受到他自己的创造物的束缚，并服从于它。由此，我们可以认为，人是一种历史的东西，人的历史性并不仅仅意味着人具有历史，人在历史中生活，从更深的意义上说，人是通过对历史的贡献而创造性地发展自己的，又是在其本质的不断发展中被理解的。人并不是仅仅存在于历史之中，而是在历史中发展成长的。这样的理解实际上是指出了人与文化的相互依赖关系，也再一次表明了人与动物的根本区别——人既有动物的生命体，因为他也需要新陈代谢，又具有动物所不具备的生命体，因为他具有超越现实、追求自由的愿望。因此，人是双重生命的存在体，既具有和动物共有的种生命，又具有自己独特的类生命。种生命是自然的生命，是物种所设定的本能生命，因此是自然的生命，它为每个生命个体所承载；类生命是自我创生的自由生命，它是社会历史积淀的文化、科学、智慧等在个体身上的反映。从生命进化到人，人的生命与动物出现了根本的差别。在动物身上，人的生命就是它的一切；而人具有双重生命，人的这种生命从形态上看，与动物相同，是自然给予的，与肉身结为一体，遵循着生物体的运行机理和规律，有生有死，但人的生命又不满足于种生命支配的本能生活，他的生活是经过理解和策划的有意义的生活，已经突破"种生命"的局限，追求的是具有价值和意义的"超生命的生命"。从这个意义上说，人成为自己生命的主宰者，他能够自主地支配自己的生命活动，这是人类生命的本质。种生命和类生命有机结合在一起，组成一个复杂体。

由此，我们对人的认识，要变单纯的物的认识方式为人的认识方式，确认人是由双重生命构成的具有复杂性的统一体。从这样的一个角度来认识人、把握人，实际上是方法论上的重大变化，即用动态的考察代替静态的考察，从而突破了对人的本性的僵化的物种认识，确立现实的具体人的观点，进而以生命为主线把握"活生生的人"，把握真实的儿童。

>>> 儿童是自然的存在

人首先是作为自然的存在物，有着自然的属性。马克思曾以自然遗传的观点，指出人具有自然力、生命力，"这些力量作为天赋和才能、作为欲望存在于人身上"[1]。由它所决定的人的自然性，是指人的物质基础性和宏观、微观机体的机能需要性。虽然人的自然性不能与人的社会本质画等号，但是，"现实中的人性，说到底是自然性与社会性的'合金'"[2]。也就是说，人是自然的存在，但人除具有动物的"自然性"之外，还具有一定的超越性，即超越动物的本能。

在古希腊，"自然"一词具有多种含义，其中常用的是：构成事物的基质；自身具有运动源泉的事物的本质、本性或天性。[3]汉语中的"自然"除指自然界之自然外，还有"自由发展"的内涵[4]，这个内涵与古希腊将"自然"理解为"事物在其自身的权利中具有生长、组织和运动的天性"是一致的。词典学的解释揭示了"自然"内含"自由"、萌生"自由"的"自然即自由"的精神，凸显了"天人合一"命题中人与自然和谐而获得自由的依据，也由此把人的自然与动物的自然在本质上区分开来：动物的"自然性"，完全受着"种生命"的限制，是被动地依赖自然环境，由此过着一种满足于吃喝拉撒的本能生活；人或人性所具有、包

[1]马克思、恩格斯：《马克思恩格斯全集》（第四十二卷），人民教育出版社教育室编，人民出版社，1979年，第167页。
[2]叶澜：《教育概论》，人民教育出版社，2000年，第185页。
[3]罗宾·柯林伍德：《自然的观念》，吴国盛、柯映红译，华夏出版社，1999年，第86—87页。
[4]中国社会科学院语言研究所词典编辑室编：《现代汉语词典》（第5版），商务印书馆，2005年，第1807页。

含的"自然性",不单指人具有动物性,还指人具有其生命存在和发展所必需的自由天性。因此,人的自然性与人的自由性是紧密相连的,这两者的关系是:人的自由天性从本源上来自人的遗传因子中蕴含的"潜能",人的自由活动又守护和开发人的"潜能";人的遗传作为大自然赋予人的"自然",是人的潜能的物质基础和栖息地。

"自然即自由"的命题,给教育带来了启示,即儿童"身"之自然与"心"之自由相关联,要培养儿童实现人的自由的基本能力,就必须尽可能保护好儿童的生命潜能,高度重视蕴含于其中的"作为天赋和才能、作为欲望"的自然生命力,在根本上实现儿童个体与其身之"自然"的和谐。这种和谐及其意义主要表现在以下几个方面:

第一,儿童的"自由"扎根于他自身的"自然"之中,儿童身之"自然"是儿童"自由"之基。动物的"身"决定了动物不可能有"自由",即使有了"自由",也只可能是本能驱使下的"自由"。自然物质的亿万年进化将能动性作为潜能赋予了人,这才使人得到了能获得真正意义上的"自由"的生物学基础,这是人的"自由之基"。[1] 儿童能够从襁褓中、摇篮里解放出来,直立、奔走在大地上,玩耍、游戏、学习,靠的就是这"自由之基"。儿童的"自由"扎根于他自身的"自然"之中,不单指扎根于作为随意运动基础的骨骼、肌肉中,更重要的是扎根于他那属于"人"的各种潜能中。开发儿童的自然生命力,实际上就是开发儿童的自由活动能力。

第二,儿童的"自由"关联着他自身"自然"的意义,儿童天性的满足,能够促使儿童自由创造的更好形成。卢梭的自然教育理论深刻地揭示了儿童的"自然"与自由发展的关系。卢梭在《爱弥儿——论教育》中所要培养的"自然人",是身心率性发展的人,是"自由自在的孩子",是"自由自在地生活"的人。也就是说,卢梭设计的"自然人"即"自由人",儿童能够自由地发展就是实现了他"内在的自然"或"天性"。虽然卢梭所谓的儿童自由与他的"天性至善至上论"一样,具有虚幻性,然而理论价值却是不言而喻的,他认为人类文化中任何崇高理想和自由

---

[1] 储韶华:《自由与自然:让理想回归大地》,《江海学刊》1999年第5期。

信仰都必须服从于天性，只是人所处的文化背景并不令人满意。他感叹道："出自造物主之手的东西，都是好的，而一到了人的手里，就全变坏了。"[1] 如果一个社会的文化不尊重儿童的天性，这就好比强迫一种土壤滋生另一种土壤上的东西，或强迫一种树木结出另一种树木上的果实。这样做的后果，只能是摧残和破坏。

大自然希望我们人类保持原有的天性，并在这个基础上进行适当的教育。因此，儿童的自由之身是取决于他自身的"自然"意义的。儿童的天性是天真活泼、好玩好问，在这个天性里包含着兴趣、爱好、情感、意志等自由创造的早期心理基础，它对儿童在日后的发展中能够卓有成效地取得自由至关重要。压抑和扼杀儿童的这种天性，就是剥夺儿童能力发展，是对儿童自由权利的粗暴干涉。

第三，儿童自由与他自身之"自然"的联结是通过教育来达成的。卢梭通过《爱弥儿——论教育》告诉我们，教育是如何使儿童的天性充分发挥并走向自由之"心"的。他认为，人类生来是软弱的，所以需要力量；生来是愚昧的，所以需要判断的能力；在出生时所没有的东西以及在长大过程中所需要的一切东西，全都要由教育赐予。因为教育能发挥人内在的天赋能力，这就好比夸美纽斯所说的，儿童身上具有先天的"知识、道德、虔敬的种子"，教育"只需把那暗藏在身内的固有的东西揭开和揭露出来，并重视每个个别的因素就够了"。[2] 因此，教育的最终目的，"在于发展个人天赋的内在力量，使其经过锻炼，使人能尽其才"[3]。

当然，这样的教育，按照卢梭的理解，是自然的教育、事物的教育和人的教育，"我们的才能和器官的内在的发展，是自然的教育；别人教我们如何利用这种发展，是人的教育；我们对影响我们的事物获得良好的经验，是事物的教育"，"在这三种不同教育中，自然的教育完全是不能由我们决定的，事物的教育只是在有些方面才能够由我们决定，只有

---

[1] 卢梭：《爱弥儿——论教育》，第1页。

[2] 夸美纽斯：《大教学论》，第15页。

[3] 张焕庭主编：《西方资产阶级教育论著选》，人民教育出版社，1979年，第173页。

人的教育才是我们能够真正加以控制的",但这种控制也是有限的,因为我们不能控制孩子完全随着我们的思维而思考。[1]正因为如此,人的教育必须服从于事物的教育,而事物的教育又必须服从自然的教育,只有这样,这三种教育才能配合一致,才能使儿童的自然之"身"与"自由"之心联结在一起。

儿童是自然与自由的和谐存在,从教育学角度看,一方面,儿童有着生命存在、发展的自然原则,教育如果违背了这个自然法则,就违背了儿童身心发展的规律;另一方面,儿童天生具有追求真善美的能力,由此超拔于动物而获得自由。把这两方面联系在一起,儿童就获得了"自然即自由"的升华。

>>> 儿童是文化的存在

婴儿出生到这个世界上,他首先进入的是自然环境,即自然的遗产中,所有的动物也都如此,但婴儿同时还出生在社会遗产中。与人继承的财产不同,这种遗产并不留给某一个人,它是留给全社会的。对某一特定群体的所有儿童而言,它都是共同的。非但如此,它被称为社会遗产还因为它是人类社会的产物,是人类产生以来许多社会成就的结晶,是人类社会共同努力的结果,而不是未经人改造的自然的恩赐。出生在孤岛上的新生婴儿,尽管像低等动物一样,生活在自然环境中,但他们没有社会遗产,因此,社会遗产并不等同于环境。那么,到底什么是社会遗产呢? 社会学家和人类学家在使用"社会遗产"一词时,其意义与文化很相似。最早对文化进行定义的是泰勒,他认为:"文化,或文明,就其广泛的民族学意义来说,是包括全部的知识、信仰、艺术、道德、法律、风俗以及作为社会成员的人所掌握和接受的任何其他的才能和习惯的复合体。"[2]在这个定义中,我们看到泰勒倾向于认为文化是从物质

---

[1]卢梭:《爱弥儿——论教育》,第3页。
[2]爱德华·泰勒:《原始文化:神话、哲学、宗教、语言、艺术和习俗发展之研究》,连树声译,广西师范大学出版社,2005年,第1页。

中分离出来的东西。在任何民族的文化中，物质的使用都是一个重要的部分，人们经常使用物质文化一词来强调文化的物质特性，因此，美国著名人类学家奥格本在仔细分析了泰勒的文化概念之后，提出文化有两个重要的组成部分，即物质文化和适应文化。在奥格本看来，社会遗产和文化是可以交换使用的，只是作为文化本身，它具有特殊性，它之所以与社会遗产可以交换使用，就在于文化既是人创造的，又脱离于人而单独存在。博尔诺夫曾经说过，"从生物学看，人起先是一种有缺陷的生物，后来为了弥补这种缺陷才创造了文化"[1]，但是，"人一旦创造了文化，这种文化就脱离主体，即脱离了人而独立出去，成为一种客观的存在，并被世世代代传递下去。人从自己的需要出发创造了文化，因此我们可以把这种客观化了的文化作为媒介来了解人的需要，并进而了解人的本质"[2]。因此，文化对人而言，既是本体，又是客体，即人可以创造文化，但文化会影响人的发展，特别是对人的先天素质会产生影响。文化与人的先天本质相对应。

通常我们称遗传素质为人的先天本质，它的构成受这种生命的影响。受精卵所携带的基因，决定着人的先天本质。当生殖细胞发展为个体时，就已具备了确定的解剖和生理特征，比如它决定眼睛的颜色与血型，调节体内的荷尔蒙，决定手指的形状与寿命的长短。每个生命都源于不同的基因组合，但这种组合是千差万别的，每个基因都是一个小蓝图或者称为密码子。遗传信息决定了我们的身躯和大脑，这也就意味着它决定了我们与环境相处的模式，也决定了我们能觉察什么，能学到什么和愿意如何去做。所有的生物器官都是从受精卵发展起来的，但一般说来，遗传对人的作用在于把各种器官组织起来，通过特定的途径，对刺激做出局部的或整体的反应。因此，先天本质就是反应机制，正像炸药可以爆炸、氢和氧可以结合一样，先天本质是活跃的，具有能动性，会对环境的刺激做出主动的反应。

---

[1] O.F. 博尔诺夫：《教育人类学》，第36页。
[2] 同上书，第22—23页。

实际上，儿童的先天本质与文化的关系正是遗传和环境问题的一部分。个人的身高无疑受到遗传的影响，但也受到食物以及儿童时代所染疾病的影响。每一种影响都会产生永久的结果，但环境的影响不能通过遗传留给下一代。儿童的行为部分是人的先天本质影响所致，部分是文化影响的结果。先天本质的影响可遗传，文化的影响不可遗传但具有持久性，特别是在形成儿童的人格方面，儿童时期的人格一旦形成，即使到了老年也很难改变。文化对人类之所以重要，是因为与婴儿期的长久依赖性有直接关系。我们复杂的大脑为自己提供了学习能力，然而大脑的复杂性也意味着我们的进步是缓慢的，我们需要别人的援助才能生存下去，因此，人类从婴儿到成人期的转变只有置身于人类社会的环境才能完成。从儿童到成人的成长过程，"不仅仅是一个抽象的人，而且是作为某国某族某部落具体的人的进化发展。人类学家的专用术语'文化感应'，就是指婴孩和儿童以一定方式学习做社会的成年人"[1]，即儿童得以养育成特定社会文化系统的成员，并能够发挥作用的具体文化方式。离开了"文化感应"而成长起来的人，就不能在真正意义上称为"人"。1799 年，心理学家加斯帕德·伊他德曾经对一个在法国阿韦龙捉到的野男孩维克多进行过详细的描述："两眼不停地转动，毫无表情，茫然地环视周围，缺少最基本的触觉训练，没有辨别真人与画中人的能力。发音能力几乎与哑巴相似，只能听见他在喉咙中喀喀哑哑的声音……可以从火中抓起燃烧的煤块，半裸的身体能在冬天潮湿的地上躺数小时……缺乏集中注意事物的能力，像动物园的动物一样整天毫无意识地前后摇晃着身子。"[2]后来，伊他德负责对这个野男孩进行教育。几年之后，伊他德强调，人类的潜力只有在人类文化结构的范围内、与他人密切接触的过程中，才能得到挖掘和发挥。没有具体文化的约束，儿童不仅不能获得自由，而且会处于完全无能为力的状态，素有的先天本质也得不到开发。

---

[1] S. 南达：《文化人类学》，刘燕鸣、韩养民编译，陕西人民教育出版社，1987 年，第 104 页。
[2] 同上书，第 58 页。

因此，可以说，在漫长的儿童时期，给儿童以极大影响的就是社会遗产给儿童带来的文化感应，儿童所能做的一切职能是学习以文化模式化的方式对外界做出反应[1]，这种学习文化模式化方式的过程其实就是儿童社会化的过程，这个过程的出现与完成都是人的一种自觉行为，表现为在刚开始的时候是在无意识的状态下进行的，即文化独有的思维、行为、感觉、反应等各种方式，都是儿童在进入社会生活中"自然而然"地学成的。当然，这样的一种"学成"，受着人的生物性特点的牵引。人在婴儿时期尽管无力自理，不得不依赖别人，但毕竟不是可以在上面随意印刷文化模式的"白板"，儿童对学习人类行为有一种生物性的基本取向，这种生物取向让儿童在婴儿期就能积极参与文化行为，需要并能适应精神生活。同时，儿童之所以最后成长为一个具体和独特的人，还是人类普遍性和文化特殊性之间复杂的互动性关系所致，即儿童经历的发展阶段基本是一致的，每个阶段都以提高适应自然环境和社会环境的能力为特点，只要受到最低限度的鼓励，儿童每跨越一步，体质、精神和心理上的潜能就要向外展现一步，这种对健全体质的欲求，与他人精神联系以及智力发展的欲求，是人类在正常成长中所共有的，这就是人类有机体的生物性特点衍生出的普同性。但是，儿童在社会化历程中，除受普同性的影响之外，还受着文化特殊性的影响，如因文化差异而造成的不同育儿法、性别等因素，都会影响儿童发展的差异性。由此，文化或社会遗产对儿童来说，既是主体的需求，又是客体的存在。文化影响着儿童个体生活的每个侧面，但也允许个人行为保持着一定的独特性；文化感应使儿童得以成为特定社会文化系统的成员，儿童的成长反过来又影响着文化或社会遗产的进一步发展。

人类的行为从来不是在文化环境之外发生的，当然，没有生物人的群体行为也不会有文化的发展。有些人会认为，没有必要将这两个因素截然分开，但是进行这种尝试还是非常必要的，因为在所有的社会现象中，这两个因素都会相遇。正确理解和研究人的本质，特别是儿童的本

---

[1] S. 南达：《文化人类学》，第104页。

质，也要求我们必须考虑这两个因素，因为各个因素对不同个案的重要性是不一样的。但是人的大部分行为，特别是社会行为，都是在文化环境中发生的，社会遗产和人的生物本质共同创造了文化行为。

二、人为什么有儿童期

人类的儿童期比任何其他动物的儿童期都要长。婴儿出生时并不具备其所需要的一切行为方式，其必须在儿童期内逐步去掌握，这就使儿童较之动物的幼仔具有极大的优越性。漫长的儿童期是人类发展的最重要阶段。

> > >　　儿童期意义的溯源

（1）儿童的称谓与时限

"儿童"一词，最早是从西方引进的，中国人更习惯把儿童称为"孩子"。在中国古代，孩子在不同的年龄阶段又被冠以不同的称呼，这种区别不仅反映在孩子的生理年龄上，而且可以从他们的穿着打扮上区分出来。《孟子·尽心上》中有"孩提之童"一词，这里的"孩提"指的就是两三岁幼儿，他们开始会笑，可提抱。到了三四岁至八九岁，孩子就被称为"垂髫"，陶渊明在《桃花源记》中有"黄发垂髫，并怡然自乐"句。而总角则是指八九岁至十三四岁的少年，陶渊明在《荣木诗序》里写的"总角闻道，白首无成"，描述的就是这个年龄阶段的孩子。之所以叫"总角"，是因为这个年龄段的孩子，通常将头发分作左右两半，在头顶各扎一个结，形如两个羊角，故称"总角"。豆蔻是一种初夏开花的植物，古代的人用它比作未成年时期的少年时代，指十三四岁到十五六岁的孩子。杜牧的《赠别》有相关描述："娉娉袅袅十三余，豆蔻梢头二月初。"十五岁是从未成年走向成年的一个分界年龄，在古代，男子到了十五岁要举行隆重的"冠礼"仪式，当然，很重要的依然是装束的改变：要束发，就是要把原先的总角解散，扎成一束，《大戴礼记》就有"束发而就大学"之记载；女子至十五岁，就要把头发盘起来，并用簪子夹住，称为"及笄"，表示已经成年，《礼记》中有"（女子）十有五而笄"之说。

在西方，儿童开始被称为 puer，这个词来源于 puritate（纯洁性）一词，"因为儿童是纯洁的（purus），没有体毛，没有胡须"[1]。根据词源意义的解释，人们习惯上认为 puer 这个词表示"无斑点、无混杂"的意思，这种圣洁的、肯定的概念又派生出另一个否定性的意义，即"儿童是不成熟的"[2]。这种不成熟，既代表了他们的年龄特征，又代表了他们在家庭和社会中的地位。在家庭中，儿童的地位与奴隶相似，这种相似并不在于年龄，而在于他们都不能享有任何权利，都必须服从某一权威。

与 puer 同时使用的另一个词是 infans。infans 起初用作品质的形容词，它不仅是 puer 的同义词，而且指失去语言能力或者不是能言善辩的演说家，甚至还指动物，"infans 最初用作复数，后来用作单数，开始指多个幼儿，后来又指幼儿这一类人"[3]。词语的变化以儿童说话为界限，当儿童开始说话时，infans 就变成了 infantia，infantia 成为生命的一个阶段，这个阶段一般持续七年，到乳牙脱落时为止。瓦罗曾经专门为此进行了解释，虽然不能完全证明词源学的意义，但反映了一个事实："年幼的人第一次说出有意义的话之前，被称为 infantes；当他们能说话时，我们只能简单地说他们开始说话了。"[4] 现代心理学家皮亚杰在他的《从儿童的逻辑到少年的逻辑》一文中也指出：儿童七岁时能连贯表达。在古罗马，七岁这个年龄则标志着儿童开始参加家庭内部的或公众的祭祀活动，并且从母亲抚养过渡到父亲抚养的阶段。七岁也是上学的年龄，此时"儿童克服了口头表达的困难，但还没有解决理解的问题，他可以准确地重复固定的宗教用语，这些用语是父亲或是其他成人教授的，儿童从此逐

---

[1] 让-皮埃尔·内罗杜：《古罗马的儿童》，张鸿、向征译，广西师范大学出版社，2005年，第28页。
[2] 同上。
[3] 同上书，第33页。
[4] 同上书，第34页。

渐积累知识，随后逐渐理解某些法律程序的意义"。

不断变化的词语揭示了人们对儿童概念的最早认识，最早的儿童意义是具有双重性的。"纯洁"和"娇小可爱"反映了人们对儿童的肯定意义，但这样的"娇小"也造成了儿童对成人的依附关系，在当时，他们的地位仅可以与奴隶相提并论。当然，随着时代的发展，表示儿童的一系列新词语出现了，它们至少也传递了一种对儿童理解的新观念。今天，人们对儿童的称谓逐渐趋向融合，西方的 children 以及中国的儿童包含着一致的理解。至于哪个年龄段是处于儿童期，心理学家和生理学家的研究为我们提供了帮助。

儿童期从什么时候开始，在生理学界大致有四种看法：一是始于出生时，二是始于概念（怀孕的母亲关于儿童的概念），三是始于胎动初觉，四是始于婴儿期结束后。[1] 而关于儿童期的下限，大致有两种分法：一种是广义的界定，泛指法定成人年龄以下的人；另一种是根据心理学界对儿童的阶段划分，即分为婴儿期、幼儿期、儿童期、少年期、青年初期（或青春期）。

按照皮亚杰的理解，青春期是心理发展的最后阶段，他认为："如果把青春时期归结为性成熟时期，似乎心理发展的这个最后阶段的特征只是性本能的迅速进展，那么我们只看到这个时期特有的整个变化的另一个方面。"[2] 他还说："心理的生长同身体的生长是分不开的，特别是神经系统和内分泌系统的成熟，一直延续到 16 岁。"[3] 从皮亚杰的论述中，我们看到他将人的生命周期分为儿童期和成人期，而青春期仍然属于儿童期。本书中的儿童指自出生起至成人期前的未成年人，即指的是广泛意义上的儿童。

（2）儿童的意义与特性

儿童是什么样的人？儿童具有怎样的精神与智慧？整个古代社会，从柏拉图和亚里士多德的理论开始，人们一直都在对这个问题进行哲学式的

---

[1] Scarre, Geoffre, *Children, Parentsand Politics*, Cambridge University Press, 1989, p.25.
[2] 皮亚杰：《儿童的心理发展》，傅统先译，山东教育出版社，1982 年，第 93 页。
[3] 皮亚杰、英海尔德：《儿童心理学》，吴福元译，商务印书馆，1980 年，第 2 页。

讨论。柏拉图将儿童与动物以及奴隶划为一类，因为他认为儿童是无理性的人，如果说儿童可以被培养，而且不断进步，那么在此之前，他一无是处；对于儿童，应该从身体和精神两方面进行培养，即从他的身体和性格两方面进行塑造。亚里士多德认为儿童虽然无理性，也无品德，但不能说他是愚蠢和不道德的，儿童只是一个过程的起点，一切处于自然状态，有待于精心培养，培养就是使他从自然状态进入社会状态。亚里士多德虽然没有超越理性的范畴，但已经对儿童产生了肯定性的态度。古罗马著名哲学家西塞罗在《论自然》中说：以前的哲学家靠近摇篮，因为他们认为在儿童的思想中能看出自然的意图。儿童就像一面镜子，能反映出自然。伊壁鸠鲁将幼小的儿童与动物相比，通过仔细观察，他确信自然能在儿童的身上体现出来，儿童的弱点也就是原始人类的弱点，如他们用手指着某件东西，却叫不上名字。这个动作反映了原始人类没有能力为事物命名，但是后来由于生存的需要，原始人类开始为事物创造名字。[1]

儿童身上有自然，儿童的特点能反映人类的本性，但在人生之初，个人的本质是深藏不露的，只有随着时间的推移，每个人才能逐渐认识自己。因此，人的一生就是穿过无知和苦难对自身的不断探索，在这个探索过程中，脆弱的人需要通过理性的引导，而理性对人的帮助多于对其他动物的帮助。以这样的眼光来看待儿童期，其实已经是科学认识儿童的开始。儿童期不再是一幅可笑的漫画，也不再是人生中一个应该立即度过的邪恶阶段，儿童应该受到精心培养，儿童是人们的一个美好的希望。西塞罗据此精心描绘出一幅儿童的心理图，代表了当时哲学家对儿童的理解和认识。

新生儿躺在那儿，仿佛思想一片空白。当他身上有了一点力气，也就有了一点思想和感觉：他使用双手，想要站起来；而且感激那些扶他站起来的人，然后他开始喜欢和同龄孩子在一起。他和别的孩子一起玩耍，一起游戏，一起听故事。他有了多余的东西，就和别人分享。他还关心家里发生的事，想知道所有事情。他开始思考，开始

[1] 让-皮埃尔·内罗杜：《古罗马的儿童》，第71—72页。

学习，努力想要记住自己见到的人的名字。在与同龄人比赛中获胜让他非常高兴，如果失败就会萎靡不振，所有这一切情况都是有原因的。[1]

这个原因就是自然。按照西塞罗的进一步解释，自然仿佛穿透迷雾的一束亮光，在儿童身上映出自己的轮廓，支配儿童的行为；同时，幼小的儿童身上有美德的影子，有点亮哲学家理性的星星之火。因此，哲学家能从儿童身上看到人的出生与成长，看到人心中对知识的渴望，对荣誉的追求。

从西塞罗勾画出的儿童图上，我们看到了儿童好强、易怒的个性与人本身的社会性和爱游戏的天性有关。儿童天生热衷于游戏，即使游戏很难，也不能改变儿童热爱的天性，实际上这正反映出儿童天性的持久性。游戏一方面是儿童天性的需要，另一方面也是儿童社会性发展的需要。与西塞罗同时代的另一位著名的哲学家和教育家昆提利安通过对儿童行为的观察，也看到儿童爱好游戏的天性，他在《口头法令》中这样描述儿童的行为："他们不停地摔倒在地，双手着地爬来爬去，永远不停地游戏，从早到晚到处跑来跑去"，"儿童在游戏中丝毫不知疲倦，因为他不把游戏当作工作"。[2] 当然，这样的游戏与我们今天看到的有组织的游戏不同，它是发自儿童天性需求的、缪斯式的游戏。

对儿童意义进行历史溯源，就是想从源头上寻找人们对儿童的最初理解：儿童是什么？这个基本的儿童哲学命题，一直应该是我们不断追溯的问题。先哲的探索，特别是古希腊和古罗马的哲学家的论说确实为我们拨开了一些迷雾，使我们得以看到近现代科学儿童观建立的思想源头。儿童是柔弱的、纯洁的，反映了儿童身体的特点，而儿童的非理性、自然性和游戏性则揭示出了儿童精神和智慧的特性，这些思想为我们认识儿童、探讨儿童生活的本质提供了很好的帮助。

---

[1] 让-皮埃尔·内罗杜：《古罗马的儿童》，第 72 页。
[2] 同上书，第 73、82 页。

>>>   人的非特定化是儿童期存在的基本条件

儿童从婴儿期到成人期的转变只有置身于人类社会的环境中才能完成，人为生存和成长而对同类表现出的依赖性胜过任何其他动物。没有他人的照顾，婴儿无法获得饮食，两腿无法立地，无法与他人沟通信息，甚至无法生存下去。在整个动物界，因无法自理而依赖同类最长时期的当数人类，这可以说是人类为其大脑发达和储蓄学习潜力而必须付出的代价；也正是在这漫长的儿童期，文化的模式化对人产生极大的影响，儿童所能做的就是学着以文化模式化的方式对外界做出反应。

低等动物几乎没有儿童期，它从遗传获得的行为程序足以使它立即"进入生活"，个别教育的可能性微乎其微。动物所处的进化阶段愈高，它的儿童期就愈长。对哺乳动物来说，在具有本能的、先天的行为方式的同时，个别经验开始起着越来越大的作用，为了积累这种经验，掌握那些不可能靠遗传得来的能力，当然需要有一个专门的时期在环境中进行学习，以便能更好地适应不断变化的生存条件。但是，动物，甚至包括高级动物，都没有办法积累和传授种群经验，加上模仿的作用有限，所以动物界的发展只有一种途径，那就是遗传进化。我们在前面已经讨论过，这种进化的过程是相当缓慢的。

对人类来说，除了遗传进化，还存在着文化进化。艾里克森认为，在人的发展期间，每个阶段的成功与危机，都与社会基本要素有关，理由很简单，因为人的生命周期与人类的制度已经一起进化。人类学的研究则告诉我们，与动物相比，人是一种有缺陷的生物，例如动物有皮毛可以抵御寒冷，有锐爪和尖齿可以爬树登高、防止敌兽的攻击以及啃食大块的坚硬的食物，而人在从类人猿进化到人的过程中，这些生存武器已经退化了，许多先天能力已丧失殆尽。再说胎生动物的后代在子宫中度过相对其生命来说较长的一段时间，其一出生便已具有成熟的本能系统。与其他胎生动物相比，人出生过早，人需要度过称为"宫外年"的一段时光。人的后代在子宫中并没有获得已达到成熟的独立生存的能力，因此，甚至如直立行走这种行为都不是通过遗传而天生所具有的本领，需要人出生后以成人为榜样去学习。如果人不进行这种学习，或处在别的环境中，那么他就可能像狼孩一样，喜欢用四肢行走和奔跑，而不习惯像正常人一样直立行走。人与动物不一样，其行为并非只受本能指引，而是同时受思想的指导。人的思想也并不像动物具有先天成熟的本能系统一样生来就有一个成熟的系统，需要在后天学习和受教育的过程中形成。由此，著名人类学家博尔诺夫声称：人生来是一种"有缺陷的生物"[1]。如前所说，人的生物装备相对动物而言有很大弱点，因此只能在人工创造的环境中，即在某种文化中，才能生活。博尔诺夫特别强调这一点，并认为人的天然缺陷与文化之间从一开始就是相互补充的，而且是一个统一体中的两个互补环节。在这里，博尔诺夫同意奥地利动物学家波特曼（Adolf Portmann）的见解，指出人的某一方面的缺陷，比如缺少皮毛是与另一方面的长处——感官功能的增强——联系在一起的。博尔诺夫写道："从中得出了一种很重要的认识：正是由于要通过较高的能力来弥补现存缺陷的这种必要性，人成了'不断求新的生物'，成了虽不完美但因此而能不断使自己完美起来的生物。尼采曾在这一意义上说过人是一种可以理解为还'不确定的'，即不定型的，其本质还处在发展中的动物。"[2] 所谓的不定型，这在其他一些人类学家那里被称为"人的非特定化"。也就是说，人以外的其他动物在其总的结构上具有特定化的特性，它们的器官是特定化了的，适合于特定的生活条件，就像一把钥匙开一把锁一样，如食肉动物的牙齿适宜于撕碎和咀嚼，有些动物只适宜于寒带生活，有些鱼类只能在海里生活。动物的这种特定化也是动物的一种本能，是天生的，它确定了动物在一定环境条件下的行为特性，在后天的生活中很难改变，甚至是不能改变的。然而，人的器官并没有片面地因某种行为而被定向、被特定化，如人能生活在寒带，也能生活在热带。人的这种非特定化为人的发展提供了极大的可塑性，一方面，因为人"有缺陷"，使人获得了这种"不定型"性，促使儿童具有比其他动物

[1] O.F.博尔诺夫：《教育人类学》，第14、37页。
[2] 同上。

幼年期更大的发展空间；另一方面，人的这种非特定化使人比起动物的幼年来说，要付出更多的努力，需要一个漫长的儿童期来支撑，"每个单独的人都在学习做人。要在社会中生活，一个单独的人只靠他生来就具备的那些东西是不够的，他还必须掌握人类社会在其历史发展过程中所取得的东西"[1]。

人的"不定型"给人带来了无限的发展空间，但这样的空间是在一定的背景中发生的。我们已经知道，人一生下来就进入社会遗产当中，人的先天本质受到社会遗产的持续影响，而社会遗产的总量又在不断地积聚增长，它对人的大脑发展不断提出新的挑战。由此，一方面是社会文化的发展对大脑提出了"进化"要求，另一方面是大脑组织的复杂性又为这种进化提供了"条件"。当然，大脑进化的过程既是个体发生的，即社会文化的复杂化促进了大脑潜能的充分利用，又是种系发生的，即大脑突变产生新的潜能并能被社会文化的复杂化利用。正如莫兰研究所得出来的结论："如果说古文化的发展对促进大脑的进化（个体发生和种系发生的）施加了很大的压力，反过来可以说大脑的进化带给了社会文化复杂性以进一步发展的奖赏。"可是，这样的一个进化过程对人的大脑来说，需要一个"青春化"的时期来进行。所谓的"青春化"，指的是个体发育放慢，亦即幼年和少年的生物阶段的延长。[2] 幼年时期的延长允许大脑在外部世界的刺激和文化的影响下持续其组织的发展，也就是说，个体发育进展的缓慢性有利于学习技能，有利于发展智力，有利于文化熏陶和传承。反之，社会文化的复杂性也需要一个较长的儿童期，这个较长的儿童期不仅有利于形成家庭核心关系（兄弟姐妹的关系、孩子和母亲的关系），而且有助于童年的感情世界在成年社会中扎根。因此，儿童期的延长与社会多方面联系着：它使得社会文化的基本结构有可能被整合到个人的大脑中，大脑的基本结构被整合到社会文化的结构中，这使得个体的智力和感情同时得到发展。这样，社会文化的复杂性直接和

---

[1] B.H. 阿瓦涅索娃等编：《学龄前儿童教育》，杨艳敏等译，教育科学出版社，2004年，第15页。

[2] 埃德加·莫兰：《迷失的范式：人性研究》，第69页。

间接地对任何推迟儿童个体发育的基因突变起着促进作用（"在智人那里，孩子的个体发育要 13 年才能完成"[1]），这如同大脑进化的任何进步表现为儿童期的延长一样，造成成长的放慢亦即儿童期延长的任何基因突变很可能也是促使大脑进化的基因突变，它引起大脑体积的增长。的确，脑体积的增大（不管是质还是量上）都是在人出生后进行的。新生的黑猩猩的脑重量约占成年黑猩猩大脑体积的 70%，而智人新生儿的脑重量仅有成人大脑体积的 23%，因此，"青春化"或儿童期延长不仅仅是个体生理的需要，也是社会文化的需要。

总之，人的儿童期不仅是进化的产物，而且是历史的结果。人的"生理"儿童期对人的成长是必不可少的时期，总的说来，这个时期的长短在整个进化史上的变化不大，而"社会"儿童期的长短则取决于人类社会发展的成熟程度。人类学家已经收集到大量关于不同社会发展阶段的民族是如何度过儿童期的材料。这些材料表明，社会发展水平越低，人的儿童期就越短，正处在发育过程中的儿童参加成人劳动的时间就越早。"生理"的儿童期与"社会"的儿童期是相互影响、相互促进的，儿童期作为人的发展中的一个特定阶段，需要一段充分的时间来发展自我、超越自我。只有这样，儿童才有可能从一个连自己最起码的需要都不能独自满足的娇弱幼小的生命变成一个具有思维能力的人，并成长为一个可以了解自然运行规律和社会发展规律的人。

三、儿童发展的推动力

>>> 什么是儿童发展

（1）发展是什么

关于人的发展，至少可以有两种解释。第一种是把它与物种发展史联系起来，将它看成人类在地球上的出现过程，用以与其他生物的产生过程相比较。如我们在前面讨论过的，人进化的真正开始是从猿人到智

---

[1] 埃德加·莫兰：《迷失的范式：人性研究》，第 69 页。

人的转变，在这个转变过程中，大脑结构的变化起着根本的作用，而其中文化起着决定性的作用，因此，从这个意义上说，文化决定着人的发展方向。第二种解释是把人的发展与个体的发展联系起来，这种发展是指个体从生命开始到生命结束过程中生理、心理及其身心整体所发生的一系列变化。本研究不考察发生学意义上的人种的发展含义，而是着重讨论个体的发展含义。

那么，个体的生命发展指的是什么？

发展是一种"由新结构的获得或从一种旧结构向一种新结构的转化组成的"[1]过程。

首先，发展是一种变化，而且这种变化是在个体内部进行的，发生在个体外部的变化就不能说是发展。例如当一个人从一个房间来到另一个房间，空间位置和周围环境发生了变化，但这个人并没有获得发展，因为空间的变化纯粹是外部的。又如，当一个妇女有了第一个孩子，她的母亲就成了外祖母，同理，我们也不能说她的母亲就有了发展，因为这样的变化同样是外部的。

其次，不是所有内部变化都可以称为发展，只有连续的、稳定的变化才是发展。例如个体每天发生的新陈代谢，还有视觉的暗适应和明适应，是为了重建自己的正常水平，其最终结果是恢复到原先的状态，尽管这些属于个体的内部变化过程，但仍不能称为发展。

另外，即使是内部的、稳定的、持久的变化，也不能一概称为发展。例如，一个三岁的孩子被教会背"4×6=24"，对这个孩子来说，他虽然获得了内部的、稳定的、持久的变化，但这个孩子并没有获得发展，因为他并不理解乘法的意义，他只是靠机械地学习积累，并没有进入理解的水平。只有当儿童把所学的知识与头脑中原有的知识体系相互联系起来，并能把整个系统中相关联的对象联系起来，才能说这种变化导致了结构的变化，才可称得上是发展。在前面的例子中，只有当这个孩子懂得了数的序列和组成的法则，才会懂得"4×6=24"为什么是正确的，而且认识到，这种陈述相当于"4+4+4+4+4+4=24"，因而也同时认识到

---

[1] 简·卢文格:《自我的发展》，韦子木译，浙江教育出版社，1998年，第31页。

"6×4=24""24÷4=6""24÷6=4"。这意味着儿童能把等值与计算方法联系起来，并且从构成这种法则的观点中来考虑此类问题，表明他的认知结构已经发生了变化——发展了。从这个意义上讲，人的发展既是自发的，也可以是自觉的。换言之，人的发展既是人的身心成熟的自然表现和本能，也是在后天的社会影响下实践活动的结果。

（2）两种对立的儿童发展观

儿童发展研究起源于遥远的过去。中世纪时，儿童被视为预先成熟的小型成人；16世纪，童年成了生命周期的一个特定阶段，清教徒的原罪信仰导致了家长专制、野蛮的儿童教养方式；16—18世纪启蒙运动时期洛克的"白板说"和卢梭的"天赋论"使人们对待儿童的态度更为人道；19世纪，达尔文的进化论思想为成熟论奠定了理论基础，从而推动了直接研究方法的兴起，其中尤为引人注目的是以婴儿传记为主要形式的探究方式。在这一过程中，霍尔与格塞尔倡导的规范调查形式起到了关键作用。在儿童发展领域，存在着各种不同观点和理论，它们探讨儿童本身以及他们如何发展等问题。因为研究者对他们的观察结果往往很难达成一致的认识。此外，儿童的发展是复杂的，至今还没有一个理论能够对此做出全面的解释，因此关于儿童发展的研究不可能提供绝对的真理，但是他们的各种论述能使我们对儿童发展更加了解。

在儿童发展领域的众多理论中，先天论和后成论或建构论一直处在矛盾的焦点。

先天论的代表福多在1983年出版了《心理模块性》，指出认知领域的特殊性与人类心理结构的制约有密切关系。对福多来说，"结构"是指相对固定的、受到高度制约的先天规定的组织，而心理则由遗传上规定的、独立起作用的、具有特殊目的的"模块"或者说输入系统所组成。来自外部的信息首先经过感觉转换系统，把材料转化为具有各个特殊目的的输入系统能够加工的形式，反过来，各个输入系统以适合于中枢的"领域一般"的加工方式输出材料。"领域"和"模块"是先天论的两个重要概念。从儿童心理学的观点来看，"领域"是支持某一特定范围知识的一组表征：语言、数学、物理等，"模块"是把这种知识和对它的计算加工封闭起来的信息加工单元。福多认为，"模块"是先天的，有固定的神经结构，是"领域特殊"的，快速、自主、强迫、自动和信息封闭的，即心理的其他部分不能影响也不能通达至一个模块的内部活动，只能影响它输出的内容。换言之，心理之所知和所信不能影响"模块"的活动。根据福多的观点，儿童的发展受着"先天模块性"和"领域特殊性"的规定，即儿童的早期发展虽然受成熟制约和领域特殊性倾向的引导，但这种天赋和环境输入是相互影响、相互作用的。由此，对新生儿来说，"他们是预先安排好能理解特定信息源的个体，而不是受到来自许多相互竞争的资源的、不能理解的、混沌的材料的袭击"[1]，即每个儿童在出生时，就已经带有了很好的先天素质，但这并不意味着婴儿就不需要学习了，相反，婴儿期及随后的发展期的儿童是有很多东西要学习的，可这种学习受先天规定的、领域特殊性原则的引导，这些原则决定了随后学习发生的本质，即儿童的学习受领域特殊性的规定，是封闭的、先天的和强迫的过程。

福多的先天论观点和皮亚杰的建构主义认识论即领域的一般性学习理论有着显著的差异。皮亚杰主义反对婴儿有先天结构或领域特殊性的说法，认为加工和储存都不是领域特殊的，领域只是具有一般性的生物学上的规定，即由一组感觉反射和三个机能过程（同化、顺应和平衡）组成。在皮亚杰看来，新生儿没有"领域特殊"的知识，只有感觉反射和同化、顺应及平衡三个"领域一般"的过程。同化是指个体收到外界新的刺激或新的事物时，会将之归纳于原来既有的认知结构中，顺应则是指个体遇到新的情境时会改变原来的认知结构，以便适应新的需求。图式（schema）是皮亚杰认知结构中的基本单位，"他相信人的心智结构和身体一样，所有的动物都是经由'胃'去执行消化功能，同样地，人类透过智力结构中的图式去适应外在的环境"，"个体的成长及对认知结构的吸收看个体图式结构及其功能的成熟情况"[2]。所以，儿童是

---

[1] A.卡米洛夫-史密斯：《超越模块性——认知科学的发展观》，缪小春译，华东师范大学出版社，2001年，第8页。
[2] 魏美惠：《近代幼儿教育思潮》，心理出版社，1995年，第77—78页。

89

一个主动的信息建构者，儿童的发展就是儿童凭借自身原有的图式与环境相互作用，通过同化、顺应，通过不断获得与改造经验，不断取得平衡从而建构自己心理结构的过程。因此，皮亚杰认为儿童的发展是遵循着后天的可预测的轨迹成长的，是内在成熟及外在环境之间的一种交互关系，儿童在整合信息的储存和加工过程是"领域一般"的，是开放的、主动的。

现代有许多心理学家接受了先天论关于儿童的发展是"领域特殊"的观点，但对先天论的发展"模块性"理论持反对态度。他们认为，儿童的发展是"领域特殊"的并不意味着模块性，即信息的储存和加工可能是领域特殊的但不是封闭的、先天的或强迫的，而是开放的和主动的过程，这种认识实际上中和了"先天论"和"后成论"两派的观点，由此产生了"调和论"派。"调和论"的代表人物卡米洛夫-史密斯认为，先天论和皮亚杰的建构论在某些方面的认识是可以包容的，不过需要增加一些条件：首先，"必须在皮亚杰观点上加上某些先天的、包含知识的倾向性，即意味着在儿童最初的天赋上加上领域特殊的倾向"；其次，先天论"重要的是不要把先天性和出生时就已出现或有关成熟的静止的遗传蓝图的观念等同起来，不论我们强调什么先天成分，它只有通过和环境的互动才能成为我们生物潜能的一部分，在它接收到输入以前，它都是潜在的，而输入又反过来影响发展"[1]。调和论的这种观点让我们对儿童的认知发展有了新的理解：儿童的早期发展受先天素质的影响，即加工的领域特殊性一开始就为婴儿提供有限的但有组织的系统，所以婴儿最初只接受那些以特定方式加工的数据材料作为输入，这也就可以解释婴儿为什么出生时就有视觉偏爱；同时，儿童的早期发展又有特殊的规律，儿童在后天环境中是一个主动学习者，他在逐渐成熟过程中、在自然情境中学习和发展。

从本质上说，心理学界关于先天和后天的讨论还是非常有意义的，最后的调和论的观点其实是相和两派的矛盾，均衡他们的观点。但是，人类学家在讨论此问题时认为，对生物性因素和社会性因素进行区分是

---

[1] A.卡米洛夫-史密斯：《超越模块性——认知科学的发展观》，第9页。

有意义的，并且是可能的，他们通过研究提出："在探讨生物因素和文化的差异性时可以看到，文化因素一般差异比较大，而人的生物本性则大体一致。"在这里，生物本质包含两层意思："一是样本总体中的个体，二是不同时代、不同地区的总体样本。变异是基于样本而言，并非基于个体。因此我们说，生物因素是稳定的。同时还要明白，任何样本总体中，个体的许多特征差别都比较大，但样本的综合特征一般都比较一致。"[1]根据这种解释，我们可以进行如此的理解，如原始人与现代人同样具有不卫生的习惯，原始人可能是由缺乏卫生的文化设施所致，而现代人则可能是因为心理素质较差所引起的，由于抽取的人不在一个变异量上，因此，我们可以这样说，现代人与原始人的差异不是智力上的高低差异，而主要是由文化差异引起的。

由此，我们看到，个人在生物上有差异，在文化上同样有差异。对儿童来说，这样的差异可能受到儿童在家庭中所处地位的影响，也受到他们所接受的价值观和被爱感觉的影响，当然更受到儿童内部成熟机制的牵引和影响。可以看出，当代研究者已经不再追究"遗传与环境哪个更重要"这个问题，相反，我们已经知道，它们并不是相互竞争关系，两者对儿童的正常发展都是必要的。

>>> **儿童发展的阶段性及内外部动因**

影响儿童发展的因素非常多，既有来自儿童内部的因素，如本性、遗传和基因，也有来自外部的因素，如父母教养、学校教育、社会与文化等，这些因素从儿童一出生就开始影响着他们的发展。人类学、心理学、教育学和精神病学等学科长久以来的目标，就是讨论这些因素是如何影响儿童并促进他们的发展的。对儿童来说，发展既有共同性，又有差异性。

（1）阶段性是儿童发展的基本特征

儿童的发展有自己的规律，这种规律既表现在发展阶段上，也表现

---

[1] 奥格本：《社会变迁——关于文化和先天的本质》，第13页。

在发展速度上。人类经历的发展阶段基本上是一致的，每个阶段都以提高适应自然环境和社会环境的能力为前提，只要受到最低限度的鼓励，人类就能跨过一个台阶，体质、精神和心理上的潜在能力就要向外展现一步。在体质上，婴儿从一个只能转动眼睛、伸展四肢的静态生灵，变成能抬头继而用眼睛注视目标、坐起来、四肢爬动、两腿站立直到自行走路的人；精神上，婴儿的能力逐渐提高，对自己环境里的人和事逐渐学会辨别。在此期间，好奇心也会得到进一步调动，只要有机会，婴儿对开发周围世界就会表现出自己的主动性和积极性来，与此同时，婴儿的自我意识和他人意识也会逐步加强。人类从儿童期开始的成长过程中，不断地学习、变换各种欲望，以适应社会环境。儿童在辨别什么行动是积极可取的、什么行动是消极而不足取的过程中，各种能力不断得到提高。

儿童发展阶段的确立是与生命阶段的划分联系在一起的。古希腊的一些哲学家和医生认为人类生命与自然界的四季有某种联系，春、夏、秋、冬对应于人的四个阶段，即童年期、青年期、成年期和老年期。对于这四季，毕达哥拉斯这样定义：你们难道没有发现，一年中四个季节前后相继，就像生命的四个阶段。春天的来临如同一个吮吸着母乳的稚嫩婴儿的降生。此时，小草发芽，草叶嫩而软，汁液饱满，农夫见到小草非常喜悦，因为这是他们的希望。接着，许多植物绽放花朵，五彩缤纷；树叶还很稚嫩，肥沃的土地上一片欣欣向荣的景象。[1] 根据毕达哥拉斯的理解，人生每个阶段会持续 20 年。但是，从毕达哥拉斯开始，不断有人对四季的分法进行质疑，并进行形而上学式的、诗歌式的以及其他各种艺术形式的描述和思考，尼采就是其中之一。"将一年的四季与人的生命相比较，这是古代人愚蠢的做法。如果我们不满足于仅仅凭颜色就把白发比作白雪，我们就会明白：无论是人生的头 20 年还是最后 20 年，都不能与季节相对应。人生的头 20 年是个预备阶段，就像新年的第一天，经过这个阶段，就能拥有真正旺盛的生命，如果将人生看成一年，

---

[1] 让-皮埃尔·内罗杜：《古罗马的儿童》，第 12—13 页。

那么这一年没有季节的变化……[1] 尼采用自己的方法划分了生命的阶段，他认为人生的夏天是从 20 岁到 30 岁，春天和秋天分别对应 30 岁以后的两个 10 年。

虽然古罗马时期关于人生的划分还是非常模糊的，但当时研究得出的关于生命的发展有不同阶段这一观点具有重大意义。这些研究表明人的生命不是宇宙中的偶然现象，而是和宇宙息息相关，人的生命有自己的节奏运动，它用自己和谐的规律证明了这一点。就如时间和天体一样，年龄也属于科学范畴，有自己的发生、发展规律。西塞罗写道："生命有一个确定的过程，自然界的发展遵循一条单一的路线，每个年龄段的人都有一个特定的性格，儿童的幼稚、年轻人的激情、成年人的严肃、老年人的成熟都是自然而然的，到了一定的年龄，自然会获得。"[2] 这种对生命的划分，实际上已经开始看到人的生命的节律性，看到人的发展与自然发展在规律上的一致性，即人的生长遵循一定的节律和速度，不能人为地加快或减慢。

对儿童来说，他们的发展也要遵循一定的自然规律，发展的速度不能过快，也不能过慢，否则就有可能会"迷途"。为此，夸美纽斯曾经以自然作比喻，对儿童的发展提出了几条基本原则。他说："自然的作为不是杂乱无章的，它在前进的时候，是界限分明地一步一步进行的。比如：生一只鸟儿的时候，它的骨骼、血脉、神经是在各别的不同时间里面形成的；在某一个时候，它的肌肉结实了，在另外一个时候，它得到了覆盖身体的皮肤或羽毛，在另外一个时候，它学会了这样飞。"[3] 因此，儿童的心理发展也是按照一定的次序或阶段来进行的，任何想跨越阶段的做法都是徒劳的，因为"在自然的一切作为里面，发展都是内发的……自然并不跃进，它只是一步一步地前进"。夸美纽斯继续比喻到：一只小鸟的发展包括某些不能够省略或延搁的渐进的步骤。当它破壳而出时，雌鸟并不让幼鸟去飞、去觅食（实际上它也做不到），它喂幼鸟，用自己

---

[1] 让-皮埃尔·内罗杜：《古罗马的儿童》，第 13 页。
[2] 同上书，第 16 页。
[3] 夸美纽斯：《大教学论》，第 81 页。

的身体替幼鸟保持温暖，这样去促进幼鸟的羽毛生长。当幼鸟的羽毛已长好的时候，它并不立即把幼鸟从巢里抛出去，让幼鸟去飞，而是首先教幼鸟在鸟巢里面展动翅膀，然后再慢慢地从一枝树枝飞到另外一枝树枝，再从一个山头飞到另一个山头，最后一直到幼鸟充满信心，能在旷野飞行为止。[1] 从这里，我们看到，自然展开的方式是严格按照步骤进行的，这种种步骤之中的每一步都是必须在适当的时候去做到的；不仅时候应当合适，而且步骤也应当是渐进的；不仅是渐进的，而且是永远不变地向前渐进。

如果说早期关于儿童发展的研究更多是从现象的描述和自然的类比来进行，那么，到了十八十九世纪，随着科学研究儿童的开始，儿童发展理论开始建立起来。卢梭认为，儿童不是一块白板，也不是任由成人灌输东西的空空如也的容器，相反，儿童具有天赋，生来就有是非观念和追求秩序与健康成长的需要。作为一个儿童中心论者，卢梭认为应该在人生发展的四个阶段即婴儿期、幼儿期、儿童期和青少年期满足不同的需要。卢梭的理念为全面研究儿童开了先河，一些心理学家也开始了对儿童的系统研究。他们共同认为儿童发展是有阶段的，每个阶段具有不同于其他阶段的本质特征，这些特征与一定的年龄相对应。但是，由于心理学家研究的领域不同，收集和拥有的发展材料不同，划分心理年龄的标准也不完全相同，有的根据生理发展（如柏尔曼），有的根据心理性欲发展（如弗洛伊德），有的根据种系发展史（如斯腾），有的根据认知结构的变化（如皮亚杰），有的根据活动变化（如达维多夫），到目前为止，如何真正按照儿童心理发展本身的客观规律划分阶段的问题尚未完全得到解决。但皮亚杰在研究儿童认知发展过程中提出了两个原则，即发展既是连续的，又是分阶段的，并且存在着向前递进的关系（见图 4-1）。皮亚杰的这种意见其实在一定程度上揭示了儿童心理发展的基本实质。

---

[1] 夸美纽斯：《大教学论》，第 81、85—86 页。

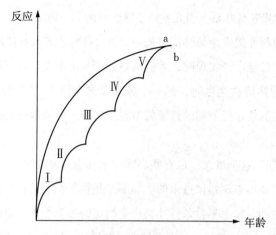

图 4-1 发展既是连续的，又是分阶段的

注：a 为一条平滑向上的曲线，代表发展是连续的累进。b 为波浪式向前的曲线，代表发展既是连续的，又是分阶段的。图中数字表示五个阶段。

（2）阶段的连续性是内因和外因相互作用的结果

蒙台梭利认为，儿童心理的发展不是偶然发生的，也不是由外部世界的刺激所引起的，而是受短暂的敏感性，即授予获得某种特性相关的暂时的本能指导的。尽管这种发展是依靠外部世界的，但外部世界并没有起决定性作用，它仅仅提供儿童心理生活所必需的手段。在蒙台梭利看来，敏感期是儿童发展最主要的内部动因。她认为儿童在发展的每个阶段都会出现这样的敏感性，在敏感性期间，儿童更容易受到一定行为的影响，能够更容易地学习某种特殊技能，儿童的某些品质会获得较大的发展。因此，在各个阶段出现的"敏感期"就是儿童发展的"机会之窗"。那么，什么是敏感期呢？蒙台梭利在《有吸收力的心理》中写道："'敏感期'指的是动物在其幼年时期所具有的一种特殊的感受性，当然它仍然是一种发展成长的过程。它是一种稍纵即逝的特征，只能有限地获得一种特殊的品质。一旦这品质或特征已被获得，这种特殊的感受性就会消失。"对儿童来说，他会在他的敏感期内学习调整自己并且有所收获，因为"这些敏感期就像照亮儿童内心世界的一束光亮或是一块提供能源的电池。正是这种敏感期使儿童能够通过一种特别强烈的处事方式与外部世界获得联系，当儿童处于这个时期，一切事物都会变得容易；所有的一切都变成生命与热情，每一次努力都标志着自我能量的一种增长，仅仅当目标已经实现时，才会出现疲劳与漠不关心"。但是，"当这种精神上的热情被耗尽时，另一个领域又被激活了。因而儿童时代在一种构成它的欢乐与幸福的连续的节奏中，从一种美妙的状态向另一种转变"。

"敏感期"这个概念，也有些心理学家称为"关键期"，它是从植物学、生理学和形态学移植过来的。如德·斐利斯发现只有在植物衍生的某个特定时期，加上某种条件才会产生特定的形态变化，他把这个时期称为"敏感期"。或者说，一个系统在迅速形成时期，对外界刺激特别敏感。关于心理发展是否有关键期，即是否有某个特定的时候机体最容易学习某种行为反应的讨论，最早起源于动物心理学劳伦兹对动物印刻行为的研究。劳伦兹发现鹅、鸭、雁之类的动物在刚刚孵化出来后，让其接触其他种类的鸟或会活动的东西（如人、木马、足球等），它们就会把这些东西当作自己的母亲紧紧跟随，结果对自己同类"母亲"却无任何依恋，这种现象好似在凝固的蜡上刻上标记一样，故称"印刻"。劳伦兹还认为这种现象只发生在极短暂的特定时刻，一旦错过了这个时机就无法学会，因此又称关键期为"最佳学习期"。

人类心理的发展有没有关键期或敏感期呢？心理学家斯拉金在对各种文献做了综合分析后认为，人类心理也有类似的情况，如攻击性行为、音乐学习、人际关系建立和探究行为等，早期学习更为有效。弗洛伊德和一些早期发展心理学家也认为，早期经验对成人的行为具有非常重要的意义，这一说法与关键期概念是相互支持的。

到了20世纪70年代，关键期的概念发生了某些变化，人们发现许多特定的关键期（如在一定时期出现的印刻现象）看来只存在于某些物种之中，即使是鸟类，也有不发生印刻反应的特例。还有研究者发现，在关键期之后，如果将适宜的刺激呈现足够长的时间，同样也能产生印刻现象。由此，人们开始接受一种比较有弹性的说法，即对某些物种来说，可能有一个特殊的关键期，但特定的文化可以改变关键期的结果，尽管人们普遍承认关键期在胚胎学和神经系统中的作用，但这并不意味着在学习和心理发展中一定有对应的效应。皮亚杰就明确指出："神经元的逻辑和思维的逻辑间没有直接的关系。"[1]因此，关键期或敏感期，与其说是个体接受外部刺激的期限，不如说是对外部刺激的接受程度即学习水平更为妥当。如果仅仅从时间的角度来理解关键期，它的含义只是说在关键期内个体学习，而超出或未达到关键期则不能学习；如果把关键期理解为学习水平的话，则表明在关键期内可以学到较高的水平，而在其后则不容易达到这一水平，但经过足时足量的刺激也能达到或接近这一水平。

从这样的认识出发，我们看到关键期在儿童发展中的作用。儿童在发展中确实受到内部生物性的指引，想超出生物性本身的节律来人为地加快或提高儿童的发展阶段或速度是不可能的，但如果因此就认为发展阶段等同于固定了的发展模式，即儿童的发展是严格按照内部的程序来进行的，则是一种错误的认识。毕竟人在整个进化过程中获得了高度的可塑性和适应性，具有灵活的中枢神经系统、灵巧的动作功能、抽象的符号系统、交流情感的语言系统以及覆盖全部生活的社会系统。因此，人类具有适应不断变化的环境的高度灵活性和变通性，而很少只把自己限定在固定的行为模式中苟且生存。人类创造和发展的各种文化及其传递，使人类连续发展的文化适应能力远远超出了呆板的印象。正因为如此，生物学上的成熟只为儿童的心理发展提供了可能性，而现实的具体的发展则要依赖于主体与文化的相互作用。如果儿童在其心理发展的关键期没有得到适宜的外部条件，成长就无法表达出来，该成长阶段的任务也就无法完成，下一阶段便失去现实的具体存在的逻辑前提，成长就会停滞不前。

因此，儿童的发展阶段的连续性既受着生物性发展速度等内部因素的牵制，也受着文化进程等外部因素的发展影响。进一步说来，儿童的发展（无论是身体的、精神的，还是社会的）总是在与他人、周围环境

---

[1]皮亚杰：《皮亚杰发生认识论文选》，左任侠、李其维主编，华东师范大学出版社，1991年，第30页。

的密切接触中发展起来的，但这并不意味着一切都取决于成人的愿望。儿童不是不分先后顺序、在任何时候都能掌握任何活动的，他们绝不是不顾其需要和利益，任凭成人灌输的某种消极的生物体。成人那种让儿童跨越不可避免的阶段，或者当儿童尚未在现有阶段上站稳脚跟，却硬要把他推到下一阶段的企图和愿望，是不会带来任何意义和好处的。最正确的途径应该是耐心地、循序渐进地引导儿童从一个阶段走向另一个阶段。

>>> 教育对儿童发展的影响

婴儿乍一来到人世，就成为世界的一部分。医生和护士让婴儿见识到社会期望的照料方式，婴儿的性别引发一定的情绪反应。最重要的是，婴儿被交到既兴奋又疲惫的父母手里，父母欢迎着新生儿，也查看婴儿身上的一切记号，他们考虑儿童的生理需求，想象着孩子的体形与情感气质，将在家庭（与文化）中扮演的角色。他们自觉地认为有必要把孩子塑造成自己或社会的形象，不遗余力地对他们又捏又推。虽然婴儿并不是可以在上面随意印刷文化模式的"白板"，但成人对待儿童的方式，确实影响了儿童的整个成长过程。

儿童的发展，受着大脑发育成熟的影响。大脑在发育的早期，生长速度比身体中的其他任何器官都要快，脑系统是遗传和经验综合作用的产物。从解剖上看，成人的大脑平均重量是 3 磅[1]。婴儿在出生之时，大脑约重 0.75 磅，约含有 1 亿个神经元或神经细胞，这些神经细胞在此时已经通过一种被称为"突触发生"的过程，也就是神经联系的增殖过程，形成超过 50 万亿的联系或者"神经突触"。在出生的第一月，大脑将会在神经细胞之间形成更多的突触联系；到了两岁，婴儿的脑重达 2.75 磅左右，突触联系继续增加。但是，大脑的突触联系不是自然而然形成的，经验在此时举足轻重，如果儿童不具有形成神经联系所需要的经验，大脑的发育成熟就会受到影响。由此可见，在生命的最初两年，大脑快速

---

[1] 1 磅约为 0.4536 千克。

98

发育、体积迅速增大。对父母和照看者来说，这时期与幼儿一起做游戏、交谈以及对幼儿的行为做出反应就显得非常重要，因为唯有此，婴儿的大脑神经联系才得以形成，经验才能获得，学习才能发生。大脑联系得到反复使用时，它们就会变成永久性的联系。从另一方面来看，那些未被使用或者用得很少的大脑联系，可能就会逐渐消退，这种逐渐消退被称为"神经剪切"或"神经剪除"，如与父母或照料者很少交流的孩子就会在今后的语言运用上遇到困难。因此，成人与儿童的密切联系会影响儿童大脑的发育程度。

根据生物学原理，我们已经知道人的发育成熟不是固定不变的。弗朗兹·博厄斯通过对原始人与文明人发育条件的研究指出：环境会影响人的发育和成熟。一般而言，环境的影响越显著，受其支配的器官发育越晚；而且，发育阶段中的某种延缓永远不会在长期不停地发育过程中得到完全的弥补。也就是说，儿童发育过程中受到的环境因素可以影响整个儿童期，如"当一个儿童在若干年中受到不利因素的影响而生长缓慢后，其生长期多半会比正常儿童长，但其总的发育程度将永远会低得多；另一方面，发育阶段受到加速影响的那些儿童进入成年的年龄要早，但其总的发育程度相对来说要高"，当然，"这一论断不适用于发育过早或发育过快的事例"。[1]

由此，儿童的发育、成熟在一定程度上受到一定文化方式的影响，特别是教育的影响。苏联心理学家巴甫洛夫和维果茨基的理论和实验研究证明：人特有的心理品质（逻辑思维、理解记忆、创造性的想象力、道德观念、感情和习惯）的发展没有一个是靠先天素质自生成熟而不取决于教育的。[2]这些心理品质是儿童在童年时期，在吸收前辈积累下来的社会经验的过程中，通过掌握社会创造出的概念、活动方式和行为道德准则而形成起来的，教育对年轻一代的心理发展起着"主导作用"。

---

[1] 弗朗兹·博厄斯：《原始人的心智》，项龙、王星译，国际文化出版公司，1989年，第27~28页。弗朗兹·博厄斯，又译为弗兰兹·博厄斯，本书统一使用弗朗兹·博厄斯。
[2] B.H. 阿瓦涅索娃等编：《学龄前儿童教育》，第10页。

当然，教育的影响并不是我们看到的、固定在正规的教育机构里、按照一定严格的方式进行的"传授"活动。这里的教育影响更多是指成人对儿童的一种影响，这种影响有可能是成人与儿童的交往方式，也有可能是人类共同创造出来的文化遗产。但是对年幼的儿童来说，成人与儿童的交往方式，特别是成人对儿童的抚育方式影响着儿童期的人格特征的形成，进而影响人的整个生活历程。

考迪尔注意到日本成人相互依赖的需求比美国人多，美国人更注重的是独立自主。于是，他比较了两国成人和婴儿的关系。考迪尔发现：两国婴儿在两种文化中的睡眠和喂养的实际时间并无太大差别，两国的母亲用于喂养、换尿布、穿衣裳的时间总量也是大抵相当的，然而，美国婴儿在睡醒时处于积极玩耍活动的时间多，日本婴儿则处于静态时间多。[1]

为了弄清这一区别是否有遗传基因的作用，考迪尔进一步对美籍日本人的婴儿进行了研究，发现这些美籍日本婴儿和美国的婴儿完全一样，与日本的婴儿则完全不同。接着，考迪尔转而研究两国的"育儿法"，发现：美国母亲教孩子多活动、多说话，日本母亲则让孩子顺从大人、安静休息；美国母亲喜欢逗玩，让孩子多用视力，摆动孩子的身体姿势，学大人说话；日本母亲则喜欢抱着孩子，或放在摇篮里摇着，拍哄入睡。考迪尔把这些以及其他照顾孩子方面的差异和日美母亲心态上的差异综合进行研究，认为：美国母亲把孩子看作单独的个体，应该为自身生存而学会思维和行动，诱导孩子动口舌是美国母亲"教育"孩子表达自己要求的一个方法。与此相反，日本母亲对自己孩子表现出过重的"看管"心，觉得没有必要让孩子费劲地表达自己的需求，当母亲的最知道孩子需要什么或不需要什么，日本母亲的这种心态与日本孩子寡言少语及母婴间身体长时间相接触，形成了一个缺一不可的因果锁链。至此考迪尔推定，日本人的依附性和美国人的独立性这一表现在成人格上的重大差异，似乎可以追寻到婴儿期接受的不同的育儿法。但不同的育儿方式是怎么形成的，人类学家 B. 惠廷与助手们为此进行了一项重大的人类学工

[1] S. 南达：《文化人类学》，第 109 页。

程，就是从一系列文化社会考察食物方式、社会结构、少儿抚养和人格形成之间的相互关系，这项工程提出一个命题：包括基本经济和基本社会结构（如人口居住）的生存系统决定了养育儿童的方法，育儿法又决定成年人格的形成。B. 惠廷与助手们通过对考察印度北部的卡拉普尔村拉杰普特阶级文化中的育儿法得出结论，卡拉普尔村形成自己独特的育儿法，与其特殊的阶级社会结构、狭隘的地理活动范围和社会活动范围，以及群体协调而非个体发展为基础的扩大型家庭制度，都有着必然的联系。[1]

人类学家通过不同文化中的不同育儿法的对比研究，指出"无微不至的热心关照"是孩子精神上健康成长的先决条件。其实不仅人类的婴儿是这样，非人类的灵长目也无例外。心理学的实验结果也表明，脱离了母猴照料而长大的小猴崽和其他同类的生活方式大不一样，这类猴子往往嬉闹玩耍少、好奇心弱、敌对情绪大；脱离母猴长大的雄性猴子对异性不甚感兴趣，雌性则对自己所生的小猴崽也没有什么感情。

由此我们是否可以认为，成人与儿童关系的重要性不在于成人给儿童教或不教什么，也不在于儿童干或不干什么，而是成人以何种方式教导儿童，以及周围的人群以何种方式与儿童构成相互影响、相互促进的关系网络？考迪尔和他的助手通过对日本和美国的母亲和婴儿的研究，得出的结果正好说明了这一问题。儿童的人格是以无意识的文化模式化的途径形成的，也就是说不是成人教会或者儿童学会的，而是儿童在一定的文化系统里通过与人的联系、交往来获得的。因此，不同的育儿法产生不同的母子关系，而这种母子关系在体质和精神两方面影响着儿童的发展历程；不同文化方式的影响使儿童得以养育成特定社会文化系统的成员，在一定文化模式中成长起来的儿童，将显示出相应的人格取向。

当然，成人的抚养方式并不都产生积极的影响。虽然在任何文化系统里，抚育孩子、造就对该文化产生影响的人是成人，而成人要想获得这种影响力，必定要学习一定的知识，在了解、尊重儿童的基础上才能

---

[1] S. 南达：《文化人类学》，第 109—110 页。

对儿童产生积极的影响。

通过本章的讨论，我们知道儿童期在人的一生中有着独特的价值和规律，儿童的发展既受着个体和人类的生物进化的影响，也受着环境中文化的影响。由于内在的生物性的影响，儿童受着天性发展的指引；由于文化的影响，儿童需要成人和教育的影响。以此为根据，儿童的生活就应该以儿童为主体，由内向外展开。

第五章

儿童生活的实质

研究儿童，就要研究儿童的生活。生命胚胎在母腹中就已经开始了他的生活。而作为人的生活，在人生头几年的生活与成人的生活，是有着本质区别的。尊重儿童，就是尊重他们的生活。

一、生活是生命或精神有目的的创造过程

生活是个复杂的概念，哲学、教育学、社会学和人类学等不同领域都对此进行了研究和解释。但无论如何复杂，个体生活也好，总体的人类生活也好，生活总是由人来完成的，人通过生活才能成为"人"。梁漱溟先生说："'生'与'活'二字，意义相同，生即活，活亦即生。惟'生'、'活'与'动'则有别。所谓'生活'者，就是自动的意思。""生命是什么？就是活的相续。"[1] 这样的一种生命，是一切有机体的存在与活动方式。杜威在《民主主义与教育》中这样解释生活："生活就是通过对环境的行动的自我更新过程。"[2] 这个"自我"指的就是一切生命有机体。在杜威看来，一切高等生物"自我更新"的过程不能无限期地继续

---

[1] 梁漱溟：《梁漱溟教育论著选》，第 263 页。
[2] 约翰·杜威：《民主主义与教育》，第 6 页。

下去，过一段时间，它们就要屈服，就要死亡，生物不能承担无限期自我更新的任务，因此，生命过程的延续并不靠任何一个个体的延长生存，而是靠整个种族以及其他生物的不断繁殖继续着。地质学的记录表明，不仅个体，连物种都会消失，但生活过程以越来越复杂的形式继续下去，可见，生活的延续就是生物对环境需要的不断重新适应。在此，"生活"一词，表示的是个体和种族生命的全部经验。

各种词典对生活的词源学的解释基本相同。《古今汉语实用词典》是这样解释的："生活，就是生物生存、发展而进行的各种活动；就是生存、活着。"《大辞典》的解释较为全面：①生存，活着；②生涯、生计；③人类的各种活动，如文化生活、政治生活；④泛指日常的饮食起居；⑤工作、手艺。[1] 第一种解释，泛指包括人在内的一切生命的活动，而第二种解释就专指人的生活了。因此，作为人的生活，至少含有以下五层含义：①它必然与个体的生存状态相连；②它是一种过程，不是静止；③它离不开个体的意识与自我意识；④它需要足够的自由；⑤它与个体的发展相关联。由此，我们可以看到，生活与生命是联结在一起的。作为人的生命的生活就是动态的展开过程，它与人的生存与发展直接统一。我们在生活中，无法在生活之外把生活作为对象进行认识，生命的历程涵盖了生命的诞生、生长、成熟、延续和死亡诸过程。

因此，生活虽然以生物性的生命存在为前提，但生活并不仅仅是人的生理活动，而更重要的是指生命或精神有目的的创造，就是人生实践。因此，生活包括精神生活，即人通过精神生活不断建立各种各样的意义联系，获得各种各样的经验。由此出发，生活与经验是相互联系、相互作用的。生活着，也就是不断地经历着。

作为人的生活，它还包括社会生活。社会生活是指人类社会的生活系统。有广义和狭义之分。广义指人类整个社会物质的和精神的活动，包括科学、艺术和哲学等活动的领域，是非日常的、自觉的人类精神和人类知识领域；狭义指社会的物质生产活动和社会组织的公共活动领域

---

[1] 三民书局大辞典编纂委编：《大辞典》，三民书局股份有限公司，1985年，第3098页。

以外的社会日常生活。但无论是人的日常生活，还是非日常生活，生活都是人的生命的存在形式，人是在生活中形成和发展的。因此，生活既是目的，又是手段。作为目的，生活就是生命；作为手段，生活是教育的营养，而且这种营养具有本原性。

因此，人的生活，可以把它理解为人生的存在过程以及人生意义的实现过程。它至少包含以下几个特点。

第一，生活的亲历性和实践性。每个人的生活只能由自己去开拓，去创造，去亲历，生活的每一个事件必须由自己去面对，生活的感受只能由自己来体验，生活的结果也只能由自己来承担；同时，生活的每一个事件都是真实的、具体的，对生活的思想、对生活的感受都源于生活的实践而不是其他。也因此，人作为生命的存在过程，始终是生活的主体；人只有通过生活，人的生命价值、人生意义才能得到实现。当然，人的生活意义与动物不同，人之所以成为人，就是人的生命存在被赋予了价值和意义，人的生命可以上升到人生的问题上来。如果人的生命存在不被赋予对价值和意义的探寻，那么，人之生与动物之生便没有了本质的区别。在西方生命哲学中，狄尔泰是最明确地把生活看作人生的哲学家，他的"生活"概念不像尼采或柏格森那样，把人的动物性和生物本能包括在内。狄尔泰指责尼采的生命哲学"只强调个人的生活与非理性的直觉本能"，并用"人生"的概念泛指人的生活，包括历史、社会制度、文化，同时也指人类所特有的精神生活，是融合了价值、意义、理解、目的、动机和情绪的生活表现。

生活是人的自觉的活动，生活不仅仅是动物式的自发的、本能的活动，更重要的是，它是人的存在方式。人是生活的主体，社会不是生活的主体，社会是一种由人构成的组织形式，是人的生存空间。建构完美社会的根本目的，还是为人的生活创设历史条件，因此，尊重生活就是尊重人，尊重人的地位、人的生命、人的权利和人的价值。

第二，生活的创造性和超越性。生活的过程总伴随着主体自己的希望、意愿与信仰，是主观的价值性的，是个体对自己幸福的理解与追求。个体的存在是偶然的可能存在，偶然性在生活中具有本体论的意义。生活不会重复，也不会停滞，只有不断地创造，不断地超越，生活才能延续，才有活力与生机。

生活作为人的生命存在的外在形式，它不是以维系人的生存为核心的。人的生命的存在，需要以享受、占有和内化人类已有的物质文化和精神文化为基础，即以社会存在为基础，但享受、占有和内化人类的物质文化与精神文化不是人的生活全部，因为文化对人而言，既是本体，又是客体，即人可以创造文化，创造物质文化、精神文化或适应文化。人的创造性，一方面体现出人对人类的价值和意义，另一方面又使人的生命存在和生活与社会具有了内在的联系。反过来说，创造也只有在生活之中才能完成，脱离生活是不可能有创造的。同时，人通过创造又提升了自我，超越了自我，正是这样的创造性和超越性，使人的生命成为"活的相续"，即把人置于动态的过程之中，置于过去生活、现实生活、未来生活的联系之中。

第三，生活的多面性和统一性。生活本身无法分割，因为生活本身是生命的整体，是人生的全部。但为了我们认识上的需要，我们时常将生活分为物质生活与精神生活、社会生活与个体生活、理性生活与情感生活等。

从生活是否具有"自在性"特征看，人的生活可以分为制度生活和日常生活。制度生活是指在特定的制度体系中展开的生活。在制度体系中，人的生活方式和人生观念受到制度、社会给定的规范的约束，生活的价值和意义往往是通过与社会制度和规范相符的程度来加以判断的，因而制度生活就不具有自在性，不是人的自在生活，而是一种社会制约性的生活；日常生活是人的一种自在性的生活，是以人的自在习惯为基础的生活，是在非制度约束情景中的生活，习惯是日常生活组织架构的核心。尽管日常生活也受到社会制度和规范的影响，但在日常情景之中，日常生活总是试图摆脱社会规范给定的约束，因而制度生活比日常生活更富有思维和理性的色彩，往往具有模式化、稳定性的特点，而日常生活则更富有情感性和情景性，更具有活力，更丰富多彩。当然，日常生活也不是随心所欲的，它也同样具有生活的规则。制度生活和日常生活都是人所不可缺少的，共同构成人的生活的整体。但是，在人生初期的儿童时代，如果只有一味的制度生活，用制度生活充斥日常生活的全部，儿童生活就会失去丰富的色彩、生动的情感和生活的情趣，儿童的生活就会被"异化"或"殖民化"。

可见，生活既是人的一种生存状态，也是人的一种生存背景和空间。生活是人作为生命实体的展开，它受着人的先天因素的影响，但这种展开又是在一定的时间和空间中进行的，即在一定的社会生活中进行，所以又受着后天社会文化因素的影响。从人一生的发展来看，人的生命历程是生物与文化交织在一起共同促进发展的结果。人的生活过程就是生命或精神有目的的创造过程。儿童生活与成人生活是处在这一过程中的两个不同阶段，两者有紧密的联系，但也有本质的区别。

二、儿童生活与成人生活

>>> 儿童生活与成人生活既有联系，又有区别

（1）儿童生活与成人生活是不同的

儿童与成人处在一生中的两个不同时期，他们的生活是截然不同的。挪威奥斯陆大学著名音乐学家让-罗尔·布约克沃尔德教授在其《本能的缪斯——激活潜在的艺术灵性》中对儿童文化的独有价值进行了探讨，也对儿童生活与成人生活做了一番比较。

一个晴空万里、阳光灿烂的夏日，挪威海岸边的一个岛屿，清澈的海水平静无波，树荫下是80华氏度[1]：一个美妙的度假之梦，真是难得！我们多长时间没有享受过这样的一天了？

父母们已经走到那个新修的阳廊去了。它被很仔细地搭建在面朝南的一处石崖裂缝上，既可以晒太阳，又可以避风，确是一个舒服暖和、

---

[1] 80华氏度相当于26.67摄氏度。

难以抗拒的地方。大人们懒洋洋地伸展身体，忘掉了这个世界，半导体收音机播放着轻柔的背景音乐，防晒液已经涂上，冰镇啤酒的第一口已经呷上，哦，这才是生活！

突然，这一片慵懒闲散被打破了。

"小家伙们哪里去了？我们只顾自己在这里晒太阳，把他们给忘了。他们刚到这里，不会发生什么事吧？"吓坏了的父母四下张望，然而他们马上听到了，就在这阳廊的下面传来轻嗡嗡的谈话声和唱歌声。吃惊的父母小心翼翼地爬到了木板的边缘，朝下看去，一点不错，三个孩子都在，就待在下面岩缝的暗处。他们挤在峭立的石头和一堆湿漉漉的脏东西之间，躲在他们自己这个小小世界的尽头。这真是又冒傻气又难受，但他们就坐在那儿，几乎是一片漆黑，而且那样拥挤，他们也只有手脚并用才能移动。这环境显然是不舒服的，但孩子们就在他们这个新发现的岩穴中，在这一片阴湿黑暗中，忙着一起玩耍。不舒服，但孩子们高兴。[1]

在布约克沃尔德教授的描述中，我们可以看到两种不同的生活方式：成人的和儿童的。这两种生活方式的目的是不同的：成人的生活是构筑一个超自然的环境，他必须用活动和智慧努力工作，进行着我们通常称为"生产劳动"的工作，这种劳动是社会性的、共同的和有组织的，同时也必须遵循一定的社会规范。因此，在成人的工作中，各种压力不可避免地存在，也因此，"度假"对他们来说，就是寻求解脱压力、放松自己的娱乐活动，这当然也是他们生活的一部分。儿童在本质上是生活在成人社会之中的自然人，是超社会的人。对成人在自然之上所建立的那个人为世界而言，儿童是一个陌生人，适应不了成人社会的种种规范和准则，在很多时候，他们有可能是成人社会中既定秩序的破坏者，"度假"对他们来说，正是游戏的好机会，一切新奇的地方和物品都被他们当作游戏的场所和材料。正因为成人与儿童来到社会中的目的不同，任务和背景当然也就不同。

---

[1] 让-罗尔·布约克沃尔德：《本能的缪斯——激活潜在的艺术灵性》，第22—23页。

生活对成人来说，是一场搏斗、一种竞争。正如公元前6世纪的毕达哥拉斯所说的，生活就像奥林匹克赛会，聚到这里来的人们通常抱有三种目的：有些人摩拳擦掌以折桂，有些人做买卖以营利，但还有一些人只是单纯做旁观者，冷眼静观这一切。在成人的生活里，追求功利成了生活的主要目的，人们在获得功名的同时也为功名所累，也因此沉沦。生活成了舞台，人们竞争上台，压力、紧张成了许多人的重负。而生活对儿童来说，则是一种游戏。儿童在自己的游戏世界里，嬉戏、玩耍、梦想充满了他们的生活，世界对他们而言，就是一个大游戏场，轻松、愉快。丰子恺曾经对儿童与成人的不同发出过感慨。他在《从孩子得到的启示》中写道："（有一天晚上）捉一个四岁的孩子华瞻来骑在膝上，同他寻开心，我随口问：'你最喜欢什么事？'他仰起头一想，率然地回答：'逃难。'……'你知道逃难是什么？''就是爸爸、妈妈、宝姐姐、软软、娘姨，大家坐汽车，去看大轮船。'"逃难对成人来说，是恐慌、紧张而忧患的一种经历，而对儿童来说，却是一场游戏。因此，丰子恺感慨到：成人世界和儿童世界是不一样的，我们成人所打算、计较、争夺的洋钱，在儿童看来个个是白银的浮雕的胸章；扑扑行走的行人，血汗涔涔的劳动者，在他们看来个个是在无目的地游戏；一切建设，一切现象，在他们看来都是大自然的点缀和装饰。[1]游戏和梦想能使儿童进入现实以外的可能世界。

　　生活对成人来说，是重复、无奈、呆板和停滞的。尼采认为这样的生活将会背上最沉重的负荷，他曾经在《快乐的哲学》中用恶魔的口吻叙述了这种生活的可怕之处。"你现在和过去的生活，就是你今后的生活。它将周而复始，不断重复，绝无新意。你生活中的每种痛苦、欢乐、思想、叹息，以及一切大大小小、无法言说的事情都会在你身上重现，而且均以同样的顺序降临……"[2]这样的生活，是大部分成人都会面对的，日积月累，人就会产生厌倦感、孤独感，甚至产生荒谬。法国阿尔

---

[1]丰子恺：《丰子恺随笔精粹》，第16—18页。
[2]罗伯特·所罗门：《大问题——简明哲学导论》，张卜天译，广西师范大学出版社，2004年，第60页。

贝·加缪在《西西弗斯的神话》中说："荒谬已经成为我们这个时代的共同感受。"[1]他写道："在任何一条街的拐角，荒谬感会袭上每一个人的脸孔……有时候布景倒塌了。起床，电车，四小时办公室或工厂里的工作，吃饭，电车，四小时的工作，吃饭，睡觉，星期一二三四五六，总是一个节奏，大部分时间里都轻易地循着这条路走下去。仅仅有一天，产生了'为什么'的一问，于是，带有惊讶色彩的厌倦就开始了。"正因为这样的厌倦，一些文学家开始在儿童世界寻找他们想要的生活。泰戈尔是一位充分肯定儿童生活的作家，他用优美的文字描绘了他自己的儿童世界。他在《新月集》里的一篇文章中写道："我7岁的时候，每天拂晓透过窗口，望着黑幕拉开，柔和的金光，像迦波昙花乍开，慢慢地在天上扩散。……那时天天是新奇的。……长大以后，我头顶工作的重负。许多日子拥挤在一起，丧失各自的价值。……增长的年龄听着一成不变的复唱，寻不到独特的个性。"可以说泰戈尔已经充分认识到，儿童的生活是自然的、生长的、富于创造性的，儿童生活不像成人生活那样刻意追寻规律，不受规律束缚，所以儿童的生活是常新的，自由自在的，可以天真烂漫，可以率性而为，因此事事有收获，天天有长进，当然就不会像成人生活那样呆板和停滞。

（2）儿童生活与成人生活是有联系的

虽然儿童与成人生活在两种不同的文化系统里，但他们既相互独立，又相互依赖。成人生活更多的是体现文化，儿童生活则更多的是体现自然，从自然界到人类社会是由儿童的生活联结起来的。因此，在社会生活中，自然与文化的联系最直接的存在就是儿童生活与成人生活的联系，这种联系首先体现在儿童和成人在共同的社会生活中都能够获得足够的生存条件和发展机会，儿童向成人提供最直接的自然，成人向儿童提供最成熟的文化，成人和儿童之间是需要互相学习的。

儿童生活与成人生活的联系还体现在：儿童是未来，成人是现实。因为成人给予儿童的文化只能是现实，是现在人类所能达到的最成熟

---

[1] 罗伯特·所罗门：《大问题——简明哲学导论》，第59页。

的文化，儿童要把这些文化变为自己的东西，就要把这些文化或者说成人的事情用儿童的方式演绎。这些演绎活动具有特别重要的审美价值。儿童把成人的作品作为审美对象，这是超越成人的起点，通过审美，他们理解和把握了这些文化，并且发明了他们自己的一系列生活技术，也经历了审美过程的心理体验，使身心不断地实现平衡，从而不断地成长，这一过程和其中的全部内容就是社会生活未来的呈现。未来不是我们想象出来的，真正的未来是由儿童游戏所预示的东西，从这个意义上说，只有在儿童生活中才存在未来，没有儿童生活也就没有我们的未来。

正因为儿童是我们的自然，是我们的未来，我们需要尊重儿童，尊重他们的生活。其实，我们早就知道人类应该向自然学习，但是我们并不真正懂得成人向儿童学习的重要性。而且成人在看待儿童生活时，很多时候会以对待自己生活的逻辑来看待儿童的生活，把儿童看作一个不同的人、一个无用的人，并远远地避开他，或者用"教育"的手段，试图及早地把儿童引入他们自己的生活方式的轨道之中。在这条轨道上，成人向儿童展示自己的完美和成熟，以及他们自己的历史榜样，并期望儿童模仿他们，但成人没有意识到的是，儿童的不同特点需要一种不同的环境以及适合于另一种生存方式的生活手段。

其实，儿童的生活和成人的生活都是人类社会生活所必需的。作为儿童，他们是人类的自然，他们的需要反映人的自然需要，他们的力量体现着人的自然的力量，他们对文化的反映展示着自然与文化的本真关系。但是，由于成人在社会生活中占有文化上的主导和支配地位，儿童则在文化上处于被支配地位，这就容易引起成人对支配权的滥用，任意干预儿童生活，从而导致儿童生活的萎缩，儿童的成长受阻。更为严重的是，破坏了儿童生活就是破坏了人类社会自身的自然，使人类的文化与自然相对立，这将对人类社会产生深远的消极影响。正因为如此，蒙台梭利也向我们成人发出了警告：文明慢慢地把自然环境从儿童那里收了回去，所有一切都控制太严，范围太窄，障碍太多，节奏太快，不仅节奏加快的成人生活是儿童的障碍，而且机器的出现像旋风一样刮走了儿童的避难所。[1] 于是，儿童不能主动地生活，儿童就像一个避难者，孤立无助并受到奴役，没有一个人想为他们的生活创设一个舒适、适宜的环境，也没有一个人考虑他们的工作和活动的需要。

为了儿童和我们成人，我们都需要重新去理解儿童生活，并构筑儿童自己的生活。

>>> 儿童生活是儿童内在生活和外在生活的同构过程

生命在母腹中就已经开始了生活，只是这时候的生活还不能说是严格意义上的人的生活，但这段时期的生活为人的生活撒下了种子，奠定了基础。

（1）生活的基础是生命的形成

生命最初是怎么形成的？18 世纪初期的科学家，特别是当时的哲学家，他们相信"预成论"，确信在动物的卵里像在高级植物的种子里一样，整个躯体及其一切部分都早已存在，它们只是处在一种极纤细和透明的状态，以致人们不能识别，因而整个发育过程只不过是被束缚部分地成长或"展开"，正如哈勒所说，"动物体的各个部分不是次第发育的，而是同时被创造出来的"[2]。虽然后来人们开始批判"预成论"，但"预成论"对人的影响还是存在的，既然人在胚胎期就已经具有了作为人的一切内核，人在初期就已经获得了生命体的全部，那么人在先天获得的一切素质就能决定人的整个生命历程，后天的环境只是给人提供展开的背景，因此对人来说，发展阶段是不存在的，发展是一样的，生命的不同时期只是原有机制的累加和不断地成熟。这样，儿童时代也就没有必要作为一个独立的时期加以存在，因为儿童与成人的区别只是"大人"与"小人"，把他们分开的唯一办法是看他们的高矮与年龄，与此相对应的，当然也就没有成人时代。

---

[1] 蒙台梭利：《蒙台梭利幼儿教育科学方法》，任代文主译校，人民教育出版社，2001 年，第 617 页。

[2] 恩斯特·海克尔：《宇宙之谜》，郑开琪等译，上海译文出版社，2002 年，第 50 页。

1759 年，德国胚胎学家卡斯帕尔·沃尔夫在经过一系列最艰苦、最细微的观察以后断言，盛极一时的"预成论"是错误的，在孵化的鸡卵中刚开始根本不存在后期鸡的躯体及其各个部分的痕迹，只是在大家所熟悉的卵黄上面有一层很小的白色圆盘，这层薄的"胚盘"就是最初的生殖细胞。这个生殖细胞分成两层，这两层又分离为相叠的四层：最上层是神经系统，其次是肌肉系统，再下面是心血管系统，最后是肠道系统。正是通过这种细胞增殖才形成了生命。卡斯帕尔·沃尔夫的观点被人们称为"渐成论"，但当时他的论点被当作"异端邪说"，他也由此被迫背井离乡。50 年后，另一位科学家冯贝尔重复了沃尔夫的实验，结果发现，沃尔夫的主张是正确的，这一理论逐渐为大家所接受，胚胎学也由此诞生了，并成为最富有吸引力的科学之一。胚胎学的主要目标和任务是揭示生命的创造过程，揭示并不存在的机体是怎样逐渐形成生物的。朱利安·赫克斯利很好地总结了胚胎的奇迹："起初什么也不存在的东西后来发展成为充分发展的个体的复杂机体。这是生命的永恒的奇迹之一。这一伟大奇迹不使我们感到震惊，只是因为在日常生活中它经常出现在我们眼前。"[1] 现在，我们已经知道，每一种动物，每一种哺乳动物，甚至作为最高级动物的人，都是从最初的单细胞发展而来的；人的生殖细胞，尽管异常微小，不为人所见，但包含了过去积累起来的所有的遗传。也就是说，在这一微小的颗粒内，体现了人类所有经验和种族的整个历史。通过遗传过程，每一个胚胎都必须经历祖先所经历的所有阶段，在胚胎的发展过程中，每个阶段对包括人在内的所有高级动物而言都是相同的，但低级动物的发展是不完全的，它们的发展在其早期阶段就停止了。而人在出生以后还需要一个未成熟期来帮助发展，这个时期就是人的"精神胚胎期"，因此，蒙台梭利认为，人类似乎有一个双重胚胎生活：一个是出生前的，与所有的动物一样；一个是在出生以后的漫长的童年，它使人与动物完全区别开来，也成为人发展的最重要阶段。

（2）生活的展开是从无意识开始的

新生儿来到人世，甚至在生理上都远远没有成为一个真正意义上的

---

[1]蒙台梭利:《蒙台梭利幼儿教育科学方法》，第 376 页。

人，他必须不断建构自己直到变成"像"人一样的复合生物，他在同世界进行接触的第一阶段不具备新生动物所具有的那种"醒悟本能"。因此，尽管儿童已经出生，但他仍然过着一种胚胎生活，即精神胚胎的萌发与发展，这一时期他必须为自己创造人所有的精神生活和作为表达手段的运动神经机制。因此，在儿童生活的早期，他所有的工作就是建筑一个"人的本能模式"，即建立和发展起人的最初的心理活动方式。对幼儿来说，他们的运动性不是以肌肉而是以心理为起点的，儿童的各个器官必须等待着心理方面的发展，然后心理通过器官而活动，而当各个器官发生作用时，更高级的心理活动又开始了。虽然心理的发展总是借助于在环境经验的过程中进行的各种活动，但是，如果当儿童已有了运动能力但被阻止运用这些能力时，儿童的心理发展也会受阻。尽管心理的发展没有任何限制，但它在很大程度上依赖于对行动器官的利用，依赖于通过这种手段来解除心理发展本身软弱性的束缚。

弗洛伊德把人通过遗传所获得的东西，即一切与生俱来的、属于人体结构中内在的东西，称为"本我"。在客观现实世界的影响下，本我的某一部分经历了特殊的发展，产生一种特殊的机体，即"自我"。自我能在自身的支配下发挥能动作用，接受外界的刺激，学会使外部世界产生一些有利于自己的变化，也能控制自我，即控制本能的需求。在漫长的儿童期，成人的文化还能对儿童的自我产生影响，最后形成"超我"。因此，在弗洛伊德看来，本我、自我和超我都代表了过去的影响，即本我代表遗传的影响，超我本质上代表从其他成人身上继承的影响，而自我则主要是由个人自己的经验所决定的，也就是由偶然的、同时代的事件所决定的；儿童在早期不具有超我，他是在本我的影响下，要发展出自我的力量。弗洛伊德同时认为，精神有三个特性：处于本我的状态是无意识的，处于自我的状态则是前意识的，而超我则是意识层面的。儿童从本我到自我再到超我的发展过程，就是从无意识发展到意识的过程。弗洛伊德把儿童期看作以无意识和前意识为主的心理状态，但他把本我看作可恶的，因此代表文明的超我应该对本我进行捆绑。其实在弗洛伊德以前，有哲学家和教育学家也持有这种观点，如赫尔巴特就认为儿童生来就具有"盲目冲动的种子",成人必须采取强制性手段甚至暴力,以保证"不让他们干蠢事"。

这样的一种论调受到后来的一些学者的批判,他们认为文明的萌芽其实均出自人的本能。荣格对此进行了专门的研究。他认为,儿童生活是从无意识的精神生活开始的,是"儿童与生俱来的",这种"儿童的意识是由他的无意识的精神生活深处产生的,起初像分裂开的岛屿,然后逐渐组合成一块不断堆积的意识大地"[1]。因此,精神生活是古老的、动物式的、无意识的,意识生活是在这种动物式的生活中萌生出来的。"儿童的无意识的生活是今后一切意识生活的根基,儿童并不必然代表着邪恶,事实上,他的无意识生活为今后自觉的文明的道德生活提供了滋生的土壤。"而所谓的无意识,就是"我"没有意识到或无法意识到的意识,它分为个体无意识和集体无意识两部分。个体无意识包括所有遗忘或压抑的内容,集体无意识是类的、无个性的、无我的,它是人类心灵进化史的活的浓缩与沉积,因此,个体无意识之下是集体无意识。

儿童的生活就包含着个体无意识和集体无意识两重内容,但更多体现的是集体无意识。儿童的生活与其说是个体的生活,不如说是集体的生活、人类的生活,儿童的成长是历代祖先血肉相连的进化历史的一个缩影。儿童的全部生活,都是史诗,都是描绘历史的诗篇,儿童的生命宛如史诗。因此,就像荣格所认为的那样,在儿童身上蕴含着成年以后复杂的意识生活的基础,童年不过是一种过去的状态而已,"儿童生活在一种前理性状态中,尤其是生活在一种前科学的世界里,每个人都是由这些根茎生长出来的"[2]。可见,儿童生活与成人生活相比,成人生活更多的是体现人类文化,而儿童生活是从体现自然开始,逐渐走向文化。

(3)生活的过程是自然的生长

儿童生活是一种具有自然属性的生活,它本身没有直接的社会性目

---

[1] C. G. 荣格:《怎样完善你的个性——人格的开发》,刘光彩译,中国国际广播出版社,1989年,第190页。
[2] 刘晓东:《儿童的本能与儿童的教育》,《学前教育研究》2000年第2期。

的。所谓儿童生活的自然属性，是指儿童生活是随着特有的背景自然展开的，是以儿童固有的天性为依据展开的。它具有较少的人的主观色彩的烙印，儿童能动的作用较少，从而他对外在世界的改造功能要比成人小得多。也许正因为如此，卢梭特别强调儿童的天性。杜威则用"本能"来表示儿童的天性，并认为儿童天生具有制作的本能、语言社交的本能、艺术的本能和探究的本能，儿童生活就是本能的自然流露，随着年龄的增长和经验的积累，儿童的社会性和能动性才逐步得以提高。可是，现代的儿童生活作为社会生活的一部分，在自然状态下，存在的主要问题是文化的作用不足。在社会生活的文化状态中存在，就变成儿童生活的自然要素不足。所以，儿童生活本身存在着自然和文化的矛盾：一方面，儿童作为生命个体，其成长以自然为起点，是一个身体和心理的自然成长过程；另一方面，儿童成长一开始就是一个文化过程，它作为一个文化载体，随着其自身自然能力的成长而承载越来越多的文化。与成人不同，儿童生活在自然与文化的关系上是以自然作为成长基础的，一切文化因素都必须以自然的承受力为前提。当然这个自然的承受力就是儿童的天性力量，天性就是自然对人的发展的规定性，也是人身上的自然性、宇宙性，它遵守一定的自然法则，存在于人的肉身与心灵层面，存在于被弗洛伊德称为精神或精神生活中最原始的本能——"本我"中，"它含有一切遗传东西，一切与生俱来的东西，一切人体结构中存在的东西"[1]。儿童早期的生活受着自然天性的牵引，在精神文化中复演着人类过去的文明历史。当儿童随着年龄的增长获得了精神文化的近代形态以后，儿童便逐步迈入了现代文明生活，儿童变成了成人，他不知不觉与童年揖别。生活已经不再是游戏，而是一场搏斗。所以，儿童生活从内在的生物性开始，经受着个体和类的天性发展的指引，又受到外在的环境的影响，接受着文化社会的侵蚀，由无意识向有意识发展起来。因此，儿童生活是儿童内在生活与外在生活的同构过程。

综上所述，生活是一个有机体在一个环境里生生不息的活动。人的生活就是在自然和社会空间里舒展着自己生命的过程，它可分为日常生

---

[1] 弗洛伊德：《精神分析纲要》，刘福堂等译，安徽文艺出版社，1987年，第5页。

活和非日常生活。儿童的生活与成人的生活既有相互关联性，又有着本质的不同，儿童在生活里不断生长，这种生长受自然天性的影响，因而是从无意识的精神生活开始，在复演着人类文化的文明史过程中，逐渐占有人类的文化，并为今后的意识生活打下根基。因此，在儿童的精神世界里，存在着野蛮、神秘、梦幻和荒唐，存在着空灵的幻想与快活的嬉笑，这就是儿童的生活、儿童的世界。

>>> 儿童生活具有原初性、适应性、游戏性和完整性

儿童生活是儿童的存在方式，是儿童的成长与发展的过程，它有着与成人不一样的生活特性。

（1）儿童生活的原初性

儿童生活的意义和价值是原初性的，儿童生活及其活动不受功利性态度的支配。儿童生活的乐趣就在生活过程之中，生活的过程即生长过程、发展过程。对儿童来说，没有比生长更重要的事了，儿童生活没有经济目的、政治目的，儿童生活的一切事件，都直接指向生长、发展和成熟本身，即人化。从这个意义上说，生活就是生长，就是发展。杜威的"教育即生活""教育即生长"等命题就蕴含着这样的思想。

杜威在《民主主义与教育》中明确提出："生活就是发展；不断发展，不断生长，就是生活。""常态的儿童和常态的成人都在不断生长。他们之间的区别不是生长和不生长的区别，而是各有适合于不同情况的不同的生长方式。"[1] 对儿童来说，生长的首要条件是他们的未成熟状态，生长就是从未成熟状态走向成熟状态，所以，儿童应该向成人方向发展，但是，如果因此把未成熟状态仅仅看作缺乏发展或把发展看作对固定环境的消极适应都是错误的。错误之处就在于我们把成人的环境作为儿童的标准，用成人的标准去要求儿童。杜威说："未成熟状态这词的前缀'未'却有某种积极的意义，不仅仅是一无所有或缺乏的意思。"这里的"未"，杜威把它理解为儿童的一种能力和势力，"我们说未成熟状态就是

---

[1] 约翰·杜威：《民主主义与教育》，第58页。

有生长的可能性。这句话的意思,并不是指现在没有能力,到了后来才会有;我们表示的是,儿童现在就有一种确实存在的势力——发展的能力"[1]。因此,儿童的未成熟状态并不是一种缺陷,更不是一种消极和静止的状态,而是一种积极的势力或能力,即向前生长的力量。这种力量不需要我们去引导或导出,它存在于儿童的生活内部,因此,对儿童来说,哪里有生活,哪里就已经有热切的和激动的活动,生长并不是从外面加到活动的,而是活动自己做的。

正因为儿童生活的本质是儿童本身的生长和发展,因此,生活对他们来说,是不带有任何的功利性。任何成人一旦在儿童生活中加入某种功利性目的,如家长的虚荣心、社会极端的政治利益,都可能导致对儿童生活原初性目的的破坏、歪曲。

(2)儿童生活的适应性

发展着的儿童不仅获得人的力量、智能和语言,同时还使他正在建构的生命适应其周围世界的条件。适应是联结自我与外在世界的精密桥梁。关于适应,在亚里士多德时代就已经开始了研究。到了1939年,心理分析学家哈特曼在《自我心理学与适应问题》中提出,人类采取行动使环境适应人类的功能,然后人类再去适应他所协助创造的环境。与环境的沟通可以有许多阶层:分子阶层、细胞、物种,而我们的焦点在有机体物种的层次,特别是人类的童年时期。

皮亚杰已经描绘出一幅生动的儿童发展过程图,图中不断改变的儿童世界,诉说着人们整个幼年期都在不断地与环境交流的故事。皮亚杰设想智力拥有一种生物上的基础,也就是说,所有的物体,包括人类,设法使自己适应他们的环境。在这个过程之中,个体受到环境因素的刺激,做出反应并调整自己以适合于哪种环境,这种调整导致身体上的变化。在此,皮亚杰采用了"适应智力水平"的概念。根据皮亚杰的观点,智力水平上的适应过程就像身体水平上的适应过程一样。新生儿的智力通过诸如吸吮、抓、头部转向以及吞咽这样的自发性行动表达出来,借助于这些自发性行动,通过对环境的适应过程,幼儿的智力得到发展。

---

[1] 约翰·杜威:《民主主义与教育》,第49页。

"为了了解物体,"皮亚杰认为,"人类必须去操作它,也就是想办法加以改变。"在这个过程中,儿童以两种特别的方式与环境互动:先借由同化作用把对环境中物体的了解纳入原有的心智世界,然后借着顺应作用修正心智世界,以便适合于那些物体。"同化"与"顺应"一体两面,被看作完整的整体共同来发挥作用,从而构成了"适应"。

在这个持续进行的关系中,两种过程很少分离。在儿童与所体验的物体之间,总是进行着交换将物体纳入心智范围,并为了适应外在世界,修正对物体的了解。在这不断纳入与调整的过程中,儿童逐渐认识到,事实既是对事物的主观看法,也是事物确实为何物的客观意识。到了这个时期,人就会达到平衡状态,这正是儿童适应环境最纯粹的表现,那也意味着儿童开始走入成人生活。

因此,儿童生活的第一个时期就是适应,只是这样的适应与成人生活中的适应是有区别的,成人可以记住环境并对其思考,而儿童却是吸收环境,不仅能记住所看到的事物,而且能使它们成为其心灵的一部分,能将其眼睛看到的、耳朵听到的周围的整个世界具体化。最典型的例子就是学习语言,成人学习语言完全依靠记忆,动机常常来自外部需要,而儿童的学习是自发的,其动机来自内部需要。儿童对语言有一种先天的直觉,它与记忆无关。儿童似乎有一种先天的对语言的吸收能力,这就是他的敏感性。蒙台梭利说,"儿童有一种特殊的敏感性引导他去吸收其周围的一切,而且正是这种观察和吸收使他能够让自己适应生活",儿童在"做这项工作是凭着一种只存在于儿童身上的无意识力量"。[1]

(3)儿童生活的游戏性

儿童不是一个"理性者",而是一个"游戏者"。游戏使儿童将储藏在身心内部的能量向外释放,游戏使儿童通过扮演各种社会角色体验自身之外的生活,满足了儿童对成人生活的追求和向往。荷兰哲学家胡伊青加认为,人在本质上是一个"游戏者",游戏是"生活的一个最基本范畴",人的生活、人类的文明便是"在游戏中并作为游戏而产生和发展起

---

[1]蒙台梭利:《蒙台梭利幼儿教育科学方法》,第393页。

来的"，"真正的文明离开游戏乃是不可能的"。[1] 而儿童天生就是一个"游戏者"，儿童在游戏世界里，能把想象与现实很好地结合起来，他们生活在一个想象的世界中，但又时刻保持着与现实的联系。在这里，理性和神话合二为一，儿童自己控制着这种角色的转换。

从新生儿玩自己的手指和脚趾时开始，游戏就是一个铸造其个性的熔炉。儿童用游戏的方式进入生活，锻炼着自己的语言能力和体能。他们直接面对各种混乱的形象和日常生活要素的挑战。他与日常生活的接触，奠定了他今后社会性理解和生长的基础，奠定了其基本态度，也奠定了个体的能力和为人处世技巧的独特样式。因此，对儿童来说，游戏是儿童理解他人、自己以及他所处的生活世界的手段。

儿童通过游戏来认识世界的观念是从福禄培尔开始的。他认为游戏对儿童的发展有着独特的价值，主张学校教育体系建立在游戏的教育性价值的基础上，并认为儿童在游戏中能展现他们的特点与自主性，并由此获得不断发展与学习的能力。福禄培尔说，游戏是人类在儿童阶段最纯粹、最具有精神愉悦性的活动，同时也是深藏于人们生命深处与所有事情之中的典型特征。所以，它带来快乐、自由、满意、身体内外的舒适以及世界的平和。它拥有一切善良之源，带着自动性全身心地投入游戏之中直到尽兴的儿童，必然成为一个彻底的、信心坚定的人，并能够为了提高自己与他人的幸福做出自我牺牲。一个玩游戏的儿童在此时难道不是对儿童生命最美丽的表达吗？他这时是一个全身心投入游戏的儿童，一个在全身心投入时就已经进入梦想的儿童。[2] 正因为如此，福禄培尔认为儿童时期的游戏并不是无关紧要的，它具有非常重要的意义，而且对未来的生活具有直接的指导作用。可以说，儿童时代的游戏是所有未来生活的初生枝叶，在游戏中，儿童完整的生命得到发展与展示，并能展现出他最温柔的性格、内心最深处的意向。

在福禄培尔之后，还有许多哲学家和教育家也看到了游戏对儿童发

---

[1] 胡伊青加：《人：游戏者——对文化中游戏因素的研究》，成穷译，贵州人民出版社，1998年，第270页。
[2] 福禄培尔：《人的教育》，第38页。

120

展的价值。如杜威积极倡导并且支持积极地学习。他认为，儿童通过基于兴趣的游戏活动来进行学习的同时，应当有机会参与与他们日常活动相关的游戏。他认为，游戏能帮助儿童为成人时期的职业做好准备。蒙台梭利把游戏作为儿童的"工作"，把家庭、托儿所作为通过游戏而进行学习的"工作场所"，这种比喻传递了这样的信息：儿童通过游戏活动全身心地吸收知识、投入活动并且集中展示出自身的能量；儿童很自然地投入游戏活动，而且尽情地享受游戏给自己带来的收获，他们不会出于学习的目的而选择游戏活动，但游戏本身为儿童提供了各种学习机会。另外，把儿童的游戏等同于"工作"，就是认为儿童的游戏与成人的劳动和工作具有同等的价值，因此，游戏在儿童生活中具有重要的意义，与活动、工作对成人的意义相同。

当然，儿童生活中的游戏与成人生活中的游戏是不同的，成人的游戏是一种消遣，是一种娱乐，而儿童的游戏是一种工作，是成长需要。儿童是以游戏为生命的。

（4）儿童生活的完整性

尽管儿童的生活目的是原初性的，活动方式是游戏性的，但其生活内容依然面对着整个生活世界，即包括客观世界（体现儿童与自然的关系）、社会世界（体现儿童与社会的关系）和主观世界（体现儿童与自我的关系）。儿童通过与这三个世界的联系，形成自己独特的人格特征，只是他们的根本目的依然是生长和发展。

儿童生活的完整性，决定了儿童生活的需要和体验必然是全方位的。虽然儿童的认知能力有一定的局限性，但儿童天生有在各种生活中的角色转换能力，而且对他们来说，这种转换是在无意识的状态下进行的。正如杜威所说："儿童的生活是一个整体，一个总体。他敏捷地和欣然地从一个主题到另一个主题，正如他从一个场所到另一个场所一样，但是他没意识到转变和中断，既没有意识到什么割裂，更没有意识到什么区分。"[1]儿童所关心的事物，与他的生活所带来的个人和社会的兴趣的统

---

[1] 约翰·杜威：《学校与社会·明日之学校》，赵祥麟等译，人民教育出版社，1994年，第116页。

一性，是结合在一起的。凡是在他的心目中最突出的东西就暂时构成他的整个宇宙。那个宇宙是变化的和流动的，它的内容以惊人的速度在消失和重新组合，但是，归根结底，它是儿童自己的世界，它具有儿童自己的生活的统一性和完整性。

三、教育与儿童生活

人生来是一种"有缺陷的生物"，是"具有可教育性和教育的需要性的"[1]。作为人类中的个体，之所以有教育的需要性，就是因为人是"合群的动物"，个体只有在社会中才能生存。由于婴儿生存本能的匮乏，要得以生存和发展，就必须依赖教育，教育就是帮助儿童获得生存和发展的本质的事业。如前所述，人是"未完成""非特定化"的动物，也就是说，个体的儿童期是未成熟的时期，教育能帮助儿童达到成熟，完成社会化的过程。而这个过程，就是在儿童的生活中展开与完成的。因此，儿童既是生活的主体，也是教育的主体。理想的教育正是通过培养理想的人，去创造理想的生活。

>>> 生活教育的历史考察

康德认为，教育是一种艺术，只有通过一代一代地实施才能变为完善。每一代由前一代提供知识，才能渐渐形成一种教育并均衡地向着他们的目的发展人的各种自然禀赋，从而推动整个人类向着他的目的前进。正因如此，在中外教育史上，有很多的哲学家、教育家和思想家从事着教育理论研究和教育实践活动，而"生活教育"作为一种教育理论和实践模式，因其与人类基本活动相契合，更为历代中外研究者关注。

（1）西方的生活教育研究

西方不少学者都曾经对生活教育进行过系统阐述。在教育史上，亚里士多德首先提出教育应"效法自然"的原理。他说："教育的目的及其

---

[1] O. F. 博尔诺夫：《教育人类学》，第 14 页。

作用，有如一般的艺术，原来就在效法自然，并对自然的任何缺漏加以殷勤的补缀而已。"[1] 在他看来，教育应遵循人的自然规律，先是体质训练，使儿童有健康的体魄；接着以情欲的训练为主，养成其良好的习惯；最后才发展他们的理智，使其能过好闲暇的生活，从事于沉思，专心于学问。到了欧洲文艺复兴时期，大批的思想家普遍认为人具有自然本性，人应遵循自然界的规律。杰出作家拉伯雷在其不朽著作《巨人传》中主张学习自然界的一切事物，"至于有关自然界的事物，我要你仔细地研究，有没有海里、河里或水里的鱼类是你所不知道的；天空中一切飞鸟，森林里一切乔木、灌木、大树、小树，地上所有的花草，地层下面的一切矿产，整个东方和南方的宝石，要没有你不认识的东西"[2]。拉伯雷认为学习万事万物都要做实地考察，学习是为了更好地生活。当然，他颂扬的幸福生活是高度发达的物质文化生活和精神文化生活。法国思想家蒙田同样教育人应该积极地去过现实的生活，恰当地去追求合乎自然的享乐。他认为哲学的目的是指导人去过幸福而愉快的生活，教导人正确地判断，形成良好的习惯，陶冶人的性情，使人过一种健康、知足、宁静的生活，又教人具有智慧、坚毅、活泼、勇敢和节制的品德。蒙田所倡导的实际上是一种生活世界的教育，是强调教育与生活的统一。

法国启蒙运动的著名人物卢梭的自然教育主张，实际上是较早的生活教育理论。他认为传统的教育，只是主观地设想儿童的未来，不考虑儿童现在的生活、能力，不考虑儿童的天性。"现实的动力才是最大的动力，才是使人走得又稳又远的唯一动力"，但是，在现实中，"我们对儿童是一点也不理解的，对他们的观念错了，所以愈走就愈入歧途。最明智的人致力于研究成人应该知道些什么，可是却不考虑孩子们按其能力可以学到些什么，他们总是把小孩子当大人看待，而不想一想他们还没有成人哩"。[3] 因此，他主张爱弥儿最好是在生活中、在游戏中学习，即"以世界为唯一的书本，以事实为唯一的教师"。与卢梭培养"自然

---

[1] 亚里士多德：《政治学》，吴寿彭译，商务印书馆，1981年，第405页。
[2] 拉伯雷：《巨人传》，成钰亭译，上海译文出版社，1981年，第272页。
[3] 卢梭：《爱弥儿——论教育》，第2页。

人"的教育目的不同，英国哲学家斯宾塞提出了为"完美生活"做准备的"教育预备说"。他指出："为我们的完美生活做好准备，乃是教育所应完成的功能。"[1] 半个世纪后，美国教育家杜威提出了"教育即生活"的主张，并对"教育即预备"进行了批判。他说："教育是生活的过程，而不是将来生活的准备。""教育是生活的过程，不是生活的预备。"杜威认为一旦把教育看作为儿童未来的生活做准备，必然要教以成人的经验、责任和权利，而忽视儿童此时此刻的需要和兴趣，致使儿童处于被动的地位。因此他要求必须把教育与儿童眼前的生活融为一体，教儿童学会适应眼前的生活环境。他在《我的教育信条》中这样写道："我认为学校必须呈现现在的生活即对儿童来说是真实而生机勃勃的生活。像他在家庭里、在邻里间、在运动场上所经历的生活那样。"[2] 实际上，杜威并不排斥"预备"的重要性，用他的话来说："我们如果使得生活继续发展，'预备'自然是需要的，正是因为这个缘故，所以我们要用全部的力量，使得现在的经验尽量丰富，尽量有意义。这样一来，'现在'即在不知不觉中渗入'将来'，'将来'也就同时顾到了。"杜威的"教育即生活"以及他的"学校即社会""从做中学"等一系列教育主张，奠定了现代教育思想的理论基础。

英国的萨默希尔学校是现代自由主义教育的典型。这是一所私立学校，创立于1921年，规模甚小，学生最多时也不过60多名。20世纪50年代中期，它被美国人发现，名声顿时传遍世界。萨默希尔学校的创始人尼尔说："这所学校虽没有培养出天才，倒也造就出一批有名的艺术家、音乐家、伶人、科学工作者和数学家、医生以至厨娘。"萨默希尔学校的显著特点在于实行的是自由教育，即奉行学生自己教育自己的教育原则，这里没有权威，学生从自由中学习自由。尼尔认为儿童的本性就是善，挑衅和毁灭的行为是外界权威的压制造成的，最好不要有压抑，非有不可的话也得由儿童自觉接受。他说："过他们自己的生活，这就是儿童的当前角色，这种生活，既不是焦心的父母所考虑的那种，也不是

---

[1] 张焕庭主编：《西方资产阶级教育论著选》，第419页。
[2] 约翰·杜威：《学校与社会·明日之学校》，第6页。

教学工作者认为最佳而提出的那种。像这种来自成人方面的干预指导,只能产生一代机器人。"[1] 尼尔认为,生活的目的就是追求幸福,也就是寻求某种利益,传统的教育只教给学生知识而不让他们感受,丢掉了情感的因素,也就缺少了使思维从属于情感的能力。由此,尼尔主张教育就是给儿童自由,让他们在自己的自由中寻找学习的乐趣。这种自由主义教育的思想,应该是西方人本主义教育的一种形式,也是放任式的生活教育。

系统考察西方教育的发展史,我们可以看到他们始终以人为核心。从亚里士多德的"效法自然"、欧洲文艺复兴时期的人文主义教育、法国启蒙运动中的自然主义教育到现代教育,都注重人的个性发展,主张以生活活动充实其学习,强调社会协作,谋求人的自由生长,从而培养符合人的内在需求的个性鲜明的生活主体。

(2)我国的生活教育研究

在中国,生活教育思想源远流长。道家"无为"和"顺乎自然"的教育主张,实际上体现了教育和生活两个过程的统一。老子坚持"行不言之教":不言之教,无为之益,天下希及之。他实际强调在具体的礼仪活动中使人受到教化,包含身教胜于言教以及从做中学的意思。庄子按照积极的天人合一观,提出"真人"的培养目标。他说:"天与人不相胜也,是之谓真人。"[2] 这里的"真人"是达到与天地自然融为一体的人,与老子"人法地,地法天,天法道,道法自然"的宇宙观是一致的,强调人要顺应自然,以恬静养知,通过内心的恬静以涵养生命的智慧,通过自我教育达到"得道"的目的。实质上,道家的"无为"并不是"不为",只有"无为",才能"无不为",反映在教育上,强调的是以人为本的自主教育,是让儿童在生活实践活动中去感悟,追求的是一种教育艺术化的境界。

南宋时期,教育家陆九渊提出"做人"的教育,其所谓"明理""明

---

[1]尼尔:《萨默希尔学校》,转引自《现代西方资产阶级教育思想流派论著选》,华东师范大学教育系、杭州大学教育系编译,人民教育出版社,1980年,第137—146页。
[2]陈鼓应注译:《庄子今注今译》,中华书局,1983年,第170页。

心""自作主宰"，最终还是为了做人。他的"做人"，包含两种意思：一是做伦理道德的"完人"，二是做独立的"超人"。其做"超人"的主张，强调的是要有做人的乐趣，要在生活中领略"天地造化之功"，表现人的创造力及人的精神境界，体现人生的意义和价值。其"做人"教育过程，实际上强调内心体验和整体悟彻，诸如直觉、形象联想、模糊识别和情感活动等综合心理反应。他注重躬行践履，主张"明实理，做实事"，"一意实学，不事空言"，认为真知当通过实践表现出来，否则便称不上真知。可以看出，陆九渊的"做人"教育，包含着深刻的现代生活教育思想。明代大思想家王守仁"真知即所以为行，不行不足谓之知"的思想实际上是受了陆九渊教育思想的启发。王守仁认为知行是一回事，主张"知行合一"。他说："知之真切笃实处即是行，行之明觉精察处即知，知行工夫本不可离，只为后世学者分作两段用功，失却知行本体，故有合一并进之说。"[1] 王守仁的这一主张，强调了教育过程与生活实践的统一。

到了近现代，有两位杰出的代表提出了生活教育的主张。一位是杨贤江，另一位就是陶行知。杨贤江认为教育"是帮助营造社会生活的一种手段"，"自有人生，便有教育。因为自有人生，便有生活的需要"。他认为，所谓生活的需要，其中一个重要的方面，就是衣食住的获得，这种生活是集体的、社会的，绝不是孤立的、个人的，"所以教育的定义应是社会所需要的劳动领域之一"。[2] 可见，杨贤江是把教育作为人们营造生活的一种手段，是生活所必需，又是为生活服务的。而陶行知提出的"生活即教育"理论中，"生活"一词具有生存、活动、做、学等多种含义。"什么是生活？有生命的东西，在一个环境里生生不息的就是生活。"[3]"教育的根本意义是生活的变化，因此，可以说：'生活即教育。'"教育为"生活所原有，生活所自营"，过什么生活便是受什么教育，生活教育与生俱来，与死同去，"出世便是破蒙，进棺材才算毕

[1] 毛礼锐、沈灌群主编：《中国教育通史》（第3卷），山东教育出版社，1987年，第545页。
[2] 杨贤江：《新教育大纲》，人民教育出版社，1961年，第133页。
[3] 陶行知：《中国教育改造》，第142页。

业"。与之相联系的是，陶行知提出"社会即学校"，以此扩大教育的对象、学习的内容，其教学论为"教学做合一"，"事怎样做便怎样学，怎样学便怎样教。教而不做，不能算是教；学而不做，不能算是学。教与学都以做为中心"。[1] 可见，陶行知强调在"做"的活动中获得知识，他的"做"是建立在"行"的基础上的，是以"行"求知，强调"行"是获取知识的源泉。陶行知的生活教育理论，是集中国生活教育思想之大成。我国生活教育的思想，如"教以事""知行合一""生活即教育"等观点，使中国教育走向大众的生活，也让我们看到了教育自身的价值。

综观古今中外有关生活教育的理论，虽然从不同的出发点强调了教育与生活的联系，但他们并不是要求教育要再现现实生活，或者直接等同于现实生活，他们都是站在对现实教育脱离生活的批判的基础上，要求教育应具有重建生活的意义。

>>> 教育与儿童生活的互动关系

教育阶段是人生的一个特殊阶段，儿童生活阶段同样也是人生的一个特殊阶段，恰好两个阶段又并行交错地走在一起，因此教育对儿童生活的关注便理应成为我们关注的一个重要课题。在本研究中，"教育"不仅仅是一种社会文化的传承活动，更是一种唤醒人的生命意识、启迪人的精神世界、建构人的生活方式以实现人的价值生命的活动。而生活既是人的一种生存状态，也是人的一种生存背景和空间。生活是人作为生命实体的展开，这种展开是存在于一定的环境之中的，这就构成了不同的生活类型。之所以要把教育与生活特别是与儿童的生活联系起来，考察两者的互动关系，是因为它们都与人生直接相关。

（1）教育在儿童生活中展开

儿童的教育总是与儿童的生活并行。儿童以自己的方式生活着并接受教育，教育不可避免地在儿童生活中展开，儿童生活自然地成了教育

[1] 陶行知：《陶行知全集》（第二卷），四川教育出版社，1991年，第633—634页。

的背景。

读鲁迅先生的《从百草园到三味书屋》也许可以对我们的理解有些帮助。"我家的后面有一个很大的园,相传叫做百草园。……其中似乎确凿只有一些野草,但那时却是我的乐园。""不必说碧绿的菜畦,光滑的石井栏,高大的皂荚树,紫红的桑椹;也不必说鸣蝉在树叶里长吟,肥胖的黄蜂伏在菜花上,轻捷的叫天子忽然从草间直窜向云霄里去了。单是周围的短短泥墙根一带,就有无限趣味。油蛉在这里低唱,蟋蟀们在这里弹琴。翻开断砖来,有时会遇见蜈蚣……"鲁迅的童年生活因有了百草园,变得格外生动起来:夏天捉虫,摘各种各样的野果子,冬天的"百草园比较得无味",但是,"雪一下,可就两样了",因为可以兴趣盎然地捕鸟。这样的生活令鲁迅即使在长大成人后还记忆犹新,可这样的生活并没有成为鲁迅童年生活的主要部分。"我不知道为什么家里的人要将我送进书塾里去了,而且还是全城中称为最严厉的书塾。也许是因为拔何首乌毁了泥墙罢,也许是因为将砖头抛到间壁的梁家去了罢,也许是因为站在石井栏上跳了下来罢,……都无从知道。总而言之,我将不能常到百草园了。""三味书屋后面也有一个园,虽然小,但在那里也可以爬上花坛去折蜡梅花,在地上或桂花树上寻蝉蜕。最好的工作是捉了苍蝇喂蚂蚁,静悄悄地没有声音。"[1] 小小年纪的鲁迅没有办法明白大人为什么要送他进书塾,因为书塾的生活与百草园的生活相去甚远,由此他叹息百草园离自己的远去,但是,走进书塾里的鲁迅仍然找到了一个"后园","生活"还在继续。从鲁迅的童年生活我们看到,生活作为过程,并不因为走进教育而中断。儿童走进教育,就会力图在教育中展现他们的生存状态,当这种展现遭遇阻碍或顺畅时,便有了他们对教育的喜怒哀乐。不仅如此,教育也会必然地影响着他们当下的生存状态,这种影响或是积极地充盈于他们当下的生存状态,或是消极地强迫或控制从而受到他们当下的生存状态的排斥,因而教育进不了他们内在的生存状态。不管何种情况,儿童在教育中都意味着儿童在生活着,以一种积极充盈的或是消极抵抗的、充分自由的或是受严格控制的方式生活着。

---

[1]鲁迅:《鲁迅作品精选》,童秉国选编,长江文艺出版社,2003年,第224—225页。

儿童生活本身是不能全盘控制的，在此种情况下，他们的生活表现为或机械顺从或反抗抵制，两者都使儿童在教育中应有的生活本性被掩盖而无法展现出来。

虽然书塾的教育与今天的教育大不相同，但我们在鲁迅的文中仍能感受到儿童生活给教育带来的启示："儿童是在他们的生活中积极主动地发掘真、善、美的内容，生活自然成为教育的背景，教育应该在儿童生活的基础上展开；儿童生活中形成的认知、情感、意志上的特征必然会影响到儿童在教育中的认知、情感、态度特征；儿童在生活中激发的各种疑问会成为他们探究的动机，不管教育采取什么态度，儿童总是带着疑问和动机接受教育；儿童在自在的生活中的各种情趣会成为儿童对教育认识的参照标准，进而对教育产生好恶倾向。因此，教育必须在儿童的生活中展开，只有这样，教育才会成为儿童的教育，也才能发挥功效。

（2）教育的生活意义

教育具有生活意义。教育只有发挥其内在的生活意义，才有可能唤醒人的生命意识，启迪人的精神世界，建构人的生活方式，实现人的价值生命，从而体现出教育本源性的生命活力。

教育的生活意义体现在：首先，教育本身就是人的生命存在的一种形式，是实现人的价值生命过程的重要环节。教育应力求逐渐使儿童充分认识到他们是在生活着，并让他们深入地去感受现时的实在的儿童的生活，从而增进他们对生活的理解与省察，启发他们对生活目的、意义的自我确认，真正培养他们对生活的热爱，引导他们积极地创造并享受他们现时的生活。

儿童生活着，他们当然有权利也应该按照儿童期的心理需要充分地生活。但由于现实环境中儿童缺少了自由展现他们天性的空间，或者由于过早地承受了太多的压力，或者由于缺乏良好的引导，儿童成为为未来成人生活作准备的"小大人"，他们作为儿童的生活意识被掩盖、压抑而没有充分展示出来。第斯多惠的教育名言"教学的艺术不在于传授的本领，而在于激励、唤醒、鼓舞"，要"唤醒沉睡的人"，鼓舞人的"生气勃勃的精神"，正是强调要激励、唤醒、鼓舞儿童的生气勃勃的生活意识与生活精神，激发他们的"真实活泼、沛然充溢的心智"。教育不仅要激发儿童的生活意识和精神生活，更要扶植这种意识与精神，爱护儿童纯洁、天真的美好天性，家庭和学校都应为他们提供足够的展现他们天性的生活空间与生活氛围，让他们能真正享有儿童的生活。

其次，教育通过文化的传承，能教给人生活的智慧，发展人创造生活方式的智慧和能力，给予人在黑暗中探求人生真谛的"慧眼"。儿童通过教育，能开拓自己的生活，特别是开拓当下的生活世界，并在此过程中，感受到他们现时的生活在充盈与扩展，由此感受到生活世界的美好。

儿童的教育与生活并行，教育应当开启他们当下的生活大门，让他们感受到他们敞开着的现实生活，他们所实际获得的教育影响作为精神之流正不断充盈着他们现时的生活，并成为他们生活世界中的智慧和生机勃勃的精神。这样，就能让他们感受到他们的生活在不断充实，不同儿童都在不同程度地丰富着各自的生活。纪伯伦说："如果他确实智慧，他不仅邀请你进入他的智慧之屋，而且把你引向你自己的心智之门。"那么，教育的智慧就在于打开儿童的心智之门、生活之门，让他们即时地、积极地获取智慧的思想与生机勃勃的精神，有效地充盈他们现时的生活。

最后，教育之中本来就有生活，教育通过联系生活本身而伴随着生活的体验。在教育中生活着的，是有生命力的儿童。教育可以培养儿童作为自己生活主人的主体意识，引导他们自己决定自己的生活。教育引导儿童自己去感受、理解、省察和创造，都是为了培养儿童生活的主体意识，让他们以一个生活主人的形象走向他们未来的生活。

教育不可能对儿童的未来生活全面负责，教育不可能也不应该规定儿童未来生活的一切，但教育可以为儿童的未来生活奠定精神的基调，从而奠定整个人生的内在生活精神主旋律。教育通过适当的知识技能的传授、内化、激发儿童的生气勃勃的精神，并让这种精神不断地充盈儿童生活的世界，从而让儿童筑牢精神之基，在此基础上去迎接未来的生活世界，并使之成为一种强有力的力量影响他们的未来生活。不仅如此，海德格尔提出"人诗意地栖居在大地上",所以教育还应更多地给予儿童欢乐、幸福以及对世界的乐观感受,为他们将来能"诗意地"生存奠定良好的精神基础。

(3)生活的教育意义

生活不直接等同于教育,但生活具有教育意义。何谓教育意义?陶行知说认为,教育的根本意义是生活的变化,生活无时不变即生活无时不含有教育的意义。因此,可以说"生活即教育"。而生活就是求生存,是人的生活,因而有生活就有教育,教育为"生活所原有,生活所自营"[1]。从这个意义上说,生活的教育意义是生活具有的原生性的意义。

教育的本源是生活,生活是教育的需要,生活不仅对教育的产生和发展提出了客观要求,又为教育的产生和发展提供了可能性。教育因人的生存和发展而产生,因人类社会生活的变迁而变迁,没有了人的生活也便没有了人的教育,离开了人的生活需要,教育就失去了其存在的合理性。生活永远,教育便永远;生活变迁,教育便变迁。没有生活的教育是难以想象的。

教育,对儿童来说,是通过人类文化的传承来实现人生价值的活动,而生活本身就是人生的过程,生活于是成为教育的本源性依据,成为教育的首要需要,生活观念、生存方式、生存状态的变化,直接引起对教育需要的变化。中外教育史上关于生活与教育的关系都佐证了这一点。

生活的教育意义体现在:首先,教育必须立足生活,为了生活。近现代以来,我们有科学,但没有"生活",或者说,只拥有缺乏幸福的生活。在这种生活中,人是"单面人",人的生存是爱与意志的分裂。发挥生活的教育意义,就是让教育走回到儿童的生活世界中,充分发挥生活对教育的建设作用。其次,独立的个体人格是教育发展的根本保证,而生活的过程就是生命的活动过程和精神价值的实现过程。因此,生活的过程就是人的价值生命的实现过程,离开了生活过程,人的发展是难以想象的。人在生活之中,身心的每一部位、每一侧面都充满了情感和生

---

[1] 陶行知:《陶行知全集》(第二卷),第633—634页。

命的固有的活力，这实际上揭示了生活对新人塑造的教育意义。最后，生活性的资源也是教育的基本资源。从生活角度看，人人都是教育者和受教育者，处处都是文化传承的场所，时时都在进行文化传承，生活的教育意义体现在生活的全过程及其每一要素、每一侧面。

当然，教育的生活意义和生活的教育意义并不是把生活和教育等同起来。把人作为工具来训练的教育，或把人身依附于各种外在力量的教育，不以人的价值生命实现为根本目的的教育，都体现不出教育的生活意义。同样，强调生活的教育意义，并不意味着可以完全用生活来取代教育，因为生活除具有教育意义外，还具有其他意义。但是，正是因为教育具有生活意义，生活具有教育意义，我们的教育和生活才能成为不断促进人的发展的两大背景。

第六章

儿童的生活世界

儿童的生活总是发生在儿童的生活世界里。"世界"不是一个与人毫无关系的纯粹客观物，我们所能言谈和思考以及我们所需要言谈和思考的世界，是一个进入了人的认识"视域"、成为人的实践对象的意义世界和价值世界。这个世界不仅仅是人的认识和实践的对象，它同时也是内在于人的生活活动、构成人的本性所不可或缺的外在条件。

一、生活世界的概念

>>> 生活世界是由人构成的关系世界和实体世界

"生活世界"这一概念产生于 20 世纪 20 年代，属于西方现象哲学和生命哲学的基本范畴。"生活世界"的概念来源于德国现象学创始人胡塞尔。在胡塞尔看来，"生活世界"与"周围世界""生活周围世界"所表达的意义相似，指我们个人与各个团体生活于其中的现实又具体的环境。胡塞尔的"生活世界"概念体现了他的现象学与人性之间的联系，实质上蕴含着逻辑、心理和物理的关系，即心物关系。胡塞尔认为心理活动的实质是"物理"的活动，而"心理"则是"精神的""观念的"，由此构成"心理世界"或"精神世界"与"物理世界"的分野。同时，胡塞尔认为"生活世界"并不是"物理世界"意义下的"活的自然界"，或纯粹的"生存环境"。"活的自然界"和"生存环境"中如果人不在其中，那也只是"死的世界"，只有"我生""我在自然中"，它才是人的"生活世界"。因此，胡塞尔提出"我生故我在"[1]的论断。可见，胡塞尔的"生活世界"概念强调在心物之间形成一种和谐关系，强调人活着的意义。离开了人，所谓的生活世界也会沦落到心物分离的"物理世界""死的世界"。

为此，胡塞尔对"生活世界"提出了以下四个特征。其一，生活世界是一个非课题性的世界，即生活世界是一个始终存在着的有效的世界，但这种有效不是出于某个意图、某个课题，不是根据某个普遍的目的。生活的每个目的都以生活世界为前提，就连那种企图在科学真实中认识生活世界的普遍目的也以生活世界为前提。其二，生活世界是一个奠基性的世界。生活世界的态度要先于其他的态度并构成其他态度的基础，即其他态度都奠基于生活世界，"只要我们不再陷身于我们的科学思维，只要我们能够觉察到我们的科学家是人，并且是生活世界的一个组成部分，那么整个科学都与我们一起进入到这个主观、相对的——生活世界之中"[2]。其三，生活世界是一个主观的、相对的世界。生活世界是始终在不断相对运动中为我的存在之物的总体，生活世界随个体自我主观视域的运动而发生变化，每个人的生活世界是不相同的，生活世界的真理是相对于每个个体生命的真理。其四，生活世界是一个直观的世界。"直观"意味着日常的、伸手可及的、非抽象的，生活世界随经验主体的不同而有相对性，即它可以是相对于个人而言的世界，也可以是相对一个集体而言的世界。

哈贝马斯对胡塞尔的"生活世界"进行了批判性的发展。哈贝马斯提出："生活世界"是一个交往行为的世界；生活世界作为文化传统，在

---

[1]胡塞尔：《论理念》，转引自叶秀山《思·史·诗——现象学和存在哲学研究》，人民出版社，1988年，第94页。

[2]倪梁康：《现象学及其效应：胡塞尔与当代德国哲学》，生活·读书·新知三联书店，1994年，第132页。

交往行为中起着非常重要的作用；交往行为的各个参与者，凭借着文化传统的传递背景，在解释活动中具备把客观的、社会的和主观的三个世界联系在一起进行具体解释的能力；也依靠着生活世界的这个文化背景，交往行为的各个角色，在交往活动中，能在一定限度内超越其现有环境的限制，依据文化传统所提供的浓缩性精神财富，进行先验性和综合性的活动。同时，把上述三个世界联系在一起，能产生比现有环境所提供的有限条件更大的创造潜力，使交往行为关系达到更高的相互理解水平和更理想的协调一致性。

从哈贝马斯对"生活世界"概念的分析中，我们看到他从一开始就很重视交往行为的主体所涉及的同各个不同"世界"的关系。在他看来，交往行为有一个三重世界的关联网络，即交往行为"反思地"同客观世界、社会世界和主观世界相关联。哈贝马斯指出，不应将生活世界概念与交往行为之形式上的世界关系网络等量齐观，应将"生活世界"和"世界"区分开来。因为"世界"乃是行为角色从事活动时，能够与他的行为目的和利益相关联的、起着限定其行为主体作用的外在环境因素的总和；"生活世界"乃是行为角色的创造性活动提供相互理解的可能的建构性范围因素的总和，它作为交往行为过程本身的产生来源，一直居于背后，作为背景性的因素，只是在作为文化传统力量的解释过程中才能体现出来。用一句话说就是："言语者和听者从共同的生活世界出发，就客观的、社会的和主观世界中的某物达成相互理解。"[1]

因此，哈贝马斯认为的"生活世界"包含以下两大主要内容。

第一，生活世界作为交往行为的背景假设。哈贝马斯认为生活世界的知识是"背景知识"，是生活世界交往行为的基础。他说："交往行为者不可能走出其生活世界境域，他们本身作为阐释者凭借言语行为属于生活世界。""生活世界似乎是言语者和听者在其中相遇的先验场所；在其中，他们能够交互地提出要求，以使他们的表达与世界（客观世界、社会世界和主观世界）相协调；在其中，他们能够批判和证实这

---

[1] 哈贝马斯：《交往行动理论·第二卷——论功能主义理性批判》，洪佩郁等译，重庆出版社，1994年，第167页。

些有效性要求，排除他们的不一致并取得认同。"这就是说，行为参与者在生活世界的基础上做出他们对行为环境的阐释并继而建构其行为的知识。

哈贝马斯以工地上工作的泥瓦工群体为例，分析了泥瓦工如何在生活世界的背景下进行交往活动。在有很多泥瓦工共同参与的劳动过程中，当老泥瓦工派一个新近刚上工的、较为年轻的泥瓦工去找啤酒，并要他快去快回的时候，就已经是以如下的"环境"作为前提，即那位被指令的年轻泥瓦工及其周围的同事们，作为这次"交往行为"的参与者，都很清楚，上述指令所关联的"论题"是："早餐时间快到了。"而"供应饮料"则是与此论题有关的一个目的，这个年轻人由于其"新近工作"的特殊身份，难以拒绝命令。在这次交往行为中，工地上泥瓦工群体的上下级关系乃是一个人可以向其他人提出办某件事要求的"规范性前提条件"。活动"环境"之所以确定，在时间上是由于"休息"间隙的到来，在空间上则是啤酒零售店与工地之间的距离，可以使这位年轻的泥瓦工在"几分钟内"走完，这就使得发出命令的老泥瓦工的计划得以实现。

由此看来，任何一个交往性话题的背景都由"环境"的许多定义所构成。所谓"环境"，乃是一个论题限制的生活世界的片段，而这些定义又由于实际的相互理解的需要，必须充分地相互交叠着，即充分地相互重合，达到一致性。如果不存在某种具有共同观点的共同体作为前提的话，那么，交往行为的各角色，在以相互理解为目的的过程中，会设法达成关于环境的共同一致的定义。如果这之中出现问题，交往者会进行协商谈判，即通过所谓的"修补工程"，使事情继续进行下去。如在上述例子中，如果那位新来的年轻工人不了解老工人向他发命令的规范方面的情景，因而他可能会冒失地打听下次该轮到谁去找啤酒的问题。还有可能，这位年轻工人由于来自其他地区，一点不了解当地的工作习惯，不知道在工作中间有吃"第二顿早餐"的习惯，因而他会提出一个超出问题范围的提问："我为什么现在必须停止工作？"由此可以看出，在每一次交谈中，交往的某一方总要修正他起初提出的"环境"定义，以便与在这个互动网中的其他人所提出的环境定义相协调。在交往的过程中，"行为的环境"总是成为各个参与者生活世界的相交"焦点"。这个行为环境有它自身的活动平面，因为它总是同生活世界的完整复合体相关联，它本身可以在生活世界总体的广阔范围内，随环境因素的需要而从这一段游移到另一段。这些游动段落的内容及其游移走向，又决定于行为参与者所属的生活世界的总内容所能提供的可能性程度，即行为环境规定了行为参与者的活动内容，但行为环境也随着行为参与者的具体要求而改变其走向。

第二，生活世界作为相互理解的"信念储存库"。在哈贝马斯看来，生活世界不只是作为交往行为的背景知识，而且起着"信念储存库"的作用。所谓"信念储存库"，就是指它是为行为参与者提供创造性见解的源泉，以便满足在一定环境下共同承认的"解释"所产生的相互理解的需要。换句话说，就是它为交往行为参与者在交往中的互动，提供以语言结构建造出来的、可在交往共同体中进行交流的"信念"，即构成交往参与者的认识和行为所赖于其中的那股力量源泉，或某种可被称为"自信心"的内在精神根据。

从胡塞尔到哈贝马斯，他们都强调生活世界中人的交互主体性。因此，"生活世界"的概念，绝不是指"生活环境"，也不是指"自然世界"和"社会世界"，而是指对人生有意义的且人生在其中的世界，是人生的过程中生活着的心物统一的世界。"生活世界"既是一个实体的世界，又是一个关系的世界。在这个世界中，人的地位是至高无上的，人是能动的主体，人不依附于自然、社会、他人，或者其他某些外在的力量。

生活世界对人生而言，是一个整体。不过我们还是可以从这一整体中明晰出一些基本的要素。正如哈贝马斯所划分的那样，作为整体的"生活世界"可区分为三个部分："客观世界""社会世界""主观世界"。它们对应于三种不同领域的事务："客观世界"对应于自然现象，反映人与自然事物的关系；"社会世界"对应于社会道德、法律和艺术，反映人与他人和社会的关系；"主观世界"对应于人格的自我建构，反映人与自我的关系。同时，"生活世界"包括文化、社会和人格三种结构。在文化层面上，人们之间的相互沟通不单依赖文化资料作为沟通的媒介，沟通的过程会同时传递和更新文化的知识；在社会层面上，此沟通行为不单调节不同意见或社会行为，并且会使社会整合人类的归属感；在人格层面上，沟通行为达到社会教化的过程，并促使个人自我观念的建构。可见，人在生活世界中的任务不仅仅是认识自然事物，还包括体验和理解社会的道德、法律与艺术，同时在与自我和他人的沟通中建构和完善人格。"生活世界"的内容则在可能世界和现实世界两种形式中完成。

以胡塞尔和哈贝马斯的观点为基础，我们可以把"生活世界"理解为：生活世界是一个非课题性的、奠基性的、直观的、人的生命存在的综合性世界，是人正经历的世界，是由人构成的关系世界，也是一个人在其中的实体世界。它具有复杂性、原初性、直观性、基础性等基本特征。

>>> 儿童的生活世界是儿童交往行为和自我建构的世界

生活世界对儿童来说，也是一个非课题性的、奠基性的、直观的、综合性的世界，是儿童正在经历的世界，也是儿童交往行为和自我建构的世界。

在儿童的生活世界里，儿童最初的交往行为，只是严格的母子之间的个人性关系，除自己的母亲外，孩子毫不知晓在她之外还有一个世界。格雷斯·沃尔斯·舒格经过研究发现：婴儿大约三个月大时，母子交流圈之外的东西开始引起他的注意。[1]母亲（或者是父亲，或者是其他照看者）不再是孩子世界的全部，孩子开始玩耍他可以触及的东西，只是儿童在这个阶段，要将两种方式的注意混合起来有一定的困难。即他要么与父母"交谈"，要么与其他东西玩，他不能同时做这两件事。然而，在将近周岁的时候，儿童开始有了这种"双重注意"的能力，此时他已

---

[1] 让-罗尔·布约克沃尔德：《本能的缪斯——激活潜在的艺术灵性》，第18—19页。

经是一个富有经验的交流者了，他可以与父母或其他成人一起玩耍，并同时进行交流。值得注意的是，儿童这时的交流是文化的、社会的和人格的，缪斯式的语言和游戏是重要的中介桥梁，它支撑着儿童生活世界中交往行为的"背景知识"。

在生活的第二年，儿童的兴趣开始转向同伴，特别是与他年龄相仿的同伴。但刚开始，儿童间的同伴交往只是"在一起"，并没有共同的"背景知识"，如图 6-1：两个年龄相同的孩子（1—2 岁），他们各自玩自己的游戏，游戏可能是同一类型、同一智力水平的，但他们并不直接交流，每名儿童都是在以自我为中心的世界中生活，但他们玩耍的东西是相同的。

图 6-1　1—2 岁同龄孩子的交往

到了下一个阶段（2 岁以后），孩子们还在玩同样的玩具，但他们之间开始了最初的交流（见图 6-2），两个世界变成了一个世界。在这个"共同的"生活世界里，他们很快就能在一种同样的游戏框架内玩两个玩具了，就如两个蹒跚学步的孩子在地板上爬来爬去，一个人拿着一辆玩具汽车，用字词和行动来指挥交通："呜……""叭……"一边玩，一边唱，一边按喇叭。从这个时候起，儿童就生活在两个场所之中了，一个是家庭，另一个是同伴群体。儿童在布朗芬布伦纳[1]称为微观系统和中间系统的两个生活圈之间往返。在这一阶段，游戏仍然是很重要的，它帮助儿童在两个很不相同的环境之间搭建了一座桥梁，儿童通过这座桥梁联结各自的世界，并融为一个越来越大、越来越有意义的整体。

---

[1] 布朗芬布伦纳，美国人类学家。他在代表作《人类发展生态学》一书中，首次运用交互性原则对社会环境做了深入的理论研究，他认为影响个体发展的环境是一个层层镶嵌的层级化多元系统，呈柱状同心结构，从里到外分别是微观系统、中间系统、外在系统和宏观系统。

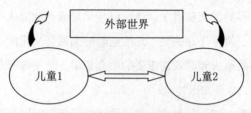

图 6-2　2 岁以后同龄孩子的交往

　　如上所述，儿童生活世界的建构是在与他人的交往中进行的。当然，这种建构在刚开始是缓慢的、狭窄的。内在主体性的出现，一开始依靠的是缪斯的、本能的活动，从熟悉母亲、父亲到其他成人，再到同伴，他都在适应环境，他通过游戏搭建一定的"背景知识"，也在交往中建立起自己的文化，生活中越来越多的结构为他创造了越来越多的了解、交流、亲近、学习和社会化的可能。时间和生活相伴着发展，儿童的生活世界如同一个发源地，为儿童今后的发展打下坚实的基础。儿童在建构自己的生活世界的同时，也逐渐建立起自己的客观世界、主观世界以及社会世界（见图 6-3）。

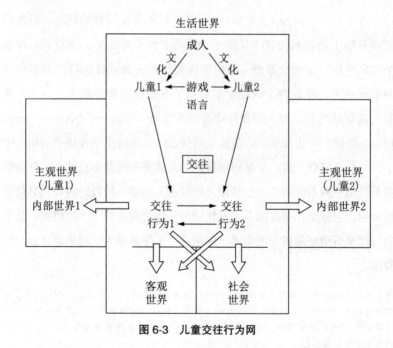

图 6-3　儿童交往行为网

从图 6-3 可以看出，儿童的生活世界发生在儿童的交往行为活动中。儿童最早交往的对象是成人，然后扩展到同伴之间。儿童与成人和与同伴之间的交往是有区别的：儿童与成人的交往，在一定程度上，就是一种文化的影响；而儿童与儿童的交往则是游戏的，充满着缪斯的天性的。

如交往行为网中的儿童 1 和儿童 2，依据他们各自的内部世界（即主观世界）和外部世界（即社会世界和客观世界），作为交往双方，在他们共有的生活世界的基础上，从各自的文化开始，凭借游戏和语言的中介，进行相互间的理解和协调。图中的箭头表示着儿童 1 和儿童 2 通过游戏中的言语行为而建立起同各个世界的联系。

由此，儿童与他们的生活世界是共生交流的关系：一方面，儿童的生活世界为儿童的智力发展和自我意识的形成提供支持和结构；另一方面，每个儿童也是其生活世界中的一个基本的、活生生的因素，随着儿童接连不断的参与，儿童的生活世界所具有的独特性和多样性得以保存和更新。

儿童在生活世界之中，不仅意味着他作为个体在生活和成长之中，而且意味着他在"他人之中"，"他在世界之中"，他在人类社会历史的发展过程之中。因为每个个体的生活过程，实质上是与他人、与世界的交往过程，是人类社会历史的具体化，是人类社会历史的映照。马丁·布伯在他的名著《我与你》中，把人的世界分为"它"之世界和"你"之世界两种，认为"人无'它'不可生存，但仅靠'它'则生存者不复为人"。[1]这与胡塞尔"生活世界"中的"人在其中"是一样的。但是，在生活世界中的儿童是生动的人、具体的人，是未成熟的、有待发展的人。因此，世界对他来说，是一种现实存在和可能存在的形式，即是在可能的世界中构建他们的文化、社会和人格，并在此基础上发展出他们的现实世界。

二、儿童生活的可能世界和现实世界

儿童是具体的人、现实的人、生长中的人。因此，儿童的生存和生长要在一定的文化和社会生活背景中展开，即在具体的生存和生活过程

---

[1] 马丁·布伯：《我与你》，陈维纲译，生活·读书·新知三联书店，1986 年，第 51 页。

中体验存在和生活的意义。但同时，儿童是发展中的人，是具有无限可能性的人，如果儿童只在现实生活中生存，难免就会使人在具体琐碎的生活事件中忘却了对"可能生活"的观照。由此看来，我们不仅要关注儿童的现实存在和生活，而且必须关注儿童可能的存在和生活，并在探寻可能生活意义的基础上，建构并实现可能生活。这实际上也是我们教育的根本性目的。

> > > 儿童生活的可能世界发生在儿童的游戏中

儿童生活的可能世界就是儿童的一种可能生活。"可能生活"对儿童具有内在的价值。"可能生活"的概念是以"可能世界"这个经典概念为背景而产生的，而可能世界则是自莱布尼茨以来非常重要的逻辑和哲学概念。它的具体含义是："如果给出一组条件而定义了某个世界，无论是现实的、过去的或者未来的，无论是未知的还是纯粹想象的，只要它自身不包含逻辑矛盾，那么就是一个可能世界"。那么，什么是可能生活呢？赵汀阳认为，"可能生活"这一概念类似于"可能世界"。可能世界是纯思想的对象，因为人们只能进入现实世界所允许的可能生活而不能进入非现实世界中。可能生活是现实世界所允许的生活，但不等于现实生活。可能生活是理想性的，它可以在现实生活之外被理解，可能生活的实现就是现实生活，但现实生活无论如何不全等于可能生活。因此，"可能生活可以定义为每个人所意味着去实现的生活"[1]。与现实生活相比较，可能生活总是合目的性的生活，是更具有人生价值和意义的生活。因此，可能生活不是给定的生活，它需要创造性。

对儿童来说，可能生活的意义在某种程度上比现实生活的意义更为重要。因为儿童只有通过可能生活才能建构起现实生活的意义，也只有通过可能生活才能把他们内心的缪斯般的语言外化出来。在可能世界里，儿童扩展了他周围的自然；而从自然方面来说，它又将有机性地注入儿

---

[1] 赵汀阳：《论可能生活——一种关于幸福和公正的理论》，中国人民大学出版社，2004年，第22页。

童。儿童进入可能的世界探险，虽然这个世界我们还不完全了解，但它反映在我们可以观察到的、显而易见的儿童的游戏中。

游戏之所以成为儿童生活的可能世界，首先是因为游戏的产生与文化系统无关，而文化作为人类社会的反映，与现实世界联系在一起。胡伊青加从文化与历史学角度研究提出："游戏比文化更古老，因为无论加以多么不充分的界定，文化总是以人类社会的存在为前提，而动物则无须人教它们也会游戏。我们甚至可以完全地断言，人类文明对游戏的一般观念绝未增添任何重要的特征。"其次，游戏与人的"日常生活"不同，游戏的一个最重要的特征就是它同日常生活的空间间距，某一封闭的空间——无论是物质的还是观念的——为了游戏而被从日常环境中隔离出来，游戏就在这个空间之内进行，规则就在这个空间之内获得。

因此，"把游戏的形式特征加以概括，我们就可称游戏为一种完全置身于'日常'生活之外的、'不当真的'但同时又强烈吸引游戏者的自由活动。它是一种不与任何物质利益相联系的活动，从它那里无利可图。它按照固定的规则并以某种有序的方式活动在它自己的时空范围内，它促进社会团体的形成，这些团体喜欢用诡秘的气氛围绕自己，同时倾向于以乔装或其他方式强调他们与普通世界的不同"。[1] 胡伊青加声称"游戏"的范畴是生活中最基本的范畴，但它与日常的、真实的生活有区别，它是现实与超现实的统一。

游戏作为儿童的可能世界，它能打破理性世界带来的时空限制。当儿童全身心投入游戏时，他不断地进行着自我的超越。如当孩子独自一人靠树站着的时候，他可以想象自己正与其他孩子一起玩耍，也就是说，他通过想象的力量成为同伴群体中的一员。实际上在他盼望新朋友的过程中，在一种主观幻想和外部现实动态综合的意义上，他也变成了孩子们中的一个，这是一种"双重创造性的学习"，即周围世界的模型作为一种内在的描绘和概念被收入儿童的大脑，这些印象在大脑内自由地酝酿直至成熟，最终作为一个完整的宣言——"我可以"——而跳跃出来，并成为游戏的一部分。

---

[1] 胡伊青加：《人：游戏者——对文化中游戏因素的研究》，第21、28页。

游戏不仅仅将儿童带入可能世界中，它也是联结儿童可能世界和现实世界的桥梁。任何与儿童在一起游戏过的成人，都会体验到和孩子配合默契所带来的快乐：成人用手蒙住眼睛，然后一下子拿掉，孩子快乐地笑了，受到孩子笑声的鼓舞，成人做了一遍又一遍。在这个过程中，成人与孩子的亲密关系不知不觉建立起来。而这时的游戏也就跃进变成了现实的存在，即由游戏作为中介，儿童开始了与成人的交往，随着游戏的深入，儿童的交往圈越来越大。由成人到同伴，由同伴个体到同伴群体，儿童在游戏中学习各种规则，也在游戏中创造和建立各种规则，儿童通过自己知识和技能的变化为他们自己也为别人改变这世界，儿童和儿童的游戏联结了可能世界和现实世界，也达成了这两个世界的平衡。所以从这个意义上说，儿童在游戏中并不仅仅是玩，他们就是生活在游戏中。作为生活的世界，他们的游戏有着极大的灵活性，是随时随地、超越时空的。从这个意义上来说，儿童的生活就是游戏的生活，通过游戏，他们建立起自己通向未知的道路，通向此时此地以外的领域。

>>> 儿童生活的现实世界发生在社会的文化中

　　儿童生活的现实世界就是儿童正在亲历的世界。儿童作为一个具体的人、活生生的人，从一出生就进入一个文化的领地。人的一生，从儿童到成人的成长过程，不仅仅是作为一个抽象的人，还要作为某国某族某部落的具体的人在发展。前面我们已经讨论过，儿童是在"文化感应"的影响下以一定的方式学习做社会的成人，离开了"文化感应"而成长起来的人，就不能在真正意义上称为"人"。因此，儿童一出生入世，首先就会受到自己所处的文化环境的影响，成人作为这个文化模式化的代言人，也在使用一定的养育方式影响着儿童的言语、行为和思维方式。而儿童在刚开始建构自己的"生活世界"的时候，由于受成熟程度的影响，对生活内容以及生活价值观念的选择，缺乏足够的判断能力，他们也确实需要依赖成人，尤其是依赖于作为社会代言人的教育者的指导和帮助。

因此，对每一位儿童而言，他们的现实世界就发生在他们身处的成人制造的文化环境之中。儿童通过与成人的交往，学习着成人文化里固有的规则、习俗，以及其他种种生活方式，学习是他们踏入这个世界的唯一途径。美国人类学家玛格丽特·米德曾经描述过这种学习："当阿拉佩什[1]的孩子们幼时享受着双亲的哺育、怀抱、洗沐和装扮时，便通过怀抱他们的双手，四周的声响——那悠扬的催眠和挽歌的旋律，开始了一系列惟妙惟肖的学习。当孩子被抱着或稍大以后按父母的要求走在村里村外的路上时，他们被告知，路是脚下的平坦而无障碍的东西；当一所新的房屋竣工时，每个路过的父母都会以平静而毫无惊讶的神情告诉自己的孩子，这是一件几天以前还没有的新东西。在谈论这些事情时，他们的反应之轻微，有如盲人面对穿过婆娑的树影流溢而出的月光一般。……生活，在阿拉佩什人看来亘古如斯。"[2]

是的，这些生活经验对成人来说，是亘古如斯的，但对儿童来说，每天的经验都包含着新的挑战，儿童必须对这些新的经验进行选择和定位，有些经验需要内化，成为自己人格的一部分，而另外的一部分，他则必须用自己的力量加以排除。儿童如果想获得持续的发展，他就必须在思想上、感情上充分使用感官运动的技能消化每天的这些挑战，在这样的消化过程中，他既能学习到新的经验，也能运用新的经验来体验陌生的明天。

因此，儿童生活的现实世界虽然发生在成人的文化之中，但儿童并不是等待成人灌输的"容器"；虽然成人可以告诉儿童种种经验，但这些经验最后转化为儿童自己的经验，是要通过儿童的认知和理解、体验和感悟的，没有儿童理解和体验，这样的经验是不能建构到儿童的生活世界之中的。所以，我们千万不能把成人的观念、社会的规范，用灌输的方式让儿童接受，从而剥夺儿童独有的人生体验。

其实，成人创造出的固有的文化模式，也不是一成不变的，文化本

---

[1] 阿拉佩什位于太平洋沿岸新几内亚境内，美国著名人类学家玛格丽特·米德曾经在此进行过很多年的文化模式考察。
[2] 玛格丽特·米德：《文化与承诺——一项有关代沟问题的研究》，周晓虹、周怡译，河北人民出版社，1987年，第31—32、51页。

身也在经历着不断变迁和进化的过程。玛格丽特·米德根据文化的变迁，提出三种文化模式，即"前喻文化""并喻文化""后喻文化"[1]。在前喻文化中，儿童主要是向长辈学习，儿童彻底地被其所置身的文化融化，儿童的主要任务就是接受和学习已有的文化模式，他们的人生道路是既定的，就是重复老一辈已走过的路。在并喻文化情境中，年轻一代所经历的一切可能完全不同于他们的父母、祖父母以及社会中的其他年长者，他们的父辈已经无法向他们提供符合时代要求的全新的生活模式，年轻一代必须根据自己切身的经历创造全新的生活模式。后喻文化则是要求长辈反过来向年轻一代学习，学习他们创造出来的全新的生活模式，因为今天的儿童已经生长在一个他们的父母完全未知的世界中，但成人中很少有人意识到这一现象是历史的必然，他们中的许多仍然固守着权力控制的中心，他们仍然想依靠一整套的前喻文化的价值规范来生活，这必然遭受最激烈的代沟冲突。

由此，儿童亲历的现实世界是一个不断变化着的客观世界，同时也是需要他们不断建构的主观世界。在这个世界里，他们最先"遭遇"成人，然后是同伴，最后在与成人以及同伴的交往和对话中，找到自身的价值，并形成自己独有的行为方式。

> > > 想象达成儿童可能世界和现实世界的转化和平衡

儿童的生活内容面对的是整个的生活世界，儿童并没有把自己的世界和周围的世界分离为自然的或人为的。这是因为儿童通过想象把可能世界和现实世界联结起来，并实现着可能世界向现实世界的转化。所有的儿童天生就具有这样的转化能力，他们能生活在一个想象的世界中，但又时刻保持着与现实的联系。从新生儿时期开始，乃至在整个儿童期内，在儿童的游戏中、儿童的故事中处处可见这样的把理性和神话合二为一的神奇力量。

---

[1] 玛格丽特·米德:《文化与承诺——一项有关代沟问题的研究》，第31—32、51页。

3 岁的却利和他的妹妹玩过家家，却利说他是爸爸。当他走进厨房，他的姐姐要给他一块蛋糕（姐姐知道他非常爱吃蛋糕），却利拒绝了，说："我要蛋糕做什么？大人是在吃饭时才吃它的。"十分钟后，却利来了，说："姐姐，我现在可以吃蛋糕吗？我现在不是爸爸了，我是却利。"[1]

　　这是一则逸事观察记录的案例。在这则案例中，我们看到 3 岁的却利在他的可能世界和现实世界里通过想象获得的自由的转换。在可能世界里，他作为"爸爸"当然要模仿着成人的言行，但不仅仅是模仿，他其实是用童年的神奇力量在构筑着他对"爸爸"的梦想，但又依靠想象的力量回到他的现实世界，因此，他又是现实生活中的"却利"。由此看来，游戏为梦想和日常现实之间创造了连续性，它是梦想与现实生活的过渡之物，它联结了儿童的内在世界和外在世界即可能世界和现实世界的缝隙。

　　有了想象，儿童是神奇的，每个人的童年都是神奇的。法国著名的哲学家加斯东·巴什拉用诗一样的语言赞美了孩子这种神奇般的力量。他在《梦想的诗学》中写道："孩子的想象翱翔的天地并不是这化石般的神话，也不是这神话般的化石，而是他本身的神话。孩子是在自身的梦想中发现神话的，发现他不向任何人讲的神话。那时，神话即生活本身。"因此，"只有永恒的孩子才能把这神奇的世界归还给我们"。[2]在这种神奇的力量面前，理性和想象的区别变得无足轻重了。

　　瑞典儿童作家阿斯丽特·琳达曾用一种美妙动人的方式来描绘同样的主题。她在长篇小说《狮子兄弟》的开头，使用的正是这种打破界限的意念。小说里有一个骨瘦如柴、带着临死前忧郁的腊斯卡。

　　"事情怎么能如此可怕？"我问道，"人非死不可。事情怎么这样可

[1] 杨丽珠主编：《教育科学研究方法》，辽宁师范大学出版社，1995 年，第 120 页。
[2] 加斯东·巴什拉：《梦想的诗学》，刘自强译，生活·读书·新知三联书店，1996 年，第 149 页。

怕？他们甚至连 10 岁都没有啊！"

"腊斯卡，我不觉得这种事可怕，"乔纳森说，"我觉得你会有妙不可言的时光。"

"妙不可言？埋在地下，死掉了，这是妙不可言？"

"哦，"乔纳森说，"那只是你的躯壳埋在那里，你知不知道？你自己飞到完全不同的地方去了。"

"什么地方？"我问他，因为我压根儿就不相信他。

"去了蓝杰耶纳。"他轻轻松松地吐出这个词，好像地球上每个人都知道一样。我当时可是从未听说过的。

"蓝杰耶纳？"我问道，"那是什么地方？"

乔纳森说他也不太清楚那是什么地方，但它是在这些星球另一边的什么地方。于是，他开始给我描绘蓝杰耶纳，让人觉得几乎马上就飞到那儿去了……

读过阿斯丽特·琳达小说的成人都知道腊斯卡去了蓝杰耶纳，因为我们是跟他一起去的：一只雪白的鸽子飞来找到了他，带着他飞越了界线去了那里，去了"在这些星球另一边"的蓝杰耶纳。我们知道，在那里腊斯卡和乔纳森变成了英勇的狮子兄弟，他们战胜了怪物凯特莱和残暴的坦吉尔以及同伙。就像神仙故事一样，我们看见了整个故事，这正是凭借我们儿童般想象能力的剩余。

想象对儿童来说，是与生俱来的。想象一词来自拉丁文的单词 imago，其意之一是"图画""大脑图画"，即在大脑中"造出可视图景"。儿童并不仅仅用眼睛来看，大脑也有其他的通往可视图像的道路。想象既通往眼睛所看见的，也通往眼睛所看不见的。但儿童的想象绝不是一种脱离现实的腾飞，而是对现实感觉的加强和扩大。儿童把想象带入其生活中，于是现实与想象并存。皮亚杰认为，儿童一岁半到四五岁，是想象力最丰富的阶段。[1]一方面，此阶段的儿童对世界已具有的内在模

[1] 耐桑·爱沙克斯：《皮亚杰儿童心理学浅述》，卞瑞贤译，联经出版事业公司，1989 年，第 11 页。

式，正在无休止地扩展和充实，这是因为他有想象力的缘故；另一方面，因为他有更多的探求、疑问及交谈，在可以辨认的、预做调整的、牢记的各种事物继续不断增加的同时，他的时间和空间关系的感觉也更富有变化，想象力就更为拓展。

儿童依靠着想象，将内心的梦想播种于外在现实，又让外在现实因内心梦想的存在而变得更为丰富，他们所做的不是让这两者或其中之一破裂，而是让现实和梦想都获得新的生命。迈利特·阿克罗在一篇题为《作为创造性超越的想象》的文章中这样写道："想象合适的功能不仅是打破日常现实的界限，作为这种现实的展开而向外寻找一个没有尽头的乌托邦。想象也同样具有打破内在界限的能力。它里面有着巨大的改变潜能，能改变我们自身和我们周围的现实。"[1] 因此，想象不仅包括了日常生活的细碎琐事，而且包括了人类的认识、自我的理解以及对生活的适应等重要内容。从这个角度说，依着想象，儿童从可能世界来到现实世界；同样，靠着想象，儿童又从现实世界跨越进可能世界。在这巧妙的转化过程中，儿童的生活世界逐渐建构和发展起来。

三、儿童生活世界对教育的意义

教育作为儿童生活的反映，理应走进儿童的生活世界。近现代以来，随着科学技术的迅速发展，人类的知识体系逐步完善，并在运用知识改造自然方面取得辉煌成就。由此，人们逐步建立了对科学或知识的绝对信心，乐观地坚信知识就是力量，理性能够征服包括人自身在内的整个世界，并在教育中逐步以科学或知识的世界代替生活世界，科学世界成了教育的唯一世界。

>>> 教育之中的生活世界和科学世界

教育之中的人，应该首先是处于生活世界之中的人，因而教育首先

---

[1] 让-罗尔·布约克沃尔德：《本能的缪斯——激活潜在的艺术灵性》，第45页。

面对的是儿童的生活世界。儿童的生活世界中充满着游戏、交往、文化和儿童的生活事件，这些因素相互交叉，构成一个关系复杂的综合体。同时，生活世界对儿童来说，是一个直观的世界。直观世界意味着日常的、伸手可及的、非抽象的世界，是儿童始终沉湎在其中的世界。因而，生活世界是儿童生命存在的永久背景，是人生价值得以实现的基础，它为儿童的发展奠定了基石。

但儿童作为一个人，不能仅仅沉湎于复杂的、直观的生活世界之中，相反，儿童要在生活中获得发展、完善和幸福，就需要对生活世界进行反省和觉醒。当然，这种反省和觉醒在生活世界之中是无法完成的，它需要在科学世界的基础上进行。科学世界虽然在生活世界的基础上建立，但科学世界是一个超越经验、超主观、超相对的客观性世界，它总是试图用各种语言和符号来表征客观世界的规律和法则，因而，科学世界是对生活世界抽象的结果，是对生活世界理性化的结果。由此，科学世界不仅来源于生活世界，它也是教育所不可回避的。科学世界对教育的意义在于：教育在建构人生时，使儿童青少年以占有、内化人类文化成果为基础，从而避免儿童在生活世界中迷失方向。奥地利现象社会学家阿尔弗雷德·舒茨在他的《社会世界的现象学》中论及"生活世界"的结构时谈到生活世界中的知识问题，他说："人在面对外在世界、理解世界时，并不仅仅在进行感知的活动，他们和科学家一样，也运用了一套极为复杂的抽象构造来理解这些对象，这些构造物就是'手头的库存知识'，人利用这些'库存知识'才能理解世界。"[1] 应该说，科学世界为儿童提供了一部分"库存知识"，另一部分却是靠儿童在自己的生活经验中积累的。从此意义上说，科学世界也是教育在儿童生活世界中建构人生的基础。

科学世界虽然来源于生活世界，但它是对非课题性的生活世界课题化的结果。因而，科学世界总是要求人用理性的眼光去观照和探寻世界的内在规律，也因此，它容易鄙视人的直觉，轻视人的情感，忽视人的

---

[1] 杨善华主编：《当代西方社会学理论》，北京大学出版社，1999年，第23页。

体验，也容易将人的生命活动机械化、刻板化，排斥人的激情和感悟，并将人的交往看作一种机械化动作的规则性组合。可悲的是，现代学校教育把科学世界中强调的这些因素推向极端化，并把科学世界的典型模式——工业化模式带到学校教育中来。受工业化模式的影响，学校愈来愈以"产品的成果"——学生的各项成绩表现为导向，学生的成绩成为评价他们的唯一标准，而这样的评价到了近期也演变成通过"标准答案"由电脑阅卷来完成。虽然通过机器来评价人可谓是科学技术发展的结果，但这样的结果使人走上了异化的道路。

其实，生活世界和科学世界的关系应是一种可逆的关系。因为生活世界的直观性、相对性、主观性、复杂性和情感性是科学世界的最终依据，而科学世界的价值最终要在生活世界中才能得到证明。

> > > 教育向儿童的生活世界回归

生活世界为教育带来了新的理念。首先，生活世界强调人在生活世界中是人的生存与人的价值的体现，由此确立了人的生命意识，这实质上意味着在教育中我们也要确立儿童的主体地位，尊重儿童的生命；其次，生活世界注重人与世界的互动关系，因此生活世界中的教育也需要把儿童置于一种关系世界当中，使儿童在亲历世界的过程中，学会处理与自然世界的关系、与社会世界的关系和与自我主观世界的关系；最后，生活世界注重人的生成的动态关系，强调人在其中，人是动态的生成过程，这样对人的重新理解和定位，要求教育注重对人即儿童的整个生命历程的动态把握，即观照他们的过去、现在和未来，观照他们的现实生活和可能生活。

由此，在生活世界的话语基础上，教育的本质可以被认为是一种特殊的生活过程。教育不是生活的准备，教育应该关怀人的生活，关怀人的生活首先就应该关怀人的当下的生活，关怀此时此刻在此的人。教育应当成为此时此刻的个体的可能生活价值完满的一种独特方式，教育还直接启发、拓宽个体全面的生活视野和价值视野，并引导、尊重个体独特的生活价值取向和追求生活价值的方式，尊重并关怀个体日常生活的价值。教育过程应该是教育双方展开对话、理解而达成我与你平等关系的过程，而教学就是教师与学生运用想象力来从事意义创造和分享的过程，师生之间不是简单的知识授受，而是共同进行学习主题、意见、思想、情感的交换和分享。在教学中，教师和学生并不单纯是作为主体的教师对作为客体的学生的有效性支配、控制，而是师生双方均作为真实的活生生的主体的人投入教学中，投入师生的积极对话中，各自敞开自我，接纳对方，互相倾听，互相吸引，互相包容，共同在场，共同参与，共同卷入此时此刻真实的教学活动之中。

这种以生活世界概念为基础的话语直接改变了制度化教育中的日常实践活动方式，由关注分数开始转向关注人，由"标准分"的工具化的评价模式改变为在具体情境下对人评价，人的教育开始回到人的生活中，回到人的生活世界之中。教育向儿童生活世界回归，具体表现在以下三个方面。

第一，从理想世界回归到人的"现实生活"世界。长期以来，我们的教育都是在为某种理想化的目标努力地奋斗着，学校教育只注重为人的遥远的未来生活做设计和准备，而没有考虑为人的现实的、当下的生活需要服务。由于过分地关注人的未来，学校教育忽略甚至放弃了对人的活生生的现实特别是儿童当下生活的观照。在笔者看来，教育固然是一种理想的事业，教育也需要构筑理想的社会，但教育终究要面对人的活生生的现实，面对人的生存与发展的现实。真正的教育应该是关乎人的现实生活的教育，正如陶行知先生所说，"教育要通过生活才能发出力量而成为真正的教育"。

第二，从人为设计的，以概念、符号为主的理性世界回归到人的"可能生活"世界。当今我们尤其需要拆除在教育与生活之间用书本知识垒造起来的隔离墙，让教育焕发出生活的气息，让儿童生活焕发出生命的活力。正如《学会生存》所发出的警告："学校不能和生活脱节；儿童的人格不能分裂成为两个互不接触的世界——在一个世界里，儿童像一个脱离现实的傀儡一样，从事学习；而在另一个世界里，他通过某种违背教育的活动来获得自我满足。"[1]

第三，从单极性、必然性、标准化、简约化的教育世界回归到多极性、多样性、个体化、复杂化的教育世界。生活是包罗万象的，是波澜起伏的，是变动不居。生活的万千变化意味着教育具有多元复杂性，意味着教育除了我们已经熟知的特性之外，还具有非确定的、非正规的、非正式的、非连续的和非促进的等方面的特性。因此，教育如何把握儿童的可能生活所固有的流动、起伏、个别、差异、遭遇、偶然和艺术等方面的特性，应该成为我们今天特别关注的问题。

从儿童是什么到儿童生活和儿童生活世界的揭示，我们看到儿童存在的独特价值。他们不仅仅具有生物学意义和文化学意义，更重要的是，他们是具有生命价值的主体，有自己的梦想，有自己的现实，当然应该生活在他们的生活世界里，在可能世界和现实世界中体现生命的价值和多样性。

教育要观照儿童，就是要从科学世界、知识世界或规范世界回归到儿童的生活世界中，因为教育原本就在儿童的生活之中，教育原本就应该是儿童生活世界的一部分。

---

[1] 联合国教科文组织国际教育发展委员会编：《学会生存——教育世界的今天和明天》，华东师范大学比较教育研究所译，教育科学出版社，1996 年，第 12 页。

III

生活的重建：

回归儿童

生活的重建：
回归儿童

生活的重建是针对儿童在教育中的生存状态和生活方式的弊端提出的。生活的重建，指切实把生活作为儿童现实存在和可能存在的基本方式，尊重儿童作为生活主体应有的地位，按照儿童生活的内容和形式，改造儿童现存的生活方式和生存状态，并着眼于儿童生命价值体现，把儿童的可能生活与现实生活联结起来。

在任何条件下，儿童永远是他自我生活的主体，任何人难以替代他展开生活。但在制度化的教育中，教育者作为一种法定的主体参与儿童生活之中，从而在儿童作为主体展开自己生活的同时，教育者也作为主体时刻影响着儿童的生活。当然，在任何情况下，成人对儿童的影响始终是存在的，而且儿童在建构自己的生活世界时，也需要得到成人的帮助，因为儿童的年龄特征决定了其生活体验的局限性。但如果仅仅把成人的生活作为教育的主要内容，这实际上已经是对儿童本真生活世界的条理化和简化。虽然这样的生活为儿童的成长与发展提供了一个比日常生活更加有序的世界，但处在这种生活教育之中的儿童，脱离了日常生

156

活的情境。儿童在这样的教育中首先不是为了自己的现实而生存，而是为了现实的发展、为了未来而生活。这样的生活教育，必然是空洞的、毫无生机的。

其实，成人对儿童所施加的任何影响在某种意义上都应该是指向儿童的自我文化。儿童作为儿童文化的主体，应该是通过自我认识、自我体验来建构起自己与生活世界的关系，即自我建构。但在制度化的教育中，儿童与生活世界的关系是在某些外在力量的干预下建构起来的，这必然导致儿童被当作"工具"而不是"人"来对待。

教育要回归儿童的生活，就是首先要尊重儿童，尊重儿童的本性，尊重儿童的生活，而儿童也只有在回归了生活的教育中生存，他才能建构自己、超越自己，并获得新生或再生。这正是教育对儿童发展价值的体现，发展儿童，再生儿童，也是教育本体价值的体现。

第七章

回归儿童生活的教育主张（一）

回归儿童生活的教育直接指向的是儿童的生活，儿童的生活由内在生活和外在生活同构而成。作为内在的生活，儿童的发展受着个体和类的天性发展的指引，因此，儿童是自己的教育者；作为外在的生活，儿童的发展受到社会以及文化的影响，这种影响主要通过与成人的交往来获得，成人特别是父母和教师是儿童成长的支持者。

一、儿童是自己的教育者

儿童是自己的教育者，指的是儿童一出生就具有自我教育的能力。

出生伊始，儿童依靠自己，开始了人生的最初探索。他的这种探索，依照大自然的安排，依靠的是自己先天就具有的"有吸收力的心理"，这种"有吸收力的心理"，"仿佛是大自然为了保护儿童免受成人经验的影响而给予能促进儿童发展的内在教师以优先权，在成人的智力能够影响和改变儿童之前，儿童已有机会建构起完整的心理"。[1]

"有吸收力的心理"存在着无意识与有意识两个阶段。从出生到3岁，无意识的"吸收心理"发展出视觉、听觉、味觉、嗅觉以及触觉，

[1] 蒙台梭利：《蒙台梭利幼儿教育科学方法》，第339页。

儿童真实地吸收任何事物；从3岁到6岁，儿童能对所了解的内容进行提炼，具有一定的选择性，有意识地"吸收心理"就从环境中选择感官影响，并且进一步发展这些感觉。儿童一出生，就开始接受教育，而第一位教育者就是他自己，即儿童接受"内在教师"的教导和引领，积极主动地学习。

>>> 儿童为什么是自己的教育者

1988年3月14日，伯科在《纽约时报》的一篇文章中，引用了佛罗里达州普兰特市草莓节上帕克关于珍爱草莓的一番话：

你不希望它们长虫，如果体内真的长虫了，当然就必须喷洒霉菌剂。这对任何草莓都会有效……但是，每颗草莓都有自己的责任。它是独立的，是大自然的一部分。那味道、那颗粒大小、那颜色……种植的农人所能做的，只是尽量在一旁帮忙，给它一点碳酸钾、一点镁和一点水。

你能做的事很多，换句话说，为了帮助生命成长，有许多你绝对要做的事，但大自然在生命的发展上自有其路径。草莓也和其他生物一样有自己的责任，这不是什么道德上的责任，而是必须依照它本身的内在设计图生活、成长。

儿童也是如此，他们生长和发育的起点是一样的：一个受精卵有23对染色体。在每对染色体上，均包含若干双螺旋形的DNA，这决定着成长的"指导方针"在胚胎时期就已开始，它负责我们的两个眼睛、一张嘴、两只胳膊、两条腿和脊椎的确切位置与功能，这个体内"指导方针"会跟随我们一生。也是在这个"指导方针"的指引下，儿童呈现基本相同的发展规律。

仔细观察儿童，4周到5周大的婴儿开始微笑，最初的微笑只是典型地反映出内心的愉快、温暖和身体上的满足。而后，因为社会化的需求，儿童对父母或其他人都会微笑示意。7个月大时，几乎每个健康的婴儿都会体验到一种认知上的重组反应，即所谓的"陌生人反应"：一看见陌生人靠近，就会突然产生负面的反应。在这之前，他们根本分辨不出认识或不认识的人的面孔有何区别，这突然的反应实际上是婴儿发展的一个里程碑——他在自己世界之外发现了一个外在世界，而且开始将自己的内在世界向外在世界扩张。17个月后，又一个预料中的转变，改变了孩子体验世界的方式，那就是从对形象纯粹的知觉印象，到开始根据象征和语言的经验来加以了解，即从感觉到语言的转变。虽然语言更多的是依赖环境的刺激才能表现出来，然而，隐藏于其中、决定其走向与时机的却是儿童体内的"指导方针"，即儿童天生就有一种语言获得装置，这是一种学习语言的以生物学为基础的、先天的模块，儿童有了这样的模块，只要有后天的合适环境，儿童就会获得相应的与环境相一致的语言表达。到了18个月以后，孩子努力控制排便，当然这首先是需要训练的，包括在什么地方、什么时候，以及应不应当。不过体内的"指导方针"对中枢神经系统的成熟和肌肉的控制还是具有稳定影响的，即训练必须配合孩子的生理需求、能力和时机，否则无论是祈求、责备或是多么诚恳的态度，都会白费功夫。

所以，对婴儿来说，怎么看、怎么爬、如何说话都是很容易的事，因为这都是他的特质，属于自我装置的一部分。虽然，先天和后天的刺激会修正儿童观看的角度、移动的方式，会使他趋近或回避某些事物，但无论世界如何变化，婴儿自有对策，他体内的"指导方针"不但会影响他对事物的反应、自我内心世界的塑造，而且会影响他对旁人的反应以及人们对他的回应。

格塞尔通过长期的、大量的观察和归纳指出："婴儿带着一个天然进度表降生到世界上来，它是生物进化三百万年的成果。"格塞尔的研究告诉我们，儿童对他们自己的需要——什么事在什么时候去做，什么事在什么时候不去做——是非常明确的，因为他们有自己的成长时间表。格塞尔认为存在两类不同的时间，一类是生理节律的时间，一类是根据天文和文化习惯的时间。而婴儿在最初是依靠自己生理节律的时间来生活，打乱这样的节律，只能引起婴儿的不适反应。"一个自我需求的时间表是从器官时间出发的。要在婴儿肚子饿了才喂奶，在他瞌睡时才让他去睡，不要叫醒来喂奶；如果他（身体）湿了，感到烦躁，才给他换衣服。在他希望时，才让他参加社会游戏。他并不是靠墙壁上的挂钟而生活，而是靠他起伏需要的内部钟。"[1] 根据这样的研究结论，格塞尔的同事阿尔顿向成人特别是父母提出忠告：不要认为你的孩子成为怎样的人完全是你的责任，你不要抓紧每一分钟去"教育"他；学会欣赏孩子的成长，观察并享受每一周、每一月出现的新发展；尊重孩子的实际水平，在尚未成熟时，要耐心等待；不要老去想"下一步应发展什么了"，应该让你和孩子一道，充分体验每一阶段的乐趣。所有这些忠告都建立在一个基点上，即尊重成熟的客观规律。强调这一点，并不是否认环境的作用，也不是否认教育的价值，更不是对孩子放任自流，让他们为所欲为。对儿童来说，他们当然要学会控制自己的冲动来合乎文化的要求，但这样的控制必须是建立在儿童内在机能的成熟的基础上，为此，父母和儿童教育工作者应该在成熟的力量与文化适应之间求得合理的平衡，想要超越儿童体内的指导方针来实施教育和训练，只能带来两种结果：或徒劳，或伤害。

因此，最初的教育应该是遵从儿童体内的指导方针来进行，也就是让儿童自己教育自己一段时间，因为个人按照自己的方式来学习是最好的，大自然的教育也是让孩子从自我教育开始，而且儿童在刚开始也会履行自己教育自己的职责。他们在与环境的互相作用中，会主动吸收和改造周围环境里的各种信息，他们吸收信息就像消化并吸收食物一样，先将信息分解成元素，再按自己的方式将元素进行重新组合或创造。也就是在这个过程中，他们从无意识到有意识，从未成熟走向成熟，儿童主动地、积极地发展着自己。

>>> 儿童的成长大纲是教育教学的依据

根据儿童体内的指导方针，儿童的发展有自己的内在规律，也有一定的阶段性和连续性。儿童成长包括儿童自己的"成长大纲"和成人的"教学大纲"。儿童自己的"成长大纲"指的是儿童固有的、以天性为基

---

[1] 王振宇编：《儿童心理发展理论》，华东师范大学出版社，2000年，第33页。

础的"大纲",成人的"教学大纲"是成人制定的符合儿童需要的引导儿童的"大纲"。"大纲"的最早提出者是苏联著名的教育学家和心理学家维果茨基。[1]他认为儿童在不同的发展时期,遵循的"大纲"是不一样的,由此与之相对应的教学也是不一样的。

3岁前的儿童主要按照自己的"成长大纲"来学习,儿童所经历的发展阶段的次序以及每个阶段延续时间的长短,基本上由自己内在的指导方针以及从周围的环境中吸收的东西所决定,成人的"教学大纲"在这个阶段的儿童身上起不了多大的作用。如儿童在3岁前的语言,就是由儿童自己的发展水平所决定的,成人不能强迫儿童在什么时候和什么场合下开口"说话",因此,维果茨基将儿童这时期的教学称为"自发型教学"。儿童在6岁以后,开始具有接受成人教育教学的可能,也就是说,儿童从这一时期开始,已有可能采用某种教学和教育的大纲。在维果茨基看来,这时期可以对儿童实施"反应型教学"。所谓反应型教学,就是儿童在学校跟老师学习,这时与儿童"自己的大纲"相比,"教学大纲"在儿童的发展中开始起重要的作用,即这时期儿童的学习主要依靠成人的"教学大纲"。例如,比较复杂的数学教学就是一种反应型教学,这类教学一般适用于学龄期(6岁以后)的儿童。学前儿童(3—6岁)的教学处于这两种类型的教学之间,维果茨基将这种教学称为"自发—反应型教学"。

这三种教学运用到儿童身上就是:童年早期儿童在学习过程中能做到的只是与他的兴趣相符合的事情,而学龄儿童能做到教师要他做的事情,那么学前儿童的态度就是这样确定的:他做他要做的事,但他要做的事情,恰恰也是他的内在引导者想要他做的。[2]根据这样的思想,儿童早期是按照自己的"大纲"学习的;学龄期可以接受教师的大纲来学习,而学前儿童则是将教师的大纲转换成自己的大纲来学习的,而且学习效果取决于"教师的大纲变成儿童的大纲的程度"。这个程度,指的是

―――――――――
[1]维果茨基:《维果茨基教育论著选》,余震球选译,人民教育出版社,1994年,第378—379页。
[2]同上。

学前儿童在自己的"大纲"还没有发展起来之前是难以接受成人的教学大纲，即他是根据自己的特性、兴趣和思维水平来接受教师的教学大纲，任何超出他的大纲水平的内容他都无法接受。

由此看来，儿童成长的"大纲"是儿童教育教学的最佳依据，当然这个"大纲"与儿童一定程度的成熟性相关，也就是说儿童在自己的发展中首先应当达到一定的成熟度，只有在这样的情况下，他才有可能学习某门学科。

维果茨基的儿童成长"大纲"与蒙台梭利的儿童"有吸收力的心理"是一致的。蒙台梭利认为，发展是一系列的再生过程，人生的第一个时期是从出生到 6 岁。这一时期分两个阶段，即从出生到 3 岁、3 岁到 6 岁。在第一阶段，儿童具有成人所不能接近的心理，也就是成人不能够对其施以任何直接形式的影响；第二阶段仍然保持着第一阶段的特点，但是儿童开始能够在某些方面接受成人的影响。因此，3 岁是儿童心理发展的一个重要转折期。3 岁前儿童的心理以无意识为主，这种无意识的心理给儿童的发展带来巨大的潜力，正如蒙台梭利所说："我们必须称儿童的心理为无意识心理，这种无意识心理未必低劣，相反，它可能是最富有才智的……无意识心理正是儿童取得惊人发展的原因所在。"对待这一阶段的儿童，"从普遍意义上讲我们还不能教他们，他们只能作为我们所必须进行的研究的观察对象，通过研究观察来发现他们的迫切需要"。[1] 从 3 岁到 6 岁，有意识地"吸收心理"从环境中选择感官印象，并且进一步发展这些感觉。在这个阶段中，由于儿童对所了解的内容进行了提炼，因此儿童对事物具有了一定的选择性。例如，在无意识阶段，儿童仅仅看到一系列颜色，他还不能对这些颜色进行辨别。然而从 3 岁开始，他们发展起了辨别、配对以及对颜色进行分级的能力。儿童的这样一个转折，依然是通过积极的生活来完成的，他们也可以接受成人的某些教导了，但他们这时期的"学校只是为儿童准备的一所房子，而不是一所真正意义上的学校。我们为儿童预备了一个场所，在这里儿童可以直接从环境中吸收弥漫文化（diffused culture）而无需任何直接

---

[1]蒙台梭利：《蒙台梭利幼儿教育科学方法》，第 345、355 页。

教学"[1]。

根据儿童"成长大纲"的思想，儿童最早是从自己的"成长大纲"出发来建构自己的内在生活的，所以，儿童早期的教育和教学应该区别于学校的教育和教学。"如果我们给自己规定了任务，让儿童在学前期便完成学校大纲，就是说，授予儿童每门学科的按其逻辑编排的系统的知识，那么很明显，我们永远也不会完成这个任务，即将传授知识与使这个大纲变成儿童自己的大纲结合起来。"[2]从这个角度出发，儿童的生活是靠儿童主动去建构的，而且，在整个建构过程中，他是积极的和主动的。

二、儿童是主动的学习者

儿童不仅仅依靠体内的指导方针引领着自己向前发展，儿童先天具有的"有吸收力的心理"，能使儿童在正常的条件下，自动对环境产生一种自发的和主动的学习，这种学习的发生不需要悉心地指导、奖励或惩罚，因为它的动机来自儿童的内部需要。这意味着父母可以促进但不能强迫其自发学习。例如婴儿学习走路，是因为他们本来就是两足行走的动物；他们学习说话，是因为他们本来就有说话的潜能。学习对儿童来说，首先是一种内在的、主动的行为。

>>> 皮亚杰关于儿童主动学习的理论

"主动学习"作为概念与过程都是以儿童为主体的。作为一种概念，主动学习意味着儿童通过身体与心理活动去建构知识；作为一种过程，主动学习表示儿童积极地参与问题情景与解决问题的活动中，并且积极地运用各种各样的操作性材料。对于儿童的主动学习，皮亚杰曾经有过明确的解释："关于学习能否加速儿童认知发展的问题，其关键在于学

---

[1] 蒙台梭利：《蒙台梭利幼儿教育科学方法》，第 327 页。
[2] 维果茨基：《维果茨基教育论著选》，第 386 页。

习活动所指者是成人教导下儿童被动地学习知识，还是儿童在其生活情境中自行探索主动学到知识。我认为，教育的真正目的不是增加儿童的知识，而是设置充满智慧刺激的环境，让儿童自行探索，主动学到知识。如果在发展尚未达到适当水平之前提早教他知识，将会对儿童自行探索主动求知的行为反倒产生不利影响。"[1]

由此看来，皮亚杰把儿童主动学习与儿童的认知发展联系在一起。按照皮亚杰的划分，儿童有四个认知发展阶段，儿童在这四个阶段中，学习的任务、内容和方式是有所区别的。①感知运动发展阶段：从出生到 2 岁左右，儿童运用嘴、手乃至整个身体等运动感觉系统地去构建"图式"，开始发展"物体永恒性的概念"。"这个时期的智慧主要在求得实际效果，而不在阐明实际情况，可是这种智慧却能构成一种复杂的动作—图式体系，并按照空间—时间的结构和因果的结构来组织现实的东西，最后成功地解决了许多动作方面的问题（如伸手取得远处的或隐藏的物件）。但是，在缺乏语言或象征功能的情况下，这些结构的形式只是依靠知觉和运动的支持，并通过感知—运动的协调活动，还不存在表象或思维的中介作用。"[2]②前运算阶段：从 2 岁到 7 岁左右，儿童主要依赖具体的表现，即使用所在的地方与当前的情况作为参考的框架；语言发展不断加速；在思想与行动上以自我为中心，认为任何事情都有原因或目的；受到知觉上的限制，主要以"事物看上去的那个样子"为基础来做判断。③具体运算阶段：具体运算阶段是皮亚杰认知发展理论的第三个阶段。皮亚杰将"运算（operation）"定义为一种行动，这种行动能够在思想中，也能够通过具体材料来运行，而且在心理与身体上都是可逆的。具体运算阶段的儿童处于 7 岁到 12 岁间，在思考过程中开始使用心理表象以及符号，并能够进行逆向运算。在这个阶段，教师在讨论与解释概念之时，能够通过使用具体或者真实的物体促进儿童智力的发展。这一时期的儿童开始进行逻辑思维。④形式运算阶段：智力运算的第二部分是形式运算，这也是认知发展的最后一个阶段。"形式运算阶

[1] 张春兴：《教育心理学》，浙江教育出版社，1998 年，第 111—112 页。
[2] 皮亚杰、英海尔德：《儿童心理学》，第 5—6 页。

166

段"从大约 12 岁开始，到 15 岁结束。儿童能够处理越来越复杂的语言和假设问题，并更少依赖具体物体来解决问题，思维涵盖了过去、现在与未来；儿童科学地、逻辑地发展推理能力，能够运用成人所有的思考过程与能力进行思维。因而，到 15 岁的时候，儿童的思维能力已经达到十分完善的地步。皮亚杰的儿童智力发展阶段理论，给我们带来的启示是：智力成长是一个长期而渐进的过程，是在不受成人干扰的情况下进行的。

从皮亚杰的阐述和他的论著中，我们看到儿童的学习是一个主动建构过程，这样的过程反映着以下两条规律。

第一，学习从属于儿童的主体发展水平。处在不同运算阶段的儿童，发展水平不同，学习的内容和方式就会不同，学习的效果当然也会不同。一般而言，学习者原有的认知结构决定着当前学习的效果。例如，只有当儿童发展到接近于运算的水平时，也就是说他们能够理解数量关系时，他们才可以学习守恒的概念。

研究发现：①那些处于前运算阶段初期的儿童没有一个人能够成功地学习作为物质守恒初级概念基础的逻辑运算。只有 12.5% 的儿童从前运算阶段的初期上升到中期水平，大多数儿童（87%）没有表现出任何真正的进步。②一些在实验开始时处于前运算阶段中期水平的儿童中，有 77% 的儿童从实验的练习中得益，在真正的运算结构的基础上获得守恒的概念。只有 23% 的儿童不能达到守恒。③对于一开始便处于具体运算阶段初期的儿童，在实验情境中的进步是比较普遍的和完全的。他们中的 86% 理解了守恒，其中 64% 的儿童能够运用可逆性来论证守恒。可见，同一学习内容对处于不同发展水平的学习者来说，学习效果是不同的。学习者原有的认知结构决定着当前学习的效果。"为了学习构造和掌握一种逻辑的结构，主体必须首先学习一种更加基本的逻辑结构，然后加以分化并使之完成。换句话说，学习不过是认识发展的一个方面，而这一方面是由经验促进和加速的。"[1]

第二，学习是主客体相互作用的结果。皮亚杰指出："知识在本原上

---

[1] 皮亚杰：《皮亚杰发生认识论文选》，第 20 页。

既不是从客体发生的，也不是从主体发生的，而是从主体和客体之间的相互作用——最初便是纠缠得不可分的——中发生的。"[1] 皮亚杰把动作内化和格式外化的过程称为双向建构。在他看来，从感知与运动智慧到形式运算的发展，经历了内化和外化的双向建构的过程，而且在个体每一认识关系建立时刻，也体现着内化和外化的统一，即一方面，主体把外界信息同化于已经形成的结构，形成某种广义的物理知识，另一方面，也使主体结构顺化于物，在一定程度上使主体认知结构得到发展。皮亚杰既反对把发展理解为一系列外因造成的习得的一元论，也反对把学习和发展当作认知的两种独立来源的二元论。在皮亚杰看来，纯外因的习得是不存在的，具体的、单个的学习只能在已经形成或正在形成的认知结构中发生。从更概括的层次上讲，主体之所以获得知识，是因为主体的认知结构与客体结构同型，主体结构被应用于客体。

根据这样的研究结果，皮亚杰认为儿童不是去复制或熟悉一个已经存在的外在世界，儿童期的基本任务就是去构造一个现实，即儿童并不是消极地反映来自处在环境中的事物，而是像科学家搞研究那样，他们积极主动地去构成现实的观点。发展中的儿童，依靠的是三种变量的反应——神经系统的成熟、身体活动所获得的经验以及社会环境的相互作用来形成对外部世界的影响。在这三种变量之间，儿童主要是随着身体和社会环境的相互作用，并通过同化整合到已有的认知结构范围内来获得智力发展。因此，对儿童来说，学习是通过现有认知结构的适应而产生的，而"动作"是儿童主要的学习方式。依照皮亚杰的理解，"动作"是联结儿童主客体的桥梁，"动作"发展了，主客体各自的联系也就得到了发展。

由此，皮亚杰认为，儿童的天性是要按自己的目标去探索和接触环境，这也是儿童与成人学习的最大差别，因为儿童是按内在的需要去学习和探索的，而成人则是使用符号的和言语的操作组织信息以解决问题。

正因为儿童的学习与成人的学习有差异，所以早期教育更应该着眼

---

[1] 皮亚杰：《皮亚杰发生认识论文选》，第3页。

于发展儿童主动学习。因为，在皮亚杰看来，"儿童越小，对他们进行教学就越难"[1]。所以，在儿童的早期阶段，教育就是为儿童提供实物和环境，让儿童自己动手操作，帮助儿童提高提问的技能，了解儿童认知发展中存在的困难。因此，皮亚杰认为，教育包含着两个因素：一是成长中的个人，二是传递社会的、理智的和道德的价值。这两个因素在儿童的发展中起着同等重要的作用，教育者尤其要避免脱离儿童心理发展的自然规律，盲目追求价值和知识的传递。"每次过早地教给儿童一些他自己日后能够发现的东西，就会使他不能有所创造，结果也不能对这种东西有真正的理解。"[2]因为单纯凭借模仿，儿童难以建构应有的认知结构，从而使以后的学习变得困难。

从皮亚杰的理论和阐述中，我们看到儿童在他们的学习中扮演了积极主动的角色。儿童的学习，既受到他们已有的认知发展水平的影响，也受到他们所处的文化环境的影响，因此，儿童的学习是一个双向建构的过程；同时，学习对儿童来说，也是一个连续不断的过程。

>>> 儿童接受语言就是一个主动的学习过程

语言是儿童参与社会的一个重要标志，也是儿童思维发展的主要表现。皮亚杰认为儿童使用语言，就是开始使用象征符号。象征符号包括"义之所指"（signified）和"义之所借"（significant）两个方面。例如，儿童说出"鸡蛋"一词，词就是象征符号，即"义之所借"，而鸡蛋就是被象征的事物，即为"义之所指"。"义之所指"和"义之所借"的分化被皮亚杰认为是思维的发生，即儿童能够凭借"义之所指"对"义之所借"的客观事物加以象征化。另外，"义之所指"和"义之所借"的联系不存在于客观事物本身，而只存在于儿童的主观意识中，也就是说，儿童先天具有语言的能力，而语言作为社会生活中约定俗成的符号，儿童要在

---

[1]皮亚杰：《教育科学与儿童心理学》，傅统先译，文化教育出版社，1981年，第130页。
[2]皮亚杰：《皮亚杰发生认识论文选》，第21页。

一定的语言环境中习得。

儿童从出生之时就开始学习语言了。第一次啼哭、第一次咕咕声、第一声"爸爸"与"妈妈"以及第一句话,都是儿童正在参与语言发展过程的听觉证据。诺姆·乔姆斯基认为人类天生具有获得语言的能力。他假设所有儿童有一种允许他们去获得语言的结构或者机制,他称为"语言获得装置"(LAD)。幼儿的 LAD 运用所有的语言声音,处理很多语法的句子,甚至是从来没有听到过的句子。埃里克·伦勒博格已经对包括耳聋儿童在内的不同类型的儿童进行了天生语言获得问题的研究,得出的结论是:"言语产生以及语言获得的能力,根据已经建立起来的生物时间表进行发展。当时间成熟时,即达到我们称为'共鸣'的状态时,它们就会出现。儿童伴随他们所处的环境,变得有点'激动',以至于他们听到的以及一直在听着的声音突然获得了一个特别显著的地位。这种变化就像是崭新的敏感性的建设,他们的意识在一种崭新的方式中获得觉醒,从所有听到的信息中选出一些加以注意,而忽略其他部分。"[1] 埃里克·伦勒博格在这里提到"共鸣"时期,其实就是认为儿童在语言的发生过程中,"敏感期"发挥着重要的作用。儿童在语言的发展上存在着两个敏感期。第一个敏感期从出生时就开始,持续到大约 3 岁,在这段时间里,儿童无意识地从周围环境中吸收语言。第二个敏感期从 3 岁开始,持续到大约 8 岁,在这段时间里,儿童在他们的语言发展过程中是积极主动的参与者,并且学习如何使用交流技能。由此,我们看到,儿童学习语言是因为他们先天就具有学习语言的生物学基础,人的大脑构造似乎特别有利于语言的演化,不仅视觉领域和听觉领域直接相通,而且视听两个感觉领域和触觉领域也是直接相通的。因此,人在孩提时代就有能力领会需要视觉、听觉和触觉三者共同参与的语言符号。

尽管人类天生具有获得语言的能力,先天的"语言获得装置"使儿童获得语言成为一种可能,但语言的真正习得,如语言的具体内容——

---

[1] 乔治·S.莫里森:《当今美国儿童早期教育》,王全志等译,北京大学出版社,2004 年,第 187 页。

包括句法、语法，以及词汇等的获得与运用还得依赖后天丰富的语言环境，依赖于儿童与其他人之间的交流和交谈。最优化的语言发展最终依赖的因素是：尽可能多地与人进行交流。因为，对所有儿童来说，生物过程可能是一样的，但是，他们最终获得的语言内容会根据不同的环境因素而不同。

虽然儿童接受语言是一个主动的学习过程，但是，每种语言的产生都是任意的，即对一定的物体、事件的发音都是习惯成自然的，这就使语言具有社会性。从这个意义上讲，语言是文化的一个组成部分。人只要具备正常的生理和心理器官，任何语言都可以通过学习而掌握，但这样的学习必定要在一定的文化背景下才能实现。也就是说，儿童在某种社会群体中生活，学会说的就是这种社会语言；反之，任何社会的人如果一出生就被带到另外一个社会，一直生活下去，长大后说的一定是那个社会的语言。曾经有位埃及法老[1]把两个婴儿放在听不见人声的环境里抚养。法老起初认为，两个孩子"自然"会说出他们母亲的语言，然而两年以后，法老听到的只是呀呀乱叫——这两个婴儿不会说任何话。在今天，把一个刚出生的婴儿活生生地隔离开来是不道德的，因此对社会科学的研究来说，隔离长大的"野孩"的案例就具有非常大的吸引力。法国阿韦龙"野孩"维克多的训练结果表明，维克多的听力和理解力并不差，但是他在人类社会生活到40岁时，还不会说话。这两个例子告诉我们，语言学习有两个条件：一是人类的语言只有在丰富的语言文化环境里才能习得；二是语言学习需要抓住语言发展的关键性阶段，否则语言的学习能力会受到极大的影响。这样的结论实际上再次印证了皮亚杰关于儿童主动学习的两大规律，即学习一是依赖于主体的发展水平，二是依赖于主客体相互作用。

这两个规律其实也指明了儿童教育的方向，我们既不能脱离儿童的身心成熟水平，也不能脱离社会文化环境。但如何处理好这两者的关系，是不容易的，下面的这段对话能让我们去进一步思考这个问题。

这是一名母亲在与自己3岁的孩子交谈，母亲试图在纠正孩子的语

---

[1]法老，古埃及国王的称呼，因当时埃及人不得直言国王之名，故有此称。

言"错误"。

> 儿童：没有人不喜欢我。（Nobody don't like me.）
>
> 母亲：不。你应该说："没有人喜欢我。"（Nobody likes me.）
>
> 儿童：没有人不喜欢我。（Nobody don't like me.）

母亲与儿童之间的这种可悲的交流整整重复了8遍，直到出现以下的对话。

> 母亲：不。现在你给我听清楚。你要说："没有人喜欢我。"（Nobody likes me.）
>
> 儿童：哦！没有人不喜欢我。（Nobody don't like me.）

看来，这位母亲的努力是失败的，究其原因，有两个方面：第一，这个儿童的语言遵循的是一种直觉的语法规则，而母亲运用的是儿童不能理解的语法规则；第二，词语"喜欢"（likes）与儿童想要表达的意思是对立的，他想表达的是"人们不喜欢我"。

这段对话让我们看到，儿童主动学习的关键就在于儿童的"主动"，这种主动其实隐含了要建立在儿童对某件事物理解的基础上，也就是说，儿童一旦理解了某件事物，或对某件事物有了理解的生理和心理准备，他自然就会去探索这件事物，学习也就自然而然地发生了。

所以，即使没有正规的学校教育，任何婴儿也都能学会语言。只要让他们接触语音，常常与说话者平等地交流，自由地探索母语的语法规则，他们就能学会语言。心理语言学家斯蒂文·宾克说："语言，是不需要特别的努力和正规的教育就能在儿童时期自然发展的；语言的展开不需要理解其背后的逻辑关系；对每个人，语言的性质都是一样的，而且语言能力与通常的信息加工能力或智慧的行为能力是有区别的。由于以上原因，有的研究者把语言能力描述为一种心理才能、一种心理构成、一种神经的结构、一种标准的计算尺度。但是，我更喜欢这样一个诱人的术语‘本能’。它表达出了这样的意思，人总是或多或少地知道如何说话，而蜘蛛总是知道该如何织网。"本能，这个诱人的词语也许并不是非常合适，因为语言是儿童在后天的环境里进行大量的交流而获得的，但儿童在交流前已有的心理准备以及儿童独特的学习方式影响着语言能力的形成。为此，斯蒂文·宾克又提出：当儿童在解决已经准备充分的问题的时候，他们显得像天才一样，知道一些别人没有教过他的知识，但当他解决没有准备好的问题时，这将会是一个漫长而艰苦的过程。[1]斯蒂文·宾克的阐述充分说明了儿童接受语言就是一个主动的学习过程。6个月的婴儿开始咿呀学语，靠的只是机械模仿，对婴儿而言，学习语言不需要掌握语法规则，也不需要专门的语言教学，但只要孩子的耳边经常充满了声声不绝的话音、语调和词汇，只要孩子发育正常，他们就会下意识地对缭绕耳边的语声进行模仿，而且会主动地把单词组合在一起，形成自己从未听别人说过但能符合语法规则的只言片语。即使孩子并不明白自己脱口而出的话，也能按照一定的语法规则把各种词汇的单词组织在一起。

从皮亚杰的学习理论到儿童的语言学习，我们看到儿童是积极的、注重规则的学习者。在整个婴儿期间，生物性的倾向、认知的发展以及一个有回应的社会环境联合起来为婴儿的语言学习做了准备；到了儿童中期，儿童获取了多种语言技巧，这些技巧使得他们与他人能进行更加有效的交流。在语言能力发展的过程中，学习始终是伴随左右的，也就是说，儿童的发展受着它自身因素的影响，但学习对儿童的发展则起着进一步的促进作用。正如皮亚杰所认为的，"认知的发展是一个自发的过程，它与胚胎发生的整个过程紧密相连"，然而，"学习是由某个心理试验者的情境所激发的，或者由一种外在的情境所激发的"。[2]这种激发非常重要，因为只有符合儿童发展需要的情境，才能引起儿童真正的、有意义的主动学习。

---

[1]大卫·科恩：《天性：遗传如何影响孩子的性格、能力及未来》，王大华、周晖译，新华出版社，2003年，第83页，第85页。
[2]皮亚杰：《皮亚杰教育论著选》，卢濬选译，人民教育出版社，1990年，第16页。

三、成人是儿童成长的支持者

成人对儿童的影响和作用是不言而喻的。虽然儿童天生具有主动学习的倾向，他们依靠自己"有吸收力的心理"在后天的文化环境中主动地吸收对自己发展有益的"养分"，但是由于人在子宫中并没有获得成熟的独立生存的能力，甚至如直立行走这种最基本的人类行为，都是需要人出生后以成人为榜样去学习并不断练习来得到。因此，成人对儿童成长给予支持就显得至关重要。但这并不意味着成人就可以利用自己对儿童的这些"权威"力量，恣意地要求儿童沿着设计好的路线去行走。其实，这也是做不到的。真正能在儿童的成长过程中给予支持和帮助的成人，首先要了解儿童，了解他们的发展需要，了解他们自己构建世界过程中的困难，并在此基础上给予儿童需要的帮助。由此可见，成人是应该与儿童一起成长的，他们之间相互影响、相互作用、共同适应。

> > >　成人是儿童成长需要的基本资源

儿童需要与能给他们提供帮助的成人建立积极的联系。在儿童发展的最初阶段，与他们接触最密切的主要是父母。随后，教师介入孩子的学习与发展中。

我们在前面已经讨论过，儿童一出生就进入一定的社会文化遗产之中，文化与儿童是同构的关系，即儿童受着文化的影响，一定的文化模式会使儿童成长为特定的社会成员，但儿童并不是他所处文化模式的"刻板"，即机械地受着文化和成人的影响，儿童对文化也起着改造和建构的作用。从这个意义上来说，每一个儿童在成长过程中都是一座"孤岛"，他们需要依靠自己内在的力量去吸收与自己有关的"养分"，并形成自己的价值观和自己的生活世界。但与此同时，儿童在成长过程中又特别需要与人交往。儿童最初的交往行为，是与母亲的交往，然后是与其他成人、同伴，应该说，儿童与成人之间的交往在整个儿童的生活过程中没有中断过，也正是在这个丰富的交流中，儿童的生活世界得以建立。因此，儿童成长的每一步都需要成人的支持，正如德国心理学家埃里克森所说："没有相互依赖，人生将不成道理。"埃里克森的这句话，等于承认个人既是单独的，也是置身于一定的人际关系之中的。

在一些文化中，父母在某种程度上似乎被视为他们孩子的主人，他们被认为对孩子的行为和成就负有相当的责任。在很大程度上，孩子的成长对父母来说都是一种挑战。父母在孩子身上投入了很大的精力，如果孩子达到自己期望的成长值，获得预期的成功，那么父母会像投资其他最个人化的资产一样，一方面会感到高兴，另一方面会再次加大他们投资的期望。

教师作为儿童重建世界的参与者，他们被社会要求更多的责任，这是因为儿童的年龄越小，成人对他所担负的责任就越大。在20世纪60年代幼儿教育发展之前，人们对学前教育工作人员的角色与功能要求显然是理想化的，就如史坦顿（Jessie Stanton，1968）所描述的理想育儿学校的老师。

她应具有相当的教育程度，意思是说，她应该有心理学及医学的博士学位，最好还有社会学的基础。另外，她也应该是经验丰富的木工、水泥工、水电工，还应该是训练良好的音乐家及诗人……这样到了83岁时，她就可以当老师了![1]

用这样的标准去要求教师，显然是对教师的过高要求，这当然是不可能完全达到的，但这段话给我们的启示是，作为承担儿童教育的教师，仅仅具有专业的知识是不够的，因为家长乃至整个社会都希望他们是孩子成长过程中最可依赖的力量。

实际上，无论是父母还是教师，他们都是儿童成长需要的支持者，是儿童在成长过程中必不可少的依赖力量，具体表现在三个方面。

---

[1] 丽莲·凯兹：《与幼儿教师对话——迈向专业成长之路》，廖凤瑞译，南京师范大学出版社，2004年，第144页。

（1）儿童需要成人提供的安全感

儿童最初在成人这里寻求的是安全感。所谓安全感，是指在心理上感觉自己与别人有"依附关系"，感觉自己有所属。这种安全感对于儿童正常发展是必需的，因为从幼儿的天性出发，他们需要在熟悉和信赖的天地中安全活动。而幼儿安全感的获得只有在与某些照料他们并被他们所爱的人（通常是母亲）的亲密接触中逐渐形成。婴儿自出生那天起，就开始了与父母的交往，由于新生儿的交往能力极其微弱，在交往中主要以哭泣、吸吮、探寻和抓握等本能反射为手段。当然，这种手段的使用，对于新生儿是无意识的，但客观上构成了交往的信号，这些信号使母亲以拥抱、抚摸、哺乳等照看行为对婴儿做出应答性反应。在这种相互作用中，婴儿的生理需要得到满足，而且获得一种安全感。随着婴儿认知能力的发展，与母亲的交往活动的增加，婴儿获得了最基本的社会反应，即注视、微笑和哭泣，婴儿开始偏爱照看人，把照看人视为保护人。大约在 6 个月以后，婴儿与父母建立了稳定的亲子关系，在此基础上，婴儿形成了依恋。

依恋是亲子之间形成的一种亲密的感情关系。美国心理学家 M. 安思沃斯曾给依恋下了一个定义："依恋是一个人对另一个人所形成的一种感情关系。这种感情关系使他们在时空上联结在一起。依恋是有区别的和特定的，可能对一个人产生依恋而对另一个不产生依恋……我们通常把依恋视为提供爱或感情。"按照安思沃斯的观点，依恋是儿童与父母相互作用过程中，在感情上逐渐形成的一种联结、纽带或持久关系。起初，最强烈的依恋对象基本上是母亲或其他第一照看人，但对其他家庭成员的依恋发展很快，儿童很快向父亲寻求亲近，并且在与父亲接近时，会表现出极大的愉悦。接着，儿童又会寻找其他家庭成员作为自己的依恋对象。有人发现 18 个月大的婴儿，至少可以依恋三个人或以上。这表明，婴儿可以建立多重依恋关系，这是儿童社会化进程的第一步。

从建立依恋开始，父母亲以一种亲情的亲密关系影响着孩子。在这种氛围里，他们的陪伴给孩子以保护感，孩子自我生存的空间和基础得以实现。他们教导孩子：这个世界就是我们的家，是一个可安全居住的地方，是一个人类可以生存的环境，在这里我们可以成为我们自己，我们可以有自己的习惯、生存方式和行为方式。因此，生养孩子，从广义上说，就是父母给他们的孩子提供生活、生存的地方和空间，提供安全、温暖的环境，提供最初的养育和培育的环境，而婴儿在经过生命之初短暂的分离、迷失、没有安全基础的体验后，也找到了自己成长的"家园"。

好的学校与家庭一样，同样需要某种亲密和安全的感觉。学校在家庭和社区之间以及有些冒险的外面世界之间提供了一种中间的、过渡性的场所。学校应当有足够的安全感，使人可以感受到问题并解决问题，并能容忍质疑、争议和不同意见。学校的管理者和教师如果企图不惜一切代价去避免问题和困难，从教育学意义上说是不现实的。事实上，儿童的生活总是与克服困难联结在一起的，所有的成人都应该对孩子的问题和困难保持敏感性，但不能由此就把孩子关在一个狭窄的"理想的""安全的"环境里。儿童的成长需要的是一个"斑斓多姿的社会生态环境，那里有甜草莓，也有毒蘑菇；那里存在着善良，也可能隐藏着邪恶……"。安全环境的创造，就是"要让孩子知道，什么是甜草莓，什么是毒蘑菇，什么是有益的，什么是有害的，什么是对的好的，什么是错的坏的，什么是可以接受的，什么是必须拒绝的……只有让儿童生活在现实的社会生态环境中，我们才有可能使孩子把这一切看得明明白白、真真切切"。[1]

（2）儿童需要成人维持适度的情感

美国斯坦福大学儿童发展心理学教授丽莲·凯兹博士通过研究发现：成人与幼儿间若能维持适度的情感，可激发幼儿表现出有意图的行为（intentional behavior），而在表现这种有意图的行为过程中，幼儿可以学习到组织、调适行为的方式，进而追求并达到自己的目标。[2]幼儿很早

---

[1] 刘晓东：《解放儿童》，新华出版社，2002年，第54页。
[2] 美国心理学家丽莲·凯兹提出"情感强度"这一名词，并将之定义为"幼儿感觉某位特殊成人对他的在意程度"。详见丽莲·凯兹著作《与幼儿教师对话——迈向专业成长之路》。

就能表现"有意图行为"。婴儿在8个月大时，就已经能以肢体语言来吸引成人的注意，"告诉"成人他们想要或不想要什么，所以在生命的头一年，有意图的行为就已萌生了。但要特别注意的是，成人与幼儿之间的情感强度必须维持适度，任何"过之"与"不及"的强度都会妨碍幼儿有意图行为的发展。

幼儿有意图行为的发展，可以视为"形成假设、测试假设"的早期形式，是发展日后"因果关系"逻辑思考的基础。有学者曾针对具有安全感的幼儿的母亲的行为特质进行研究，发现比起不具安全感的幼儿的母亲，这些母亲经常与幼儿"面对面"说话，并且对幼儿的反应也比较强烈，而幼儿由于知道随时有人在回应他，他便会与照看者展开一连串的交叉反应互动，即"我说你应，你说我应"的轮流回应行为。这也就是儿童与成人间最早的互动经验，关系着儿童未来智慧的进一步发展。

当然，在这样的回应过程中，成人对儿童保持适度的自我肯定是非常重要的。因为适度的自我肯定是所有儿童都需要的，不论在学校或家里，无论是残障的还是正常的，也不论贫富、性别、种族、族群或国籍，每一个儿童都需要有适度的自我肯定。但自我肯定并不是人类天生所具有的能力，也不是在幼年时期凭空发展出来的。自我肯定是在人类成长过程中，由他人（对儿童有特别意义的人，如父母、兄弟姐妹、其他幼儿或成人）与自己的行为反应产生互动而发展出来的。换句话说，个人在成长的过程中，会从家庭、邻居、同乡、同学、社区及社会习得一些行为准则，而后逐渐发展出自己行事的准则，自我肯定就是个人以这些行为准则评价自己所得的结果。

儿童最早的自我肯定是在家庭中形成的，父母的价值取向肯定会影响到幼儿的行为准则。因此，个人用来衡量自己的行为"是否被接受""是否值得"或是衡量自己"是不是为人所爱"的标准，随着家庭的不同而有区别。如有的家庭以外貌美丽作为受人喜欢、受人重视的标准，而有的家庭则注重以知识获得的多寡为评判个人的标准，或把谦恭有礼、成绩优良等作为衡量儿童是否被接受、是否被肯定的标准。

当然，每个家庭都有权利为自己的孩子建立一些标准，不过，这些标准与随之而来的衡量常常是在不自觉或无意识的情况下产生的。学校的教师应该察觉并尊重每个家庭的标准。因为每个孩子到了学校，他们肯定还会习得学校的一些标准，当这两种标准发生一定冲突时，教师的指导以及同伴之间的帮助就起着非常重要的作用。

（3）儿童需要与成人一起成长学习

每一位成人心中或多或少都有一些希望幼儿养成的人格特质，而作为儿童来说，他们也希望以成人为模仿的对象来形成自己的一些品质，但儿童通常愿意与坚持立场的成人相处并建立良好的关系，也就是与拥有"权威"的成人在一起相处交流。

当然，"权威"是建立在拥有丰富的经验、知识和智慧之上的，而不是来自专制或溺爱。专制是指成人运用自己的权力，一味要求儿童服从自己的命令，而溺爱则是成人放弃自己的权威和权力，只要孩子有需要，马上就给予满足。这两种类型的成人其实都是放弃了对儿童的成长的要求，放弃了作为成人应该给予儿童在成长过程中的鼓励、要求和温暖。而有"权威"的成人在对待儿童的态度上是民主的，也就是会以关怀、支持的态度来运用其对幼儿的"权力"，会与儿童沟通说明为什么会设置某些限制，同时尊重儿童自己的意见、感觉和想法。

每个成人对待孩子的态度都会不同，如有些成人不会让孩子完全按照自己的建议去行事，而另一些成人则可能会毫不犹豫地将自己的观点强加给孩子。事实上，所有的儿童都需要父母和教师对他们的生活进行指导。因为儿童在成长过程中需要成人作为自己行为的模仿对象，这也是他们迈进成人社会之前要预先在自己的生活中进行的一种演习活动；与此同时，儿童也需要与他们"敬佩"的成人建立良好的关系，特别是在当前社会一步步走向多元化，不同价值的文化互相包容也互相冲突，儿童需要有值得自己信任的成人与他们一道去学习和探索，只有这样，儿童才能在变化无穷的社会生活中找到自己的位置，并进一步形成自己的价值判断，从而从容地参与各种社会实践活动。

>>>　　父母与教师为儿童的成长提供不同的支持

　　长期以来，在儿童教育问题上，家长和教师作为两支主要的力量，被认为当他们的教育力量一致时，对儿童形成的影响最大。但现代社会所面临的家庭及儿童教养问题似乎愈来愈多，如家庭结构的改变。在某种程度上，现代父母的压力会因为家庭人数减少而大幅增加，以往一个家庭里常有好几个孩子，父母对子女的成长与期望并不那么焦虑，而现在的家庭只有一两个孩子，随之而来的父母对子女成就的期望与焦虑就提高了。与此相对应，教师也开始承担更多的责任，一方面，职业的压力需要教师不断要求提高自己，另一方面，教师又要不断回应那些因家庭变化而有特殊需求的孩子。

　　在这种情况下，目前的社会对家长和教师都有太多的要求，一方面，父母要求担负起更多教育自己子女的责任，使子女更能适应学校的课程及校园生活，如现在大为流行的"亲子教育"课程也在这样的形势下产生出来；另一方面，教师又要承担起一部分父母的责任，即需要给儿童以足够的关爱。这样的趋势使得教师与父母双方都不堪重负，并互相指责：教师抱怨家长必须先提供给孩子足够的关爱，他们才能发挥教学的作用，而家长则认为孩子的学习成果不佳，是因为教师的能力不够。要解决这样的矛盾与冲突，只有重新认识双方的作用，也就是把双方教育的"一致性"首先建立在"差异性"的基础上，因为父母与教师身份角色不同，发挥的作用也应该有所差异。而且，就儿童本身来说，他们的成长需要是多元的，成人提供给儿童的教育影响也应该是满足他们的不同需要的。因此，教育力量的一致性首先是指教师和家长在教育内容上各有侧重，然后在此基础上父母与教师能相互沟通、相互配合，以此共同促进和支持孩子的成长和发展。

　　丽莲·凯兹博士通过研究父母及教师角色的差异指出：教师与父母的职责有很多相同的地方，这是因为幼儿本来就需要从教师那里得到如父母般的照顾和关怀，而且需要父母帮助他们吸收、学习各种重要的知识与技能。虽然教师与家长在角色功能上有重叠之处，但在本质上是不同的，这种不同可以表现在七个方面（见表 7-1）。

表 7-1 父母与教师角色本质的差异[1]

角 色 本 质	父　母	教　师
功能范围	全面，无限度	特定，有限度
关爱程度	强	弱
依恋程度	适度依恋	适度疏离
理　性	适度非理性	适度理性
自发性	适度自发性	适度目的性
偏爱性	偏心	公平
责任范围	个人	集体

根据父母与教师的角色存在的本质差异，我们可以认为教师与父母在担任儿童教育任务时，应该发挥他们各自不同的教育力量。

第一，父母对孩子的工作是全面的，而教师对儿童的工作是有一定"限度"的。葛契尔在讨论家庭与学校功能差异的问题时，曾经提出家庭与学校至少在两方面无法相互连贯：一是范围，一是情感。在范围方面，葛契尔指出：家庭的功能范围是全面而无限度的，学校方面则是特定而有限度的，家庭的功能应包括家里的责任、义务等。[2] 换句话说，凡是与幼儿有关的都属于父母"分内的事"，因此，子女生活的每一部分都属于家长的权责范围。但是，在学校里，教师与儿童的关系不论是在范围、功能或内涵上都是特定而有限度的，限于一些特殊界定、非属私人性质的领域。

的确，我们看到社会对父母角色的要求有别于对教师的要求，因为家长养育子女是没有规定的工作时间的，尤其是学龄前幼儿的父母根本就没有"下班时间"，是全天候的。一些亲子关系的研究也指出，亲子关系与师生关系的不同在于亲子关系是直接而亲密的，不仅有爱与支持，还有愤怒与管教。

---

[1] 丽莲·凯兹：《与幼儿教师对话——迈向专业成长之路》，第 165—166 页。
[2] 同上。

第二，父母应该与孩子保持适度的依恋，而教师应该与儿童保持适度的疏离。父母与孩子应该维持适度的、相互的依恋关系，依恋不足会危害亲子关系的良好发展，而过度的依恋又会令人有窒息和想逃离的感觉。教师与儿童则应维持适度的"疏离"关系，这种疏离指的是教师刻意与儿童保持适度的距离。根据丽莲·凯兹的研究，这种距离必须"适度"，因为凡是无法与学生保持适度距离而与学生维持过度亲密关系的教师，很容易陷入"情感衰竭"的困境，从而丧失感应的能力。但是，如果教师与学生间过度疏离，也会降低教师对学生行为的反应能力，同样无法达到更好的沟通。

适度的疏离还可以让教师客观据实地评价儿童的学习与发展情况。父母与教师对待儿童的态度应该是不同的，父母也许并不需要时常客观而据实地去评价自己子女的进步及发展状况，虽然父母对子女不实际的看法常常会让教师有挫折感，但从长远的角度来看，父母对子女所持的乐观及宠爱态度，都有助于子女的成长和发展。反之，如果父母对子女的发展总是抱着悲观的看法，那么可能会对子女造成很大的伤害，因为大部分的儿童都认为父母是无时不在、最深入了解自己、最安全的人，所以父母是知道"真相"的人，一旦父母的看法与教师的评价结果有出入时，儿童会倾向于相信自己父母的看法。父母与教师对儿童的评价差异，一是因为双方采用不同的评价标准，另一个原因可能是儿童在家与在学校行为表现出现差异。这种不同的评价当然会影响儿童对自我能力的评价，也会影响到儿童的正常发展。因此，父母与教师就儿童评价经常做沟通就显得非常重要。

第三，父母应该对孩子保持适度的非理性，而教师应该对儿童保持适度的理性。父母对子女的养育态度应该保持"适度的非理性"，因为无论是"过度理性"或"过度非理性"，都对儿童的发展不利。过度理性会让孩子认为父母太冷酷，由此引起种种的情绪困扰；相反地，过度非理性则使孩子难以预测人际关系，也会引发一系列的行为问题。

适度的非理性并不意味着混乱、慌张或漫不经心，而是强调成人出自内心强烈而深入的自我卷入。布朗芬布伦纳就曾经说过："儿童在发展的过程中，需要一位或多位成人提供长久而且非理性的参与，也就是说，为了让儿童正常发展，'要有一个人为他发疯'。"

相对地，教师对儿童的态度则应保持适度的理性，凡事都需要经过审慎思考，再根据本身对幼儿发展、学习以及教学法的了解，理智地规划教学活动。

第四，父母对孩子的态度应该是适度的自发性的，而教师对待儿童的态度应力求适度的目的性。父母对待儿童的态度应该是非理性的、自发的，因此父母的行为可能每天都有变化，儿童可以从这些变化与前后不同的行为中形成假设、尝试、验证，以了解生活中各种经验的意义。事实上，自发性的价值正如儿童的游戏价值一样，对儿童有着很大的促进作用，因为游戏也有自发、随意及变化的特性，正是这些特性衍生了许多让幼儿可以操作、探索的资料，从而转换成有意义的心智内涵。

与此相反，教师的态度应该力求适度的目的性，因为教师的教学是将外界多样而复杂的行为及刺激的范围缩小，将特定的资料及刺激提供给儿童，使儿童能在一定的范围内集中学习，以取得最大的效果。因此，大部分的教学是有一定的目标的，教师的教学也就是为了达成一定的目标来安排的。但是，教师的目的性应该有一定的尺度，如果教师在缩小刺激范围的过程中，未能顾及儿童的个别需求，或提供的变化及选择的机会过于浓缩，很可能会使儿童产生挫败感或无力感，这反而会降低儿童对教学的接受度。

儿童教育一直强调要满足儿童的"个别"需求，这其实是期望教师专注于个别儿童的需求，这样的要求会与父母的偏爱相混淆。事实上，教师不仅要顾及集体中的个别儿童，而且要兼顾集体的共同需求，而对每个儿童来说，他们也需要在集体的环境里学会倾听别人，与别人合作。因此，儿童的教育既需要来自不同方面的教育力量，也需要来自教师和家长的相互配合，这样的儿童教育才能符合儿童成长需要。而对儿童来说，在学校里与在家庭中的成长都是必不可少的，也都是真实生活的一部分。

四、教师是儿童学习环境的准备者

环境对儿童的发展起着非常重要的作用，因为儿童的身心是在内外界刺激的帮助下发展起来的，是个体和环境相互作用的结果。即使是动植物，为了发展自己的内在潜能，也需要一定的环境，如植物需要一个有空气、土壤、水分和阳光的环境，动物也需要一个可以自由觅食、找伴侣、建立"家庭"及满足各种不同本能的能够自由活动的环境。而人作为最复杂的有机体，就需要有更多的环境因素，以便能正常地生长与活动。

在著名的意大利小镇瑞吉欧·艾米丽亚，人们把环境视为教育儿童的重要因素，是除了班级两名教师之外的"第三位教师"，而且这位"教师"为了胜任工作，它必须是"有弹性"的，即幼儿与教师可以不断地对它进行修正，"以便维持符合时代的潮流，并回应幼儿与教师的需要，让教师与幼儿一起成为建构自己的主角"。按照瑞吉欧·艾米丽亚创始人马拉古齐的说法："我们重视环境，因为环境有能力去组织、提升不同年龄者之间的愉悦关系，创造出美好的环境，提供变化，让选择和活动能更加完善，而且环境的潜能可以激发社会、情感和认知方面的种种学习，这些皆对幼儿的福祉及安全感有所助益，我们也认为环境必须是一个水族箱，可以映照出想法、价值、态度以及身处其中的人们的文化。"[1]

像瑞吉欧·艾米丽亚这样的"有弹性"的环境是需要我们去创设的，因为我们生活中的许多环境都是有利于成人的，对儿童的自然发展并不适合。因此，我们必须对我们生活中的一部分环境加以改造，也就是按照儿童的需要来充分地准备和构建，使儿童在这种"有准备的环境"里能够按照自己的意愿来生活。而"有准备的环境"就是一个儿童自己能够完成学习任务，并运用那些有着特殊目的的材料展开活动以及教育他们自己的地方。它既可以是一个自由和独立的游戏环境，是有利于儿童可能的生活世界的构建的，也可以是一个人际交往的环境，儿童通过与

---

[1] 埃德华兹等：《儿童的一百种语文》，罗雅芬等译，心理出版社，2000年，第195页。

环境中的成人和同伴互动，可以学习和接触到各种文化，是有利于儿童现实的生活世界构建的。

"有准备的环境"虽然是成人为儿童创设的，但这种创设应该充分考虑到儿童的成长和发展需要，而且，一旦儿童进入创设的环境，他们就应该成为环境的真正主人而进一步对环境加以改造。通过成人和儿童创设的学习环境应该符合以下几点。

>>> 教师是儿童自由和独立的环境的创设者与支持者

自由是"有准备的环境"的基本特征。处于这种环境中的儿童能够自由地探索自己选择的材料，吸收自己发现的内容，真正达到自己教育自己的目的。蒙台梭利把游戏作为儿童的"工作"，把"家庭与托儿所"作为通过游戏而进行学习的"工作场所"，这种比喻传递了这样的信息，即儿童通过游戏活动全身心地吸收知识、投入活动之中并且集中展示自身的能量。儿童在游戏活动中是完全自由的，他能凭借想象能力，到达他想去的任何地方。

因此，在儿童游戏的环境里，教师要建立一种合乎科学的教育，其基本原则必须是使儿童获得自由，也就是使儿童从妨碍其身心和谐发展的障碍中解放出来。她说，通过研究隐藏在儿童内心的需要，尽可能地消除妨碍他所需要的"正常"发展的障碍，这就是使儿童获得自由。[1] 这种自由包括智能和道德两个方面。蒙台梭利认为，智能方面的自由是给儿童以活动的自由，使其智力得到发展；道德方面的自由则是要防止儿童为满足自己活动的欲望而出现的对抗性，也就是说减少对儿童的压抑和控制。其实，也就是儿童通过在自由的游戏环境里，通过自己的探索，获得智力和道德上的发展。

在正常情况下，儿童都有一种独立活动的欲望。婴儿从断奶时，就开始选择自己的食物，之后，要自己拿东西，自己穿衣服，自己吃饭，因此，教育要促使儿童这种欲望的实现，就应当给儿童充分的自由。当

---

[1] 蒙台梭利：《蒙台梭利幼儿教育科学方法》，第 416—417 页。

然，这种自由不仅是自由的一种外部标记，而且是一种教育手段，是儿童在独立活动中来获得的。如一个儿童在自己笨拙地移动时，掀翻了一把椅子，在地板上发出响声，他将获得他自己无能的一个明显证据；同样，当他无意中碰倒另一把椅子时，也会发出同样的噪声。在这个过程中，儿童会探索一些自己纠正自己的手段，如学会控制自己的行动，尽量绕开椅子所在的地方；同时，获得一些新的认识，那就是，椅子应该是固定在那里的，它应该是默不作声的。[1] 这种自控能力以及新的认识都是儿童在自由的环境里通过自己探索来获得的，因此，让儿童独立活动就成为获得自由的第一个条件。

当然，自由并不意味着儿童可以放纵自己，可以爱干什么就干什么。自由是要服从真理的，那就是在自由的基础上培养儿童的纪律性。其基本途径有以下两个：一是创造有秩序的生活环境。儿童，特别是幼小的儿童，每天的生活应该是有条理的，生活环境必须是安静而且有秩序的，这样容易让儿童形成自己的规律；二是让儿童有组织地"工作"。蒙台梭利说，假如没有有组织的"工作"，自由是无用的。仅仅任儿童"自由"而没有工作的组织就成为浪费。正像一个新生儿，如果不加抚养，任其自由，他就会死于饥饿，但是如果不能使儿童自由地运用他的机能，没有充分发挥他因积极活动而产生的精力，那种组织也是无效的。[2] 因此，真正的纪律就来自儿童有组织地"工作"。"工作"组织得好，便可以使儿童的"自我"得到自由发展，精力得以发挥，从而产生良好的纪律。当然，儿童的工作与成人的工作是有区别的，儿童的工作就是游戏，就是满足他们成长需要的各种活动。因此，儿童纪律的养成既不能靠强制，把儿童限制在指定板凳上不能活动，也不能靠宣传和说教，要求儿童排队、保持安静等，而应该是在自然自愿的游戏活动中使儿童理解纪律，在理解的基础上接受和遵守集体的规律。这样的儿童才会是主动的，才能在需要他们遵守规则时自己控制自己。因此，在儿童理解纪律的基础上能形成更大的自由。

---

[1] 蒙台梭利：《蒙台梭利幼儿教育科学方法》，第110页。
[2] 同上书，第112—119页。

由此，我们看到，儿童有准备的游戏环境是成人根据儿童发展的需要来创设的，这样的环境本身就已经融入了教育活动本身，儿童在这样的环境里，是享有充分的自由的，是能开展自己的各项"工作"的。当然，教师在"有准备的环境"里，是需要发挥一定的主观能动性的，具体表现在：第一，为儿童提供一种安全的心理环境，即民主、宽松、和谐、自由的教育氛围，对儿童的活动给予尊重、鼓励和支持；第二，除了给儿童提供足够的活动时空外，还应该在观察发现的基础上，给儿童提供一定的物质刺激支持；第三，教师和儿童是一起在环境里的，教师应该根据儿童的需要，适当适时地给予儿童帮助和支持。我们可以在"蒙台梭利小巢"里看到教师是如何为儿童准备自由、有教育意义的环境的，这个"小巢"是美国一个蒙台梭利公立学校为低幼儿童设置的环境。

这个小巢由9个2个月到14个月（此时，婴儿能够行走了）大的婴儿组成。有3个成人。在任何时间，儿童与保育人员的比例都保持在3：1。第一个区域是"运动区域"，配备有薄薄的地席，还有小亭子与横木，供儿童从地上站起时使用；地席也铺在房间其他的地方，这要看空间布置的情况。"运动区域"通常也包括一段楼梯。

"睡眠区域"，是小巢环境的第二个区域，这是一个每个人都配有垫子的分开的区域。这个区域还提供一个安静的地方，使婴儿无论什么时候想要睡觉，都可以满足他的要求。但是，这个区域要很容易通向其他地方，因为当婴儿醒来的时候，他或者她可以爬向或者走向成人。当婴儿想要睡觉的时候，可以自由地走上垫子，而醒来的时候，则可以自由地走下垫子。

第三个区域，"吃饭区域"，这个区域配有较低的、很重的"婴儿"桌子与椅子，而不是较高的椅子。婴儿能够很舒服地坐椅子与离开椅子。在喂养婴儿的时候，成人面对着婴儿，坐在很低的椅子上。这个区域不铺地毯，鼓励婴儿尽可能地自己吃饭，但是，教师不会让婴儿独自留在那里吃饭，因为吃饭是一个"社会场合"。这个区域还为喂奶的母亲准备了一个专门的地方……

最后一个区域，"身体照料区域"（换衣服、洗澡）要接近有水的地方。房间的任何地方都有摇椅。大部分房间都是平整的——不铺地毯——除了"睡眠区域"。这使婴儿能够更加容易地进行移动，并且使地板的清扫与消毒更加便利。还安排一个较低的凳子，婴儿利用这个凳子学习自己换裤子。使用童裤而不是尿布，从而使婴儿能够更加容易地进行移动，并且更能够意识到他们自己的身体功能。这个环境没有助步车、秋千、婴儿床或者较高的椅子——没有什么设施用来帮助婴儿进行移动。婴儿被放在地板上，并且到处移动。

如此说来，在小巢里，没有什么方案。婴儿就像在家庭中一样度过他们的时光：睡觉、醒来，与成人或者其他婴儿进行交流、使用为他们的发展而提供的材料、在环境中到处移动、走到室外——在花园中游玩或者散步、吃饭、洗澡等。[1]

在这个"小巢"里，我们看到教师精心为儿童准备的各个"区域"，在这样的环境里，儿童是自由的，他们可以任意选择各种材料进行游戏活动，因此，这样的空间是有利于儿童可能生活而构建的。但是，儿童不仅仅要有可能的生活，他还需要现实的生活，因此，"有准备的环境"还应该具有更多的含义，即环境应该是各种文化相遇的地方，儿童通过与各种文化交流，最后构筑起自己的文化。

>>> 教师是儿童动态的网状人际交往系统的构建者与参与者

动态环境系统是建立在动态系统观的基础上的。根据动态系统观，儿童的头脑、身体、生理和社会世界构成一个整体系统，驾驭着对新技能的掌握。这个系统是动态的或恒常运动的，其中任何一个部分的变化都会破坏当前机体与环境的关系。当任何变化发生时，儿童会能动地重组他或她的行为，以使系统的各个部分再度协调工作，但这是在更为复杂和有效的方式上进行的。

---

[1] 乔治·S.莫里森：《当今美国儿童早期教育》，第112页。

动态系统理论家承认，当儿童掌握了诸如走路、说话或加减法等相同的技能时，他们也会以自己独特的方式去运用这些技能。而且由于儿童的能力是通过环境中参与真正的活动建立起来的，因此不同技能在同一个儿童身上的成熟程度也是各不相同的。由此，儿童的发展就好比是纤维伸向四面八方的网，网上的每一缕线都代表着一个潜在的发展空间，代表着儿童发展的可能性。在这个动态发展系统里，每一个元素（包括人、材料等）都能成为促进发展的可能性因素。因此，在发展的时空里，这些元素都具有同等的地位，他们相互影响，相互作用，构成发展的共同体。

因此，教师在为儿童准备学习环境时，不能只限于某个固定的场所或儿童周围随时发生的事件和情况，而应该把能对儿童造成影响的环境因素都纳入进来。美国心理学家布朗芬布伦纳扩展了这个观点，把环境视为一系列相干结构，从家庭一直扩展到学校及儿童每天生活在其中的街坊，以及社区的系统。布朗芬布伦纳把这个环境系统称为生物生态模型，它共分四个层次，从里到外分别是：微观系统、中间系统、外在系统和宏观系统。[1] 每个层次的系统都是上级和下级系统相互包含、交互作用。例如，对幼儿来说，微观系统主要包括家庭、幼儿园等；中间系统是这些微观系统的相互联系，包括家园关系等；外在系统是将中间系统延伸到其他社会组织，如社区等；宏观系统则指文化或亚文化水平上相对一致的价值观，表现为在不同系统中相对一致的行为模式。在每一个系统中，儿童与成人以及环境的其他影响因素之间都存在着互动的关系。

环境最内部的层次是微观系统（microsystem），指的是儿童在即时环境中的活动和相互作用。布朗芬布伦纳强调，在这个层次上的所有关系都是交互影响的，也就是双向的。例如，幼儿园中，教师的言行影响着儿童的反应，但儿童的性格、能力也影响着教师的行为。一个友好、有礼貌的孩子很可能会引起教师积极、耐心的反应，而一个令人烦心的孩子则更容易受到教师对他的约束和惩罚。也就是说，在教师与儿童的交互关系圈里，任何一方采取的态度都会影响另一方将采取的态度和行为，如果来自双方的态度和行为能经常发生相互影响，那最后就会影响双方各自的人格

---

[1] 劳拉·E.贝克：《儿童发展》，吴颖等译，江苏教育出版社，2002年，第35—36页。

特征和行为方式。但是，这个交互圈的关系的建立或破坏，还会受到圈中第三方的态度的影响。如教师和儿童的态度当然会受到来自幼儿园其他成人的态度影响，如幼儿园中一个班级的两个教师能持有同样的儿童教育观念，当然更能鼓励儿童朝着积极的方向去发展。

为了使儿童获得最好的发展，育儿同样需要大环境的支持。中间系统（mesosystem）包括微观系统中的联系，如培养儿童成长的家庭、幼儿园和邻居之间的联系。在这个系统中，儿童在幼儿园中的活动表现不仅仅受到他自己能力或教师的影响，还受到父母参与幼儿园活动以及父母对孩子的期望或教育的影响，也就是说，父母、孩子的交互关系很容易影响儿童与幼儿园教师的关系，反之亦然。当父母与儿童和教师与儿童的关系彼此发生联系时，需要通过家庭和幼儿园的互访和信息交流相支持。

外在系统（exosystem），是指不包括儿童在内，但同样也对儿童发生影响的社会环境。代表外在系统的社会环境可以是正式的组织，如父母的工作场所或社区的服务机构，这些场所的制度或服务可以帮助父母更好地养育孩子；也可以是非正式的组织，如父母的社会关系网——朋友和大家庭成员，他们可以给出建议、提供陪伴甚至经济上的支持。研究表明，外在系统活动的崩溃会产生消极作用，如父母失业可能会导致父母虐待儿童的比率上升。

宏观系统（macrosystem）不是一个特殊的内容。相反，它包括价值观、法律、习俗和特定文化来源。宏观系统给予儿童需要的优先权影响，决定着儿童在其他三个层次环境是否能获得支持。如教师的儿童观受到他所处文化的影响，这决定着他在幼儿园中会采取何种行为来对待儿童。

根据布朗芬布伦纳的生物生态模型理论，环境并不是按固定方式一如既往地影响着儿童的静态的力量，相反，它是动态的，时时变化着的。另外，环境中各系统的内部之间，不同系统的各因素之间，都会产生影响。如文化中育儿观念的改变，当然会影响到幼儿园中教师教育行为的改变，也当然会影响师幼互动的关系；反之，微观系统中一些变化，如幼儿园教师教育教学观念的变化，也会影响着父母乃至整个社会对待儿童的态度。正因为如此，在生态学的观念里，我们看到，儿童发展既不由情景环境控制，也不由内部倾向所驱动。相反，儿童既是其环境的结果，也是环境的创造者，这两种关系构成了一个相互依存、相互影响的网络。教师作为这个网络中的一个重要资源，既是网络的重要构建者，也是这个网络的重要参与者，而且教师在参与过程中，自身也随之发展起来。而环境本来具有一定的预设情境，但随着活动的推进，它们本身也不断变化并适应着儿童和教师的发展需要。

在这样一个动态的、网状的环境系统里，儿童开始与各种文化相遇，在这里，儿童不仅仅是自己的教育者，还受到来自环境中每一个因素的影响。儿童与环境的每一个因素一样，都在发挥着自己的主体力量，也在构建着自己的主体价值，实现内外在生活的同构。也正是在这同构过程中，儿童的主观世界和客观世界建立起来，儿童进入生活世界之中，这不仅意味着儿童作为个体在生活和成长之中，而且意味着儿童在"他人之中"，"在世界之中"。

每一所幼儿园都应该是一个动态、网状的人际交往系统，其中的所有关系都是相辅相成的。在这个系统里，儿童通过社会交往来学习，教师是其中的协调者。教师应关注每一个儿童的发展，并且在广泛联系家庭、儿童群体、幼儿园环境、幼儿园其他工作者、社区以及更加广大的社会环境的情况下来开展教育活动。也就是说，教师要在情感、物质、心理等方面为儿童提供一个内容丰富的环境，这个环境应该能为儿童的身体和心理提供有力的支持。具体说来，一个内容丰富的环境是这样的：

- 能为儿童提供一个稳定的积极情感支持资源；不施加不适当的压力，环境里充满令人愉快的紧张。
- 能刺激儿童所有的感觉。
- 为处于不同发展阶段的儿童提供一系列不太容易也不太难的新鲜挑战。
- 允许儿童参加更多的社会活动，以增加他们与社会之间的相互作用。
- 促进儿童一系列技能与兴趣的发展，包括生理、心理、情感等多个方面的。

- 为儿童的活动提供很多的选择机会。
- 评估儿童努力发展的结果，给他们提供调整的机会。

更为重要的是，在这样的环境里，儿童能成为积极的参与者；同时，教师与儿童、儿童与儿童、儿童与其他人或物之间能有更多交流的机会。正如马拉古齐在瑞吉欧学前学校提出的那样："我们学前学校的墙壁会说话，也有记录的作用，利用壁面的空间暂时或永久性地展示出幼儿及成人的生活"，这样的学校，"用某种形象来比方，它就像是一艘航行于大海上的船，意思也就是家长将一直与我们同在这艘船上，一起出航见识不同的景观、变化、现象……也就是当一个人跟随幼儿的兴趣去看世界时，就会看到不同的景观、变化、现象等事物。家长必须了解，学校是一个会运作的生命体，因为幼儿的身心随时在改变，不只是生理的变化，还有心智或语言，等等"[1]。

因此，学校应该是教师、家长和幼儿一起工作、一起游戏、共同创造出的特殊的环境；同时，这个环境也是可以反映出个人生活和学校历史及文化的多元，是儿童可以构建起自己真正生活的地方。

---

[1]埃德华兹等：《儿童的一百种语文》，第194页。

第八章

回归儿童生活的教育主张（二）

回归儿童生活的教育是以儿童为本位的、以实现儿童的可能生活和现实生活为目的、在儿童生活世界的基础上来构建儿童的教育。它具体体现在儿童生活教育的目标、课程实践和教学活动过程中。

一、儿童生活教育的目的与原则

>>> 儿童是儿童生活教育的根本目的

生活教育的出发点是人。儿童是儿童生活教育的根本目的。

关于人作为教育的目的，杜威在 20 世纪初就给出了最有力的论证。杜威从人的生长或生长的人的角度出发，认为"教育的过程除了它本身之外没有别的目的，过程本身就是目的"。根据杜威的观点，真正的教育目的是在"连续不断的"活动中出现的问题情境的自然结果，目的是在过程中被内在地决定的，而不是在过程之外。如果把成人的环境作为儿童的标准，并依靠外部的压力来达到成人化的标准，那么这种外部强加给的东西，就不是教育的真正目的，"一个真正目的和从外部强加给活动构成的目的，没有一点不是相反的……在教育上，由于这些从外部强加的目的的流行，才强调为遥远的将来作准备的教育观点，使教师和学生的工作都变成机械的、奴隶性的工作"[1]。这样，人的生长就是目的，生活的情境变化了，教育的目的也发生变化，因为"除了更多是生长，没有东西与生长是相关的；除了更多的教育，没有别的东西能统率教育"。因此，从杜威的人的生长的教育目的来看，杜威非常尊重人的生长过程中的动态变化，即生长就是变化，生长是人的本性，因此人的本性也是变化发展的，教育目的就是尊崇这个生长和变化过程中的人。

儿童是教育的目的，必须追问"什么样的儿童是教育的目的"或"儿童的什么是教育的目的"这个基本的问题。根据关于儿童及生活的分析，笔者认为生活着、存在的儿童是生活教育的目的。或者更进一步说，儿童生活教育的目的是使儿童体验生活和存在的意义，成为完满的现实生活和可能生活的主体，即把儿童培养成为个体生活的主体和社会生活的主体。

使儿童成为现实生活的主体，就是要让儿童成为儿童生活的直接主人。因此，体验生活、理解生活和建构生活就成为生活教育的直接的、现实的目的。但多年来，我们的一些教育工作者把目标指向那些体现出功利色彩的虚无缥缈的未来生活，对现实存在着的、生活着的儿童漠不关心。其根源何在？恐怕与我们的传统文化所持有的儿童观有关。透视"童年"生活，儿童是为未来、为成人而生活的，很多时候，儿童与成人之间的界限变得模糊不清，儿童被鼓励像成人一样做事，说成人的话。"不要输在起跑线上"的口号，逼迫儿童迅速成长。在儿童能力与成人愿望发生冲突的时候，灌输、劝导、威胁和训斥的"物化教育"随之而来。这种教育的目的自然地也就观照着"未来的成人"，忽略了现实的儿童该怎样存在、生活，忽略了儿童作为一个完整的人的现实生存。这正如伊丽莎白·劳伦斯所批判的那样，"今天，我们却不问怎样使一个孩子成为一个完整的人；而是问我们应当教他什么技术，使他成为只关心生产物质财富的世界中的一颗光滑耐用的齿轮牙。"[2] 其实，教育不仅应当观照儿童明日的生活，而

---

[1] 约翰·杜威：《民主主义与教育》，第117页。
[2] 伊丽莎白·劳伦斯：《现代教育的起源和发展》，纪晓林译，北京语言学院出版社，1992年，第IX页。

且要重视儿童今日的生活。从某种意义上说，今日的生活比起明日的生活更为重要，因为，只有过好今日的生活，明日的生活才有可能建构起来。一个人的完整生活，是由每一阶段的完整生活构成的，只有体验过当下生活快乐的人，才会去追求未来生活的幸福。

儿童是现实中的人，儿童也是发展中的、具有无限可能性的人。如果儿童只在现实生活中生存，难免就会使人在具体琐碎的生活事件中忘却对"可能生活"的观照。由此看来，我们不仅要关注儿童的现实存在和生活，而且必须关注儿童可能的存在和生活，并在探寻可能生活意义的基础上，建构并实现可能生活，这也是生活教育的根本性目的。

从教育目的确立的角度讲，"可能生活"对儿童具有内在的价值，因为儿童就是从可能生活出发，去建构现实生活意义的。教育作为发展、影响人的内心世界和内在潜能的活动，就是要培养起儿童建构可能生活的能力，并在这个基础上寻找现实生活的本真意义。

儿童建构生活是一个过程，每一个过程都有其存在的价值和意义，尊重和理解儿童每一阶段的生活、生长和发展，就成为生活教育的直接目的。

>>> 儿童生活教育的自然原则和社会原则

儿童是双重存在的复杂生命体。作为自然的存在，儿童的成长受着天性的指引，教育首先就是要遵从儿童的自然天性，遵从自然对人的发展的规定性；作为文化的存在，儿童的发展又受到一定社会因素的影响，教育又要让儿童在"超拔自然"的基础上，获得人的生命的自由。

因此，儿童生活教育的原则从总体上来说，就是包括了教育的自然原则和社会原则。而且，"西方教育思想的双重原则——自然原则和社会原则并存"[1]且并重，应被认为是教育的普遍法则。20世纪教育理论和实践之巨擘——苏霍姆林斯基主张培养合格公民和幸福个人，实际上奉

---

[1] 孙培青、任钟印主编：《中外教育比较史纲》(古代卷)，山东教育出版社，1997年，第230页。

行的便是这双重原则。

（1）教育的自然原则

自然的教育是随着生命的诞生而开始的。儿童在刚出生的时候就已经是一个学生了，"自然"是他的第一位教师，成人的工作只是在"自然"的安排之下进行观察和追随研究，防止别人阻碍和破坏"自然"对孩子的教育。这样的一种教育，不再只是我们对儿童施加的外部影响，儿童教育应该是"激发和教导作为一种自我觉醒中的、具有思想和理智的生物人有意识地和自觉地、完美无缺地表现内在法则的过程"[1]。

夸美纽斯极其推崇教育的自然原则，他认为儿童与生俱来地拥有"知识、道德和虔敬的种子"，并鲜明地将"知识、道德和虔敬"这些精神现象与先验的自然界对接与沟通起来。他认为"把来到世上的人的心理比作一颗种子或一粒谷米是很正当的，植物或树木实际已经存在种子里面，虽则它的形象实际上看不出来。这是很明显的，因为种子如果种在地下，它便会向下生出根芽，向上长出嫩枝，嫩枝凭着它们的天生的力量，日后便可长成枝杈与树叶，垂着绿荫，点缀着花儿与果实。所以，我们不必从外面拿什么东西给一个人，只须把那暗藏在身内的固有的东西揭开和揭露出来，并重视每个个别的因素就够了"。因此，"教导的严谨秩序应当以自然为借鉴，并且必须是不受任何阻碍的"[2]，即教育和教学的原则可以效法自然，也就是从自然的本身去寻找。根据这样的思想，夸美纽斯从以下几个方面提出教育的自然原则，即延长生命的获得的原则；开发心智，使知识容易获得的原则；促使判断力变锐利，使知识能够彻底地被获得的原则。根据每条原则，夸美纽斯又总结出与之相适应的教育教学原则，如在"抓住机会，使知识一定能获得"的原则中，他提出九条教与学的一般要求，其中一则是，在自然的一切作为里面，发展都是内发的。比如：以一只鸟而论，首先形成的不是足爪、羽毛或皮肤，而是体内各个部分；体外各部分要到后来有了合适的时机再去形成。对教育的启示：一是学生首先应当学会理解事物，然后再去记忆它们，

---

[1] 福禄培尔：《人的教育》，第6页。
[2] 夸美纽斯：《大教学论》，第15、64页。

在这两点经过训练之前，不可强调言语与笔墨的运用；二是教师应该知道一切可以使悟性变敏锐的方法，应当熟练地应用那些方法。[1] 夸美纽斯通过教育的自然原则，实际上是告诫我们在儿童教育和教学上，要模仿自然对待事物的办法，也只有运用这样的方法，我们的教育才不会出现偏差，特别是对待年龄小的孩子。

与夸美纽斯一样，卢梭也非常重视儿童的自然性。他的"整个教育学说鼓吹的其实就是：尊重自然人，捍卫自然人，培养自然人。而所谓自然人，实际上就是人自身种种天性或种种自然性（naturality）的集合。……他在《爱弥儿》中就告诉人们，一个自然人儿童是在怎样的教育条件下茁壮成长而又未曾受到文化污染的"[2]。卢梭认为，爱弥儿从很早开始就尽可能地学着自己做事，丝毫不习惯依赖别人，更谈不上向别人炫耀自己的知识，相反，他能动地对身边的一切事物进行即时判断、预测和推理；他不饶舌而是默默地行动，他不谙世事却很清楚做何事对他合适。因为他一直处于运动之中，所以他观察到了许多事情，了解到许多结果，他从很早起就获得了丰富的经验，他向自然学习而并非向人类学习，他并非特意为了获取知识却受到了很多的教育。

这样，他总是按照自己的而非别人的想法行事，他不停地将身体的和精神的活动结合在一起，他愈是强壮愈是明白事理，判断力也就愈强。爱弥儿用这样的方法，使自己的肉体和精神同时得到锻炼，即不仅获得体力，而且获得一位智者的理性和一位运动员的旺盛的精力，还有与众不同且几乎所有的伟人都具备的特点……这就是自然教育的结果。

卢梭用爱弥儿来告诉我们，自然的教导与社会崇高的理想大相径庭。儿童通过工作（即运动）获得独立——身体以及思维的独立。他对别人的知识毫不在乎，他希望获取自己的知识，获取世界的经验，并凭自己的力量来感知整个世界。这种独立性的冲动在童年早期表现得如此强烈，以至于我们通常做出的反应是阻止这种冲动。然而，我们却没有意识到

---

[1] 夸美纽斯：《大教学论》，第83页。
[2] 刘晓东：《论儿童是自然之子——兼论自然界对儿童的教育功能》，《教育导刊》2005年第9期。

我们这样做的后果不是阻止儿童本身，我们阻止的是自然本身，因为儿童的意志与自然的意志是一致的，儿童在一条一条地遵循着自然的规律向前迈进。因此，儿童教育所要求的第一条原则就是为儿童提供一个能够发挥大自然赐予的力量的环境。这不是取悦孩子，任其为所欲为，而是指我们成人必须调整思想，与自然齐心协力，遵循大自然的规律，遵循环境经验的规律来教导我们的孩子。因为大自然总是能给人的发展以最好的安排，而且又朝着最好的方面去实行。最初，自然只赋予人维持他生存所必需的欲望和满足这种欲望的足够的能力，这时候最好的教育是身体的教育，给孩子提供安全的环境和足够的空间，让他的四肢能充分地舒展与活动。与此同时，品性的教育也开始了，因为"在一个人身上，头一次的印象是黏附得非常坚实的，只有奇迹才能消灭它们。所以，最谨慎的办法是，在很小的时候，就去把人形成到合乎智慧的标准"[1]，但是，这时期的品性教育还不能算真正意义上的理性的道德教育，而仅仅是通过适当的环境影响、示范和管教，使儿童从小怀有善良，萌生良心，节制恶意。这种教育，不仅必要，而且可能达到。习惯的教育也应及早养成，按照卢梭的思想，儿童生来既非"善"亦非"恶"，他们生来只有反射特性及几种本能，由此出发，或健康或病态的习惯即在周围环境的作用下养成，这些习惯主要取决于母亲或保姆的智慧。在起步阶段，儿童的本性具有难以置信的可塑性。心理学已揭示，每个正常的儿童都有自然的学习欲望，例如幼儿努力学走路、学说话，就是证明。这种自然的学习欲望应成为教育的动力。当然，对儿童的这种自然学习能力我们应该保持一定的敬畏，不应超越它的发展速度去安排教育内容，甚至在一定时期内我们还要学会"等待"它的成熟和发展。只有与儿童的发展速率同步的教育才是良好的教育。

所以，对待儿童，首先要尊重，不要急于对他们做出或好或坏的评价，让大自然先教导很长的一段时期之后，我们才可以去接替它的工作，以免在教法上同它相冲突。不要害怕错失良机，因为，由于错用时间而带来的损失，远比在那段时间中一事不做的损失还要大。而且，儿童本

[1] 夸美纽斯：《大教学论》，第31页。

身也不会消极地等待发展。卢梭认为"儿童时期就是理性的睡眠"，我们"不仅不应争取时间，而且必须把时间白白地放过去"，因为"在他们的心灵还没有具备种种能力以前，不应让他们运用心灵"，所以，"最初几年的教育应当纯粹是消极的。它不在于教学生以道德和真理，而在于防止他们的心沾染罪恶，防止他们的思想产生谬见"。[1]

（2）教育的社会原则

随着儿童的发展，儿童有意识的精神开始显现，儿童对待世界和生活的方式与以前有所不同。儿童已经不再像以前那样大部分时间处在"睡眠"状态，他们在与外界交往的基础上，开始形成自己的观念。观念成了儿童后期参与生活的方式。这时，理性已经从睡眠中苏醒过来。儿童的身体在独立获得的基础上，开始了"心"向自由的追求。这里的"自由"，当然不是一种"自由"[2]放纵。真正的儿童"自由"是儿童作为形成中的主体，在教育引导下对事物做能动的追求，并具有自我实现性质的一种积极活动状态。儿童自由是作为儿童个人的主体自由，与成人的主体自由一样，包含认识和实践自由；所不同的是，儿童是形成中的主体，作为主体特征的独立性、自主性有一个形成和发展的过程。当儿童从主客体混沌不分中产生了自我意识，开始认识和极为有限地"改造"事物时，认识论意义上的"自由"便伴随儿童独立自主性的初步确立而降临，但在法律规定具有完全行为能力之前，儿童自由是受到特定的限制的，其作为生活实践活动的行为受法定监护人监护，然而这并非排斥儿童自由，相反，却是肯定儿童个体的自由权利受法律保护。

儿童自由是教育引导和主体能动追求共同的结果。儿童自由是儿童通过活动取得的，但这种活动不是一般意义上的活动，而是在教育的正

---

[1] 卢梭：《爱弥儿——论教育》，第 93、118 页。
[2] 作为哲学概念的"自由"历来歧义丛生。有一种观点认为，"自由"就是"自由"，这样的观点虽然有一定的道理，但问题在于它近于否认客观世界的规定性，容易被理解为随心所欲、为所欲为的绝对自由，而绝对自由在现实生活中并不存在。而从教育学的角度看，"自由即由自"则有危害性，儿童是走向成熟过程中的人，是对父母、家庭、社会和教育有较大依赖性的群体，说他们的"自由"就是"由自"，等于是放弃家庭、学校和社会对孩子的义务和责任，等于是把他们降低为只需极短"自然哺育期"，便可以放牧野外"独自生活"的低等动物。因此，"自由即由自"在教育学上是有一定的危害的。

确引导下儿童确立"目的"意识，对"目的"中指向的事物所做的积极的能动的追求。与此相对应，儿童自由主要是智力活动的自由、道德实践的自由、审美创造的自由。

智力和以智力为基础的有关能力是儿童获得自由的基本条件。与智力活动相关的知识学习是必要的，但知识和他们的生活必须紧密相连，或者说，学习知识一定是出于生活的需要，学习"有用的知识"。这就需要克服现代知识教育的误区。现代教育也提倡生活和知识的结合，但只是在讲解知识时联系儿童的实际生活，做的只是"举一反三"，也就是为了帮助学生掌握知识本身而举的生活中的实际例子。这个知识联系生活的教育，还是为了知识本身，为了使其更加顺利地被儿童接受下来而占有、利用儿童的生活。所以，这样的知识不是源于儿童的生活，在某种程度上，这样的知识和生活是作为对立关系而存在的，它不是积极主动地对待生活的。真正的知识学习应该不仅仅是占有某些知识材料，而是对自身生活的学习。知识学习和做人是同一过程，精神的发展就是这样的过程：是精神对自己过渡到事物中或者参与事物的认识，实质是精神自我的认识。当精神参与事物时，这个事物绝对不单纯是和自己相异的"外部世界"，而是和精神自身紧密地联结在一起变为"内部事物"。因此，对这个事物的认识就是精神自身的认识，认识世界和认识自身是统一的。知识学习是从儿童自身出发，来对外部客观事物进行的"同化"和"顺应"，最后达到的发展是主动的、自由的。因此，真正的知识学习绝不是禁锢自身，而是从内到外的自由和解放，是为了让儿童获得更大的自由。

道德原则更多地表现为社会原则，它与儿童社会化的教育目标相一致。儿童早期虽然自主活动能力较差，但获得自由的自我实现感并不少，只不过这种"自由"往往只是成人喜欢儿童、关爱儿童、满足儿童的要求形成的主客体关系的和谐，儿童不能满足和长久地生活于这种表现为"和谐"关系的特殊的"自由"之中。儿童必须逐渐地接受社会文明的道德原则，学会道德自律，符合"人文"规范，这样才能超拔人自身的"自然"，脱离人的"直接性"和本能性，从"自然人"走向道德实践意义的"自由的人"。

然而，儿童道德领域的"超拔自然"并不是将人从其所具有的自然性中连根拔起。人的自然性包含了人最基本的生理和心理需要，包含了人类生存最原始的本性，道德教育若失去了与儿童的感性和现实基础的联系，则意味着部分地失去了人性，更何况人的自然性在道德伦理的严峻审视面前也有其合理性、辩证性。它带给教育的启示是，儿童的道德教育在培养儿童超拔自身之"自然"的同时，也应与儿童生命的自然之光相和谐，即儿童的道德教育也要遵循儿童自然发展的顺序。正如卢梭在教爱弥儿责任感的时候，首先不是教他如何对待别人，而是了解自己该如何拥有自己的权利，因为在卢梭看来，我们首先是要对自己尽我们的责任，我们原始的情感是以我们自身为中心的，我们所有一切本能的活动首先是为了保持我们的生存和我们的幸福。所以，第一个正义感不是产生于我们怎样对别人，而是产生于别人怎样对我们。一般的教育方法还有一个错误是，首先对孩子只讲他们的责任，而从来不谈他们的权利，所以开头就颠倒了。反思我们现代的道德教育，我们确实是把顺序弄颠倒了，我们在还没有让孩子学会"占有"观念的时候，就开始教"孔融让梨"；在还没有"享有权利"的时候，就让他们开始"尽义务"。这是一种完全脱离孩子"自然"之身的教育，其结果是孩子不但没有学会"让"和"尽义务"，而是在以后的时间一直"学"如何"占私利"和"独享其成"。因此，道德教育应该遵守的第一条原则也就是儿童教育的社会原则是"由里向外"的教育原则，也就是说，理性的道德教育应该从儿童的感性出发，从他们的"自然性"出发，这样的道德自由才能真正超拔于"自然"。

这与儿童在审美创造领域中自由活动的表现是一致的。儿童审美创造的自由是儿童用心灵去感受美、欣赏美并按照美的规律来建造的自由。这里的"美"有的来自自然界和社会，有的来自艺术活动，有的来自儿童的"劳动"，来自马克思所说的属于"实在的自由"的"主体的物化"，无论哪一种美，都伴随着儿童情绪情感上对愉悦、幸福、自由和自我实现心驰神往的感受。这是儿童经历了某种情感冲动后怡然自得的审美活动的感性快乐。这种感受在儿童体内伴有一系列复杂的神经生理过程，这种陶醉性的精神生理过程反过来又导致儿童对自由、对创造美感享受的情感和动机倾向。与儿童的社会性结合在一块儿的人的自然的规定性甚至制约儿童社会情感的形成和发展，因而可以说在儿童审美创造领域，儿童的自由在相当大的程度上表现为儿童"自然"的感性、个性和现实性相协调，尽管这种协调须以道德"善"和理性的法则为指导。

其实，自然与自由相结合的原则是儿童教育应该遵循的自然和社会原则。遵循自然，沿着它画出的道路前进，它能连续不断地锻炼孩子，用各种各样的考验来磨砺他们的性情，最后在自然的天性基础上构建起自己的内在生活；遵循自由，就是在自然的基础上"超拔自然"，让孩子在智力、道德、审美等各种能力上获得和谐和完整的发展，这也是儿童构建社会生活的必经之路。

二、儿童生活教育实现的历程

儿童的生活既然是自然与自由的和谐并存，那么，实现自然与自由的教育当然就要担负起这样的责任。只是教育并不完全是由人来掌控的，在教育者和受教育者之间，应该还有第三者的存在，这就是我们的教育教学都要遵从的自然天性。因此，儿童最初的教育是从自然开始，其也遵循自然，但人最终是要向着自由迈进的。

自然的人以自我的生活为基石，而社会的人则以参与其他人的生活为共同准则，把自己的生活和社会的生活融合在一起，也就是让儿童内在的生活和外在的生活达成一致，在这个过程中肯定会出现矛盾、困惑和不满，教育就是要调和这种矛盾，使人在发挥自然天性的基础上，获得自由的发展，从而又学会承担自由的责任。

家作为自然人展开的第一场所，母亲（或其他养育者）承担着照顾孩子的责任；学校作为自由人实现的场所，教师担负着把社会的准则转化为儿童所能理解和遵守的规则的责任。家和学校、母亲和教师，在完成教育的同时，也与儿童一起在生活中共同成长。

>>> 0—3岁儿童的教育

儿童初来到人世，人们就应当和必须按照他的本质去理解和对待他，让他自由地、全面地运用他自己的能力。儿童既不应当部分地受到束缚和压制，也不应当在以后受到控制，他应及早地发现自己身上的力量和肢体的重心和支点，学习如何休息和不受干扰地活动，学习自由地活动和行事，学习用自己的双脚站立和行走，并用自己的双眼发现和观察一切，以此均衡地使用他的每一部分肢体。因为对儿童来说，最初的表现是力的表现，力的作用引起反作用力，他会握住触及他小手的东西，他会朝着触到他脚上的东西踩去，与此同时，他的情感也会引起共鸣，他会对爱抚他的人表示好感，会感到快乐，会活泼起来。这也是儿童的、人的最原始的自我意识的开始。

因此，儿童最早的教育是身体的教育，教育任务是交给他自己进行的。儿童通过对外界事物的吸收进行和完成着这项工作，吸收是这一时期唯一的教育活动。儿童通过吸收也就是通过最初的力的使用把外部世界和内部世界联结起来，变内部为外部，变外部为内部，并寻求两者的协调和统一。感觉器官既是他吸收的工具，也是他"自发的内化"[1]工具。通过这种工具，儿童对各种事物都能产生最初认识，并在各种感觉器官的作用下，认识变得越来越全面。当然，这样的认识也依赖于儿童吸收的是什么样的事物，因每一种事物都有许多特性，而我们的不同感官也拥有不同的认识，如同一物质有气体、液体和固体三种形态，对气体的感觉归属听觉和视觉器官，对液体的感觉归属味觉器官，对固体的感觉归属触觉器官。按照儿童的不同认识器官，一般是听觉器官首先得到发展，然后通过听觉并在听觉的引发、制约和刺激下，视觉也得到发展，通过这两种器官的发展，儿童与事物之间、儿童与成人之间、儿童与言语之间建立了最亲密的联系，从而又诱引儿童去观察事物和进一步认识事物。当然，伴随着感觉的发展，儿童身上又同时地、有规律地发

---

[1] 福禄培尔认为儿童的感官就是"自发的内化"，即儿童通过感觉器官自动地吸收外界事物，并内化到自己的内部世界。

展对身体和四肢的运用，而发展的顺序又决定于他们自身的性质和物质世界的特性以及周围环境中人们对待他们的方式。因为，在这个时期，儿童内外部世界还没有开始分化，它们是混沌地存在于一个不分化、无多样性的统一体中。感觉器官在对外吸收的时候是没有选择能力的，它可能会吸收到好的东西，也可能把不良的、污浊的东西吸收进去。因此，母亲的工作应该在孩子一出生的时候就开始了。

母亲最初的工作体现在对儿童的照料和抚育上，母亲通过观察确立自己的照料方式，一切身体的需要，不论是智慧方面或体力方面，母亲需要给予满足。但是，母亲需要注意的是：多给孩子以真正的自由，少让其养成驾驭他人的思想；让孩子自己多动手，少要别人替他们做事。这样做的好处之一是能让儿童学会使用大自然给予他们的力气，在活动中锻炼自己的感官，另外，就是让儿童在刚进入人世的时候，学会控制自己的欲望。也就是需要区分哪些是儿童真正需要的帮助，哪些是儿童为了满足自己没有道理的欲望提出的要求。这一时期，儿童良好的习惯培养是非常重要的。卢梭认为"自然不过就是习惯罢了"，而"教育也只不过是一种习惯"。习惯的养成最早得自母亲的养育方式，对此，卢梭曾以儿童的哭举例。孩子最初哭的时候，是一种请求，如果你不提防的话，这种哭马上就会变成命令；由于儿童本身的柔弱，因此在一开始他们是想依赖别人，随后才想到驾驭和使役别人，当然这种想法的出现，并不是由于他的需要，而是由于母亲的养育态度。因为一个孩子如果长时间哭个不停，寻其原因，如果既不是受到了束缚，也不是因为生病或缺少什么东西，那么这样的哭就只是由于习惯或执拗的脾气，这不是大自然给予儿童的天性所使，而是母亲在孩子刚开始哭的时候，没有加以区分，采取一味满足他的要求，这样就使他知道他可以通过自己的哭来要挟成人，以后这样的欲望还会无限制地发展下去。所以，对待儿童最初形式的哭，母亲要做的只是坚定自己，让孩子哭下去，直到他打消哭的念头，当然母亲也可以用一个好看的东西区分他的心，让他最后忘记了哭，这也就是对待儿童最初的教育艺术。

由此，我们看到，最初时期的儿童教育是配合儿童无意识生活的需要来进行的，是属于自然和事物的教育。这一时期教育的主要任务是让儿童的身体能自由地活动，让他们的感官得到锻炼，也让他们的内部力量发挥出来；成人（主要是母亲）的工作，是从培养儿童良好的习惯入手，这包括进食、睡眠、情绪情感的稳定等。这一时期的教学属于"自发型教学"。儿童最初的游戏是运用四肢，6个月大的婴儿就知道玩自己的手，这就是游戏；大约1岁3个月起，孩子在游戏中不仅能做成人教给他们做的动作，而且开始做一些他们自己观察到的动作，如打扮自己、梳头、拥抱或亲吻玩具娃娃等；1岁半以后，孩子会把各种各样的东西拿来作为玩情节游戏的代用品，从这个时期起，他们逐渐能够独立游戏了。但是，成人在这个时期的帮助依然非常重要，如孩子在游戏的时候，你可以不时地问问孩子："给我看看，你做了什么呀？""你坐车到哪儿去？"如果孩子愿意让你知道他玩什么，你一定要有所反应，不但要支持和表扬他，而且要提出问题，使孩子的游戏变得复杂些，时间长些，更有趣些。成人也可以参加孩子的游戏，与他们一起玩耍，但要注意的是，成人在与孩子一起游戏时，不要把现成的游戏强加给孩子，因为这样会使他们失掉对游戏的兴趣，当然，提供给孩子游戏中足够的玩具娃娃和其他玩具用品是必需的，有了这些东西，孩子就能够表演他所见到的成人的各种活动。

1—3岁是儿童学习语言最敏感的时期。儿童与成人交往的发展和复杂化推动着他的语言的发展，如果成人只限于在生活上照顾孩子，而缺乏语言上的交往，或者父母过分关心孩子，总是在他未说出需要什么东西之前抢先去满足他的愿望，都会使孩子在语言的发展上受阻。因此，成人应该重视同孩子的语言交往，首先成人要用清楚的语言表达出自己的意思，同时也要启发孩子清晰地、尽可能明白地用语言来表达自己的愿望，等他说清楚了，才满足他的要求。有了这种良好的交往，儿童就能使用语言清晰地表达自己的想法。一旦这个过程开始，儿童的发展就开始了新的转折，儿童开始把内部世界与外部世界联结起来，婴儿期结束，幼儿期来临了。

　　婴儿时期，儿童努力吸收环境中的一切，是内外部世界混沌不分的时期。到了幼儿期，儿童的语言发展起来。当儿童用语言表达自己愿望的时候，人的内在本质发生了变化，儿童不再把内外部世界混淆在一起，他们开始力图向外表现自己，并向外宣告自己的存在，有意识的生活开始出现。当儿童在外部和通过外部表现内部本质并力求达到内外部力量一致时，真正的人的教育开始了。当然这一时期的人的教育还是要服从于自然和事物的教育，儿童仍然要锻炼自己的体力，并学会把握自己的力量，正像卢梭说过的那样，你要紧紧地占据着大自然在万物的秩序中给你安排的位置，即你天生的体力有多大，你就能享受多大的权力，不要超过这个限度，否则痛苦就会紧随而来。因此，成人对儿童的教育就不能超出他们的能力，硬让他们服从的结果只能促使他们起来反抗你的专制，使他们为了得到奖励或逃避惩罚而采取撒谎的行为，最后使儿童习惯于用表面的动机来掩盖秘密的动机，并学会不断地捉弄人的手段。因此，了解儿童应有的体力和能力并在此基础上进行引导才是符合自然的秩序和教育的要求的。

　　游戏和说话是儿童这一时期生活的主要内容。处在这一发展阶段上的儿童，视每一件事物都是有生命、有感情、有言语能力的，并相信每一样东西都会听他说话，所以在他看来，他周围的其他一切东西也能进行与他相同的活动，不管是一块石头、一块木头、一棵树、一朵花还是一个动物。其实这也正是儿童内在本质向外显现的一种表现。因此，这一时期的教育就应该把儿童的生活同自然中有声或无声事物的生活联结在一起，而游戏正好满足了这种需求，当然这种游戏在最初仅仅表现的是自然的生活。福禄培尔认为，游戏是儿童在这一时期发展的最高阶段，也是他内在本质的自发表现，同时也是人的整个生活、人和一切事物内部隐藏着的自然生活的样品和复制品。游戏调和了儿童内外部世界的平衡，而且儿童在这时自发选择的各种游戏是整个未来生活的胚芽，决定着他将来对父亲和母亲、家庭和兄弟姐妹的态度以及对社会和自然的态度。但儿童这一时期的游戏已经不满足于运用四肢来进行，也不满足一个人摆弄玩具，他需要与成人一起，也需要与同伴群体一起去扮演未来生活的角色，更需要在同伴群体中找到自己的位置。

家庭依然是这一时期儿童生活的主要场所。在家庭范围内，父母抚育子女的内容和目的就是唤醒、发展孩子的全部力量和全部素质，培养人的四肢和一切器官的能力，满足他的素质和力量的要求。通常，母亲出自自己的天性，在没有任何指导和要求也没有经过任何学习的情况下，都能本能地、自发地对孩子进行教育，但这是远远不够的。母亲必须把孩子看作一种有觉悟、有意识的生命体，有意识地引导孩子实现人的经常不断的发展，并在自己同孩子之间建立起内心的、活生生的、自觉的联系。母亲可以用自己母爱的天性，也可以用学习到的儿童知识实现这样的联系，如："把小胳膊伸给我。""你的小手手在哪里？"这实际上是母亲力图让孩子知道并想象他的身体的多样性和四肢的差异性，而"咬咬你的小手指头"的话语将会引导孩子去观察和认识一个同自己密不可分然而又可能是客观认识对象的事物。这样的游戏对儿童来说是非常重要的，因为它可以把孩子原先狭小的外部世界由整体到局部、由近到远逐渐地展现在他面前，世界在他面前不断得到扩大；并且，还可以使用这种方式把外界事物本身及其空间关系展示在孩子面前，从事物的静止状态再到动态过程，孩子对事物的认识由此不断得到加深。

随着儿童对事物认识的加深，他们同时需要在群体中与同伴交往。3 岁的孩子开始会注意到其他孩子，他们也试图与其他孩子"对话"，虽然这样的"对话"是非常困难的，但这是他们迈进社会生活的第一步。今天的家庭显然在满足孩子的这个愿望上有困难，因此上幼儿园成了孩子生活中的一个重大的事件。从家庭过渡到正式的教育机构，从一个熟悉的环境进入一个陌生的环境，这对幼儿来说，将是一个重大的考验。但是，经过一段时间的适应，孩子能表现出充分的自信，他们会表现出更多参与集体生活的愿望，他们想要并且也能够接受大量的任务，如他们喜欢走到不同的地方，喜欢做各种不同的事情，并力图完成某一项具体任务，且在这一过程中尝试与其他人一起合作。

福禄培尔倡导的教育理念与幼儿园方案几乎已经影响了整个世界。在福禄培尔看来，幼儿园是一个儿童与其他儿童一起开展游戏的场所，是一种根据儿童的本性来对待儿童的场所；儿童就像花园里的花朵，幼儿园要为儿童才能的增长、感官的训练以及天性的发展提供方法。把福禄培尔当时倡导的幼儿园与当今的幼儿园进行对比，我们看到，今天很多的幼儿园与福禄培尔当时所想象的幼儿园有着很大的不同。很多幼儿园的教育方案是以学科、知识或教师为中心，而不是以福禄培尔当初所预想的那样以儿童为中心。另外，幼儿园不再只是儿童通过游戏发展的地方，而变成了一所真正意义上的"学校"。在这些变化中，有些内容是必要的，但如果脱离了儿童发展实际需要去对幼儿园进行"革新"，这就值得我们进一步去反思了。

　　幼儿园应该是什么样子，幼儿园的教育应该给孩子什么呢？罗伯特·福尔弗姆在《我确实需要知道我在幼儿园所学到的一切》中所表达的观点也许能告诉我们幼儿园教育的基本要素。

　　　共同分享任何事情。

　　　公平游戏。

　　　不要打人。

　　　将物品放回原地。

　　　整理自己弄乱的东西。

　　　不要带走不属于你的东西。

　　　给别人带来伤害时，要说"对不起"。[1]

　　应该说我们不会对这些学习内容提出异议。但是，今天许多人期望儿童能从幼儿园的教育方案中获得更多的东西，因为他们认为儿童在幼儿园中获得的教育能为将来的学校生涯以及整个人生奠定坚实的基础。正是出于这种看法，人们对幼儿园教育的期望越升越高，即希望儿童既能在幼儿园中学习社会、语言、行为与科学知识，也能在幼儿园中学习

[1] 乔治·S.莫里森：《当今美国儿童早期教育》，第244页。

将来在人生的舞台获得成功所需要的技能。事实上，我们知道，在幼儿园时期要想完成这所有的任务是不可能的，也是做不到的。

幼儿园的教育应该有自己的任务，这样的任务是从儿童出发，为儿童服务的，也是为成功地把儿童从幼儿期带入学龄期来制定的。这一时期的教学主要是从儿童和成人的两个角度出发来进行的，属于"自发—反应型教学"，也就是说教师的教育和教学是从儿童自身的能力和水平出发，教师只是儿童成长需要的有力支持者，课程目的和计划的制定应该是在儿童活动中根据儿童的需要随时进行变更和修改。

> > > 6岁以后儿童的教育

幼儿时期，儿童竭力使内部的东西变为外部的东西，是自我意识萌发和苏醒的时期，而到了6—8岁上小学的初级阶段[1]，儿童开始努力使外部的东西成为内部的东西，开始能关注到别人对自己的看法和评价。如从"自我"发展来看，婴儿期是"无我"的，整个世界是混沌的一个整体；幼儿期是以"自我"为中心的时期，儿童学会了区分内部与外部世界，但在这一时期，即儿童认识世界的时候，他是以"自我"为中心的；到了小学初级阶段，儿童开始了解"他我"，即儿童能"去自我中心"，能通过别人对自己的评价，重新认识自己。"反应型教学"成为一种可能。这一时期，儿童体力的发展已经超出了思想的锻炼，理性开始从睡眠状态中苏醒过来，观念成了儿童参与生活的方式，这使得儿童能把自然的天性和自由的要求统一起来。知识的学习在这一时期被提上了议事日程，但是，知识的学习在于学会思考，而不仅仅在于学会知识本身。

观念的培养要慎重。我们首先要教育孩子对自己尽责任，我们原始的情感是以我们自身为中心的，我们的一切本能活动首先是为了保持我

[1] 6—8岁这段时期的儿童经常被看成小学初级阶段的儿童，实际上，6—12岁这段时间经常被认为是"中间年龄"或者"儿童时代的中间阶段"，指儿童早期时代与青少年时代之间的年龄阶段。相应地，儿童早期教育不应该仅仅关注6岁以下的儿童，小学初级阶段的儿童也是早期教育要关注的对象。

们的生存和我们的幸福的，所以，教给孩子的第一个观念，不是如何对别人，而是如何对待自己，也就是让他们首先了解自己的权利，然后再告诉他们应尽的责任。因此，对孩子来说，应该具备的第一个观念不是自由的观念，而是财产的观念，也就是让他们拥有几件"私有"财产，让他们学会管理，并保护好它们。卢梭让爱弥儿拥有了一块自己的田。他们种上蚕豆，并每天给蚕豆浇水，当蚕豆长出来的时候，卢梭对爱弥儿说"这是属于你的"，并进一步解释这个词的意思。卢梭使爱弥儿意识到他在这里投入了他的时间、他的劳动、他的辛勤以及他的人格，使他意识到在这块土地上有他自己的东西，任何人来侵犯，他都有权制止，正如他自己的手，任何人来强拉，他都可以把它缩回。卢梭用这样的方法开始了他对爱弥儿最早的道德启蒙教育，也就是"拥有权利"的教育，这种教育是从儿童的天性要求出发来进行的，同时也应该与儿童在这个阶段道德发展的水平相符合。皮亚杰确定小学阶段有两个典型的道德思维阶段："他律"阶段——关于正确与错误的概念由他人来决定，"自律"阶段——关于正确与错误的概念由自己来决定。一二年级的儿童正处于"他律"阶段，这一阶段的典型特征是"约束关系"。在这个阶段，儿童对好与坏、正确与错误的概念受着成人的影响，如果他们判定一种行为是"错误的"，是因为父母或者教师说它是错误的，这说明，儿童对道德的理解建立在成人权威以及那些"约束"他们价值的基础之上。到了三年级，儿童尝试在同伴之间以及与成人之间交换关于正确与错误、好与坏的看法，道德水平开始向"自律"发展。"自律"不是通过成人的要求和干预获得的，而是通过儿童亲自参加社会实践来获得的，当然，成人可以给儿童提供适当的帮助。维果茨基认为成人可以为儿童的发展搭建"支架"，即不断地寻找儿童的"最近发展区"，在帮助他们达到更高的思维水平的同时，促进他们道德水平的发展。当然，在这一时期的道德教育中，行动应该多于口训，因为儿童容易忘记他们自己说的和别人对他们说过的话，但是对他们自己所做过的事情，就不容易忘记了。

知识的学习是必要的，但是，知识的学习一定不要脱离儿童的生活，或者说，学习知识就一定是出于生活的需要，即学习"有用的知识"，因为"有用的知识"可以使他们享用一生，而且对他们来说也是最基本最实在的知识，并和他们的生活融合在一起。在这个问题上，我们要走出现代知识教育中的误区，它虽然也提倡生活和知识的结合，也要求知识要联系儿童的实际生活，但是，那是从知识的角度出发，为了使知识更加顺利地被儿童接受下来，所以这个知识不是源于生活的。从某种意义上来说，它是来占有和束缚儿童的生活的，是来压制儿童的天性和自由之心的。

真正的知识学习与自由并不相违背，也不背叛儿童的天性需求，知识学习和做人是同一过程。抱着这样的知识学习观，小学初级阶段的教学主要应让儿童了解事物之间的一般关系和特殊关系，以便他们能找出事物之间的本质联系，而不总是考虑到诸如读、写、算这样的基本技能。虽然很多小学极其重视这些技能的学习，花费很多的时间与精力来传授和训练这些技能，但是，一些教育批评家以及基础教育改革的倡导者，并不将此作为合理教育的"基础"；相反，他们认为教育的真正基础是"思考"，其基本原理是：如果学生能够思考，他们就能够在充分理解的情况下参与学科课程和技能学习，并主动参与工作场所与现实生活的规定与要求之中。

正因为如此，学校中的教室应该鼓励的是"思考的文化"，这种"思考的文化"隐喻着这样的一种教室环境，即在这里，语言、价值、期望与习惯等因素相互影响、相互作用，促进良好的思维、精神的形成与发展。

三、儿童生活教育与课程

生活教育需要对儿童的生活进行建构。虽然儿童是儿童生活的主要建构者，但是符合儿童成长需要的课程将有助于儿童获得更好的发展。实际上，儿童在成长和发展的过程中，也需要进入学校去接受教育。当然，这样的教育应该摒弃"物化""工具化"的培养模式，在理解、尊重儿童本真生活的基础上，为儿童提供符合儿童需要的生活教育课程。

> > >　　儿童生活教育的课程观强调儿童个体经验与文化的同构过程

　　课程观是人们对课程的基本看法。具体说来，课程观需要回答课程的本质、课程的价值、课程的要素和结构，以及课程中人的地位等基本问题。课程观支配着课程设计、课程实施，影响着儿童发展。

　　一直以来，对"课程是什么"有着种种见解和讨论，但综观种种论点，主要反映在以下两种观点的争论上。

　　第一种课程观是知识或学术理性主义课程观。这种课程观把课程视为"学科"，或者把课程视为"知识"，认为课程的价值在于为学生未来生活提供充足的理性准备。尽管学术理性主义者对课程的看法多种多样，但基本观点是一致的，即认为课程是儿童为未来成人生活做准备的一种手段，或者是提供具体有用的知识。斯宾塞把"生活预备"的知识中心课程推向了极端，他明确地提出课程就是为儿童未来的生活做准备。20世纪50年代后的学科课程的设计与实施也同样受到了"生活预备"的课程价值观的支配，以布鲁纳为代表的认知发展课程理论所强调的课程，实质就隐含着这样的一种课程观："学校教育的目的在于提供给学生一整套适用于各种情境的基本的认知技能。"[1]在这里，课程虽然不再仅仅是为学生未来的生活做准备，但它追求心智在获得知识的过程中发展，其总目的是发展心智，即把心智作为课程的终极目标和价值，这实际上就是把学生的认知作为课程追求的价值。因此，这还是属于一种知识取向的课程观。由此，我们可以看到，知识或学术理性主义课程观是以知识为中心的。

　　第二种课程观是经验或自我实现课程观。这种课程观把课程视为经验，认为课程是促进儿童自我实现的手段。这种课程观从人的本性出发，强调以人的内在天性为中心来组织课程。自我实现或经验的课程观由来已久，最早可溯源到卢梭的自然教育。卢梭认为对儿童进行的最早教育

[1] 郭元祥：《教育的立场》，安徽教育出版社，2009年，第152页。

就是自然教育，在课程问题上，卢梭在《爱弥儿——论教育》中写道："不要对你的学生进行任何种类的口头教训，应该使他们从经验中去取得教训。""我们主张学生从实践中去学习。"实际上，卢梭反对不顾儿童的意愿强迫让他们去读书，强调儿童应该在经验和活动中去学习。杜威把经验课程观的理论和实践都进行了发展。在杜威看来，"经验"具有生长的价值，儿童的生活就是"经验的不断改造"，儿童的生活就是经验的不断积累，课程和学习就是吸取"经验的过程"。因此，经验课程观是以儿童为中心的。

以知识为中心的课程在我们的教育体系里占据了很长的一段时间，但在近十几年来，这种课程观不断受到批评和挑战。经验课程观强调儿童在课程中的中心地位，注重经验和活动对儿童生长与发展的价值，反对为学生规定固定不变的知识体系，这无疑成为人们在设计课程时采用的新的指导思想。近年来，平纳、格鲁梅特、弗莱雷等一批研究者在经验课程观的基础上，运用现象学、解释学的批判理论，对以儿童的生活经验为中心内容的课程进行了新的思考。如平纳、格鲁梅特认为，课程是学生的"生活经验"，是个体"履历经验"的重组，是学生生活世界独有的东西。[1] 由此，他们主张不要从设计、教材、学程等角度来谈论课程，而要从儿童过去经验和未来精神解放的角度来讨论课程。平纳进一步认为：要获得个体的自由和解放，学校课程绝对不能局限于系统化的书本知识，而要观照个体作为"具体的活生生地存在"的"生活经验"，因为"人的生活的深刻性只有在独立个体的生活领域中去寻找"，而不能从个体以外去探求；从课程实施的角度看，学生对课程的学习是依照着自己的"履历情境"，是依照自我的生活经验来理解课程所提供的客体文本。由此我们可以认为，课程是我们向儿童告知的关于我们的过去、现在和未来的生活的一种经历；同时，课程也是一种文化产物，课程传递着文化，同时又被文化修正。这就好比我们生活在文化之中一样，在我们描述课程之前，我们也生活在课程之中。

由此，课程不再仅仅是知识本身，课程也不再仅仅局限于儿童的经

---

[1] 郭元祥:《教育的立场》，第120页。

验，课程应该从儿童的经验出发，是儿童经验的建构过程，同时也是人类经验和儿童个体经验相联结的过程。这种课程观注重儿童个体生活与人类文化在课程中的同构过程，即在儿童成为课程主体的同时，课程也需要引导儿童通过反思和创造性的实践建构人生的意义。因此，课程需要向儿童的生活世界回归。当然，这样的回归，绝不是简单意义上的对日常生活的复制和刻写，而是把儿童作为一个活生生的、整体的、生活着的人来看待，让儿童在教育中、在生活中获得生命的整全性和和谐性。从这样的一种思想出发，生活教育课程观中的课程可以理解为强调儿童个体经验与文化的同构过程，是一种以人类生活经验和个体生活经验为内容、通过儿童在生活世界中对这些内容的批判和反思的实践过程。

>>> 课程内容的设计要考虑儿童心理结构和人类文化两个演进过程

课程是沟通儿童的现实生活和可能生活的教育中介。一直以来，课程在设计的时候要考虑三大因素，即社会文化、知识系统和儿童发展水平。实际上，要想兼顾这三者的关系并不是一件容易的事情，而一旦课程的内容在选择上有所偏颇，随之而来的后果是显而易见的。但是，在这三大因素中，儿童作为课程设计中要考虑的最重要的因素，它与课程存在着怎样的关系？

杜威认为：儿童与课程仅仅是构成一个单一过程的两极，正如两点构成一条直线一样，儿童现在的经验以及构成各种科目的事实和真理，构成了教学。[1] 从儿童现在经验进展到有组织体系的真理即我们称为各门科目的内容，是继续改造的过程。杜威的这种理解其实并不认为儿童与课程是完全不同的，也就是说，在学校中学生学习的各门学科，如数学、语言、地理、音乐等，它们本身就是经验，当然这种经验是种族的经验，是通过人类一代一代努力而积累起来的文化的成果。各门学科把这个成果不是仅仅作为一种积累，也不是作为一堆五花八门的片段的经验，而是以一些有效的有组织的形式把它们呈现出来。在这个呈现过程

---

[1] 约翰·杜威：《学校与社会·明日之学校》，第120页。

中，实际上也包含着对这些"成果"的继续改造过程。

因此，进入自己的经验里进行学习和进入各门学科的经验里进行学习，对儿童来说都是必需的。只重视儿童自身的经验，就等于把儿童现在的能力和兴趣本身看作决定性的内容，把儿童的学习和成就看作固定的、不变的，这是一种错误的观点。其实儿童现有的经验绝不是自明的，也不是终极的，它是会转化的，向前发展的，现有的经验只是某些生长倾向的信号和标志。同样，如果我们只看重学科的知识和经验，等于说我们否认了儿童的未成熟状态，否认了具有能动性的儿童的内在的发展力量。这两种观点都是极端危害的，都没有真正理解什么是儿童的发展：前者只希望教师对儿童抱有足够的同情心和具有关于儿童天赋本能的知识就够了，学习就是让儿童自己去思考，自己去创造，并希望儿童在自己思考和创造的过程中从他自己的心中"发展"出事实与规律来，而不提供任何必需的环境条件；后者则会强调教师在具有充分的学科知识的基础上进行大量的训练，希望通过教师的训练和控制"发展"出一定的教育教学规律来，儿童在这些"规律"的引导下就能获得进一步的发展。

真正符合儿童生活的课程，在课程设计的理念上，就是要强调课程与生活的整合，即课程与活生生的现实生活相符合，与儿童发展的价值一致；同时，课程要反映生活的需要，体现课程对儿童现实生活和可能生活的关注、关心与关怀。

儿童生活教育课程的内容可分为课程目标、课程内容和学习活动方式三个方面，三者构成课程的内在结构。从这样的划分出发，课程设计包括课程目标设计、课程内容设计和学习活动方式设计。

课程目标设计应着眼于满足儿童可能生活的需要，并努力建构起儿童的现实生活，即课程目标设计要强调课程与儿童生活、社会和文化发展的联系，超越单一的"学科中心"，联系社会生活和儿童生活；同时，课程目标设计也应强调引导儿童积极主动地处理人与自然、人与社会，以及人与自我的关系，发展他们对待自然、社会及自我的情感、态度和价值观。

课程内容设计要关注整个人类的文化演进和儿童个体生活的演进过

程，因为儿童的发展虽然是一个特定的过程，有着它自己的规律，但发展也需要在适当的和正常的条件下才能实现。因此，课程内容在设计和选择的时候应该考虑以下两个方面。

一是课程内容设计要符合儿童心理结构的演进过程。儿童的发展有其规律性，无论是身体还是精神，发展既有连续性，又有阶段性，每个不同的阶段在发展上都有其特殊的要求，教育可以利用一定环境去影响它，但这个发展的进程还是受着儿童"体内的指导方针"的指引。因此，课程内容在选择和设计的时候，一定要考虑儿童心理发展的速率，既不能加快，也不能延缓它的发展进程。

二是课程内容设计要考虑人类文化的演进过程。"历史从哪里开始，思想进程也应当从哪里开始，而思想进程的进一步发展是历史过程在抽象的、理论上前后一贯的形式上的反应；这种反应是经过修正的，然而是按照现实的历史过程本身的规律修正的。"[1] 这段话其实是告诉我们，逻辑的与历史的一致的原则是思想理论建设的方法，这"其实也是指导课程设计的方法"，即"儿童对文化的接受过程，大致是按照文化在人类历史上发生、发展的顺序在儿童身上以简约化的方式重演的"。[2] 按照这样的理解，为儿童选择的课程内容，应该与人类思想进程的发展顺序一致，即课程内容设计应该与各门学科的发展演进一致，即从混沌到精细，从简单到复杂，从整体到分化。

但要注意的是，这两个演进过程在课程内容设计上应保持一致，因为"个体儿童的发展与人类进化的进程是有可比之处的"[3]，即人类进步的每一阶段，从野蛮到文明都被认为同儿童发展的每一阶段相对应。根据这样的思想，儿童在某一阶段的学习内容可以参照一个特定历史时期的文化。因此，儿童心理结构的演进过程与人类文化的演进过程在儿童身上可以反映为两条平行的轨迹，课程内容的选择和设计就是要找到和把握这两条轨迹，使儿童更适合他应有的发展。

[1] 马克思、恩格斯：《马克思恩格斯选集》（第二卷），中共中央马克思恩格斯列宁斯大林著作编译局编，人民出版社，1972年，第122页。
[2] 刘晓东：《儿童教育新论》，第298页。
[3] 同上书，第26页。

儿童的学习活动方式包括理解、体验、反思探究和创造等。其中，体验和感悟是基本的活动方式，这就要求课程在设计时，给予儿童相应的体验和感悟的空间，由此关注"生活"的意义，获得人生的真谛。当然，这样的体验和感悟也要建立在儿童理解、反思和创造的基础上，因为只有这样，儿童才能在生活的基础上，构建起自己的生活世界。

　　儿童的教育是以儿童的生活为起点的，儿童生活的过程就是儿童发展的过程。发展是一个永恒的主题，发展关联着儿童的肉体与精神。儿童"身"系自然，即发展顺应着人的天性；"心"向自由，即发展也需要适应社会的文化。从自然走向社会，儿童带着天性走向文化，教育也就成了儿童生活的一个重要组成部分。

　　在现代，教育与儿童到底是怎么样的一种关系？我们应该为儿童提供一种怎样的教育环境？这实际上已经成了制约儿童与教育两者共同发展的问题。尽管迄今为止我们对"儿童的潜在能力""儿童生长的自然秩序"知之甚少，但教育家的探索还是为我们指明了方向，那就是，无论是家庭教育还是公共教育机构的早期教育，成人若能对儿童的成长减少不必要的干扰和限制，并能通过悉心观察儿童的行为表现，根据儿童的实际情况及时给予帮助或指导，也许就可以减少儿童成长中的困惑。

　　但是，"神童""天才儿童"的培养浸透着成人以及社会给予儿童的太多的期望，我们希望我们的社会和文化能够很快地迈入文明时代，我们希望我们的孩子能很快超过我们……所有的重负压在了儿童身上，教育作为完成这些重负的中介，也受到了一定压制。而"教育"的本义，无论是在西方社会还是东方社会，指的都是人格影响，并且"教育"一词还有"引出"之义，即教育影响是从儿童原有的意识中引发出来的。因此，今天制度化的教育需要重新回到它的本义上去，即回到儿童本真的生活中去向儿童的生活世界回归。

儿童在生活世界中成长，儿童的生活是儿童生长的世界。因而，回归生活世界的儿童教育，必须关注儿童的生活内容、生存的状态以及可能的生活，即观照儿童的生活和生活中的儿童。儿童永远是儿童生活的主体，任何成人不能用自己的生活和生活世界来代替和规范儿童的生活以及生命历程。因此，儿童的教育首先要放手让儿童自己去构建自然的、内在的生活，在此基础上我们成人才可能引导和帮助儿童去构建社会的、外在的生活。当然，儿童的生活建构要求体现教育的生活意义，通过教育来完善儿童的生活，儿童在体验生活和领悟生活真谛的基础上，达到人格的自我建构。

回归儿童的生活世界并不是要排斥科学世界，科学世界只有融入儿童的生活，才对儿童的人生和生命有意义。因此，学校教育作为儿童生活的重要组成部分，需要构建适合儿童生长的自由、独立的环境系统，教师、儿童、家长等其他环境因素在这个系统里形成一种互动的人际关系，这些关系相辅相成且相互支持。教师是这个有机整体的协调者，教师应强调每一名儿童的发展，并且在广泛联系家庭、儿童群体、学校环境、学校其他工作者、社区以及更加广大的社会环境的情况下来开展教育活动，以此来给儿童的身体和心理发展提供有力的支持。

生活是一个永恒的话题，它不仅属于儿童，还属于成人。对儿童生活的探源，就是对我们人类本真生活的追寻，只有让儿童回到他们应有的生活中去，成人才能找寻到自己的精神家园。

本书到此告一段落，但研究远远没有结束，甚至应该说仅仅是一个开始。因为对儿童意义和儿童生活的探索是永无止境的，而这样的探索可以在两个层面上进行：观念的厘清可以帮助我们正确地认识儿童和儿童生活，而走进儿童的生活则需要搭建"对话"的平台，即与儿童真正站在一个立场上，进行相互间的沟通和理解。本书的阐述更多的是从观念层面，即是对儿童生活及儿童教育应持的态度和立场的思考和探讨，虽然有来自对儿童生活和教育的现实调查及思考，但要真正走近儿童，走进儿童的生活，需要付出更多的努力，也需要继续做进一步的研究。

　　曾经读过一段儿童的话，说："我们心灵的围墙有二十英尺（约6米），成人的梯子只有十英尺（约3米），他们永远也无法走进我们的内心世界！"也许，正如儿童所说，我们永远无法完全走进他们的内心世界，但只要我们站在儿童一边，进行真正的思考，我们就可以不断地缩短这十英尺的距离。

一、著作类

［1］杨贤江：《新教育大纲》，人民教育出版社，1961年。

［2］马克思、恩格斯：《马克思恩格斯选集》（第二卷），中共中央马克思恩格斯列宁斯大林著作编译局编，人民出版社，1972年。

［3］马克思、恩格斯：《马克思恩格斯全集》（第四十二卷），人民教育出版社教育室编，人民出版社，1979年。

［4］黑格尔：《精神现象学》，贺麟、王玖兴译，商务印书馆，1979年。

［5］张焕庭主编：《西方资产阶级教育论著选》，人民教育出版社，1979年。

［6］尼尔：《萨默希尔学校》，转引自《现代西方资产阶级教育思想流派论著选》，华东师范大学教育系、杭州大学教育系编译，人民教育出版社，1980年。

［7］皮亚杰、英海尔德：《儿童心理学》，吴福元译，商务印书馆，1980年。

［8］皮亚杰：《发生认识论原理》，王宪钿等译，商务印书馆，1981年。

［9］皮亚杰：《教育科学与儿童心理学》，傅统先译，文化教育出版社，1981年。

［10］列维-布留尔：《原始思维》，丁由译，商务印书馆，1981年。

［11］拉伯雷：《巨人传》，成钰亭译，上海译文出版社，1981年。

［12］亚里士多德：《政治学》，吴寿彭译，商务印书馆，1981年。

［13］皮亚杰：《儿童的心理发展》，傅统先译，山东教育出版社，1982年。

［14］陈鼓应注译：《庄子今注今译》，中华书局，1983年。

［15］弗洛伊德：《精神分析引论》，高觉敷译，商务印书馆，1984年。

［16］鲁迅：《鲁迅论儿童教育》，董操等编，山东教育出版社，1985年。

［17］伊·谢·科恩：《自我论》，佟景韩、范国恩、许宏治译，生活·读书·新知三联书店，1986年。

［18］马丁·布伯：《我和你》，陈维纲译，生活·读书·新知三联书店，1986年。

［19］陈鹤琴：《陈鹤琴全集》（第一卷），北京市教育科学研究所编，江苏教育出版社，1987年。

［20］弗洛伊德：《精神分析纲要》，刘福堂等译，安徽文艺出版社，1987年。

［21］胡伊青加：《人：游戏者——对文化中游戏因素的研究》，成穷译，贵州人民出版社，1987年。

［22］S.南达：《文化人类学》，刘燕鸣、韩养民编译，陕西人民教育出版社，1987年。

［23］玛格丽特·米德：《文化与承诺——一项有关代沟问题的研究》，周晓虹、周怡译，河北人民出版社，1987年。

［24］约翰·霍尔特：《儿童怎样学习》，张达明等译，吉林教育出版社，1987年。

［25］D.埃尔金德：《儿童发展与教育》，刘光年译，华东师范大学出版社，1988年。

［26］H.A.奥图编著：《人的潜能》，刘君业译，世界图书出版公司，1988年。

［27］H.加登纳：《艺术与人的发展》，兰金仁译，光明日报出版社，1988年。

［28］毛礼锐、沈灌群主编：《中国教育通史》（第3卷），山东教育出版社，1987年。

［29］叶秀山：《思·史·诗——现象学和存在哲学研究》，人民出版社，1988年。

［30］陈鹤琴：《陈鹤琴全集》（第二卷），北京市教育科学研究所编，江苏教育出版社，1989年。

［31］弗朗兹·博厄斯：《原始人的心智》，项龙、王星译，国际文化出版公司，1989年。

［32］威廉·费尔丁·奥格本：《社会变迁——关于文化和先天的本质》，王晓毅、陈育国译，浙江人民出版社，1989年。

［33］C.G.荣格：《怎样完善你的个性——人格的开发》，刘光彩译，中国国际广播出版社，1989年。

［34］耐桑·爱沙克斯：《皮亚杰儿童心理学浅述》，卞瑞贤译，联经出版事业公司，1989年。

［35］阿德勒：《理解人性》，陈刚、陈旭译，贵州人民出版社，1990年。

［36］皮亚杰：《皮亚杰教育论著选》，卢濬选译，人民教育出版社，1990年。

［37］皮亚杰：《皮亚杰发生认识论文选》，左任侠、李其维主编，华东师范大学出版社，1991年。

［38］夸美纽斯：《夸美纽斯教育论著选》，任钟印选编，任宝祥等译，人民教育出版社，1991年。

［39］陶行知：《陶行知全集》（第二卷），四川教育出版社，1991年。

［40］伊丽莎白·劳伦斯：《现代教育的起源和发展》，纪晓林译，北京语言学院出版社，1992年。

[41] 马克思、恩格斯:《马克思恩格斯列宁论教育》,人民教育出版社教育室编,人民教育出版社,1993年。

[42] 梁漱溟:《梁漱溟教育论著选》,马秋帆编,人民教育出版社,1994年。

[43] 维果茨基:《维果茨基教育论著选》,余震球选译,人民教育出版社,1994年。

[44] 约翰·杜威:《学校与社会·明日之学校》,赵祥麟、任钟印、吴志宏译,人民教育出版社,1994年。

[45] 哈贝马斯:《交往行动理论·第二卷:论功能主义理性批判》,洪佩郁等译,重庆出版社,1994年。

[46] 王坚红、周欣编著:《幼儿的世界:幼儿身心发展的奥秘》,霍力岩主编,华夏出版社,1994年。

[47] 倪梁康:《现象学及其效应:胡塞尔与当代德国哲学》,生活·读书·新知三联书店,1994年。

[48] 泰戈尔:《泰戈尔随笔》,刘湛秋主编,安徽文艺出版社,1995年。

[49] 杨丽珠主编:《教育科学研究方法》,辽宁师范大学出版社,1995年。

[50] 魏美惠:《近代幼儿教育思潮》,心理出版社,1995年。

[51] 陶行知:《中国教育改造》,东方出版社,1996年。

[52] 加斯东·巴什拉:《梦想的诗学》,刘自强译,生活·读书·新知三联书店,1996年。

[53] 陶行知:《中国教育改造》,东方出版社,1996年。

[54] 加斯东·巴什拉:《梦想的诗学》,刘自强译,生活·读书·新知三联书店,1996年。

[55] 联合国教科文组织国际教育发展委员会编著:《学会生存:教育世界的今天和明天》,教育科学出版社,1996年。

[56] A.C.马卡连柯:《儿童教育讲座》,诸惠芳译,河北人民出版社,1997年。

[57] 斯宾塞:《斯宾塞教育论著选》,胡毅、王承绪译,人民教育出版社,1997年。

[58] 陆有铨:《躁动的百年——20世纪的教育历程》,山东教育出版社,1997年。

[59] 刘金花主编:《儿童发展心理学》,华东师范大学出版社,1997年。

[60] 孙云晓、卜卫:《儿童教育忧思录》,辽宁人民出版社,1997年。

[61] 泰戈尔:《泰戈尔诗化小说》,倪培耕编选,上海文艺出版社,1997年。

[62] 让-罗尔·布约克沃尔德:《本能的缪斯——激活潜在的艺术灵性》,王毅、孙小鸿、李明译,上海人民出版社,1997年。

[63] 孙培青、任钟印主编:《中外教育比较史纲》(古代卷),山东教育出版社,1997年。

［64］苏霍姆林斯基：《育人三部曲》，毕淑芝等译，人民教育出版社，1998年。

［65］洛利斯·马拉古齐等：《孩子的一百种语言：意大利瑞吉欧方案教学报告书》，张军红、陈秦月、叶秀香译，光佑文化事业股份有限公司，1998年。

［66］刘晓东：《儿童教育新论》，江苏教育出版社，1998年。

［67］大卫·艾肯：《萧瑟的童颜——揠苗助长的危机》，洪毓瑛、陈姣伶译，和英出版社，1998年。

［68］简·卢文格：《自我的发展》，韦子木译，浙江教育出版社，1998年。

［69］鲁道夫·阿恩海姆：《艺术与视知觉》，滕守尧、朱疆源译，四川人民出版社，1998年。

［70］张春兴：《教育心理学》，浙江教育出版社，1998年。

［71］夸美纽斯：《大教学论》，傅任敢译，教育科学出版社，1999年。

［72］罗素：《教育与美好生活》，杨汉麟译，河北人民出版社，1999年。

［73］藤永保：《幼儿的发展和教育》，周念丽译，河北人民出版社，1999年。

［74］埃德加·莫兰：《迷失的范式：人性研究》，陈一壮译，北京大学出版社，1999年。

［75］刘晓东：《儿童精神哲学》，南京师范大学出版社，1999年。

［76］罗比·凯斯主编：《智能的阶梯：儿童发展的新皮亚杰理论》，屠美如、周欣等译，南京师范大学出版社，1999年。

［77］O.F. 博尔诺夫：《教育人类学》，李其龙等译，华东师范大学出版社，1999年。

［78］弗朗兹·博厄斯：《人类学与现代生活》，刘莎等译，华夏出版社，1999年。

［79］迈克尔·西戈、张新立：《儿童认知发展研究：一种新皮亚杰学派观》，四川教育出版社，1999年。

［80］丁永真、王一军主编：《学会生活：小学生基础教育模式的思考与实践》，江苏人民出版社，1999年。

［81］罗宾·柯林伍德：《自然的观念》，吴国盛、柯映红译，华夏出版社，1999年。

［82］杨善华主编：《当代西方社会学理论》，北京大学出版社，1999年。

［83］王振宇主编：《儿童心理发展理论》，华东师范大学出版社，2000年。

［84］泰勒·何德兰、坎贝尔·布朗士：《孩提时代：两个传教士眼中的中国儿童生活》，魏长保等译，群言出版社，2000年。

［85］叶澜：《教育概论》，人民教育出版社，2000年。

［86］纪伯伦：《纪伯伦散文诗全集》，冰心等译，北京燕山出版社，2000年。

［87］埃德华兹等：《儿童的一百种语文》，罗雅芬等译，心理出版社，2000年。

［88］卢梭：《爱弥儿——论教育》，李平沤译，人民教育出版社，2001年。

［89］裴斯泰洛齐：《裴斯泰洛齐教育论著选》，夏之莲等译，人民教育出版

社，2001 年。

［90］福禄培尔:《人的教育》，孙祖复译，人民教育出版社，2001 年。

［91］蒙台梭利:《蒙台梭利幼儿教育科学方法》，任代文主译校，人民教育出版社，2001 年。

［92］约翰·杜威:《民主主义与教育》，王承绪译，人民教育出版社，2001 年。

［93］詹栋梁:《儿童哲学》，五南图书出版有限公司，2001 年。

［94］A. 卡米洛夫-史密斯:《超越模块性——认知科学的发展观》，缪小春译，华东师范大学出版社，2001 年。

［95］廉串德、李常仓编著:《天才方程式: 学前儿童家庭教育》，王小龙主编，中国纺织出版社，2001 年。

［96］陈鹤琴:《创建中国化科学化的现代幼儿教育》，金城出版社，2002 年。

［97］赫尔巴特:《普通教育学、教育学讲授纲要》，李其龙译，浙江教育出版社，2002 年。

［98］胡塞尔:《纯粹现象学通论》，李幼蒸译，倪梁康选编，商务印书馆，2002 年。

［99］恩斯特·海克尔:《宇宙之谜》，郑开琪等译，上海译文出版社，2002 年。

［100］德斯蒙德·莫里斯:《人类动物园》，刘文荣译，文汇出版社，2002 年。

［101］郭元祥:《生活与教育——回归生活世界的基础教育论纲》，华中师范大学出版社，2002 年。

［102］刘晓东:《解放儿童》，新华出版社，2002 年。

［103］劳拉·E. 贝克:《儿童发展》，吴颖等译，江苏教育出版社，2002 年。

［104］朱智贤、林崇德:《儿童心理学史》，北京师范大学出版社，2002 年。

［105］肖川:《教育的理想与信念》，岳麓书社，2002 年。

［106］卜卫:《媒介与儿童教育》，新世界出版社，2002 年。

［107］周兴旺、李喜:《赢在起点: 中国第一本成功早教案例分析报告》，新华出版社，2002 年。

［108］玛利亚·蒙台梭利:《童年的秘密》，单中惠译，京华出版社，2002 年。

［109］大卫·科恩:《天性: 遗传如何影响孩子的性格、能力及未来》，王大华、周晖译，新华出版社，2003 年。

［110］马克斯·范梅南:《生活体验研究: 人文科学视野中的教育学》，宋广文等译，教育科学出版社，2003 年。

［111］陈桂生:《教育实话》，华东师范大学出版社，2003 年。

［112］陈映芳:《图像中的孩子——社会学分析》，山东画报出版社，2003 年。

［113］马克·佩斯:《游戏世纪》，蔡文英译，世界图书出版公司，2003 年。

［114］时遂营主编:《中国孩子智慧生存法: 孩子成长必备的 50 种生存技能》，商务印书馆，2003 年。

[115] 小卡尔·威特:《后天神童:成就天才的14项教育法则》,王雪琴译,大众文艺出版社,2003年。

[116] 璇子、雪阳:《透过命运的迷雾:早期教育影响孩子的一生》,上海教育出版社,2003年。

[117] 鲁迅:《鲁迅作品精选》,童秉国选编,长江文艺出版社,2003年。

[118] B.H.阿瓦涅索娃等编:《学龄前儿童教育》,杨挹敏等译,教育科学出版社,2004年。

[119] 埃德加·莫兰:《复杂性理论与教育问题》,陈一壮译,北京大学出版社,2004年。

[120] 德斯蒙德·爱德华·泰勒:《人类学——人及其文化研究》,连树声译,广西师范大学出版社,2004年。

[121] 赵汀阳:《论可能生活:一种关于幸福和公正的理论》,中国人民大学出版社,2004年。

[122] 周作人:《周作人讲演集》,止庵编,河北人民出版社,2004年。

[123] 丰子恺:《丰子恺随笔精粹》,丰陈宝、杨子耘编,上海古籍出版社,2004年。

[124] 尼尔·波兹曼:《童年的消逝》,吴燕莛译,广西师范大学出版社,2004年。

[125] 马克斯·范梅南、巴斯·莱维林:《儿童的秘密:秘密、隐私和自我的重新认识》,陈慧黠等译,教育科学出版社,2004年。

[126] 乔治·S.莫里森:《当今美国儿童早期教育》,王全志等译,北京大学出版社,2004年。

[127] 丽莲·凯兹:《与幼儿教师对话——迈向专业成长之路》,廖凤瑞译,南京师范大学出版社,2004年。

[128] 刘铁芳:《守望教育》,华东师范大学出版社,2004年。

[129] 冯建军:《生命与教育》,教育科学出版社,2004年。

[130] 孙隆基:《中国文化的深层结构》,广西师范大学出版社,2004年。

[131] 罗伯特·所罗门:《大问题——简明哲学导论》,张卜天译,广西师范大学出版社,2004年。

[132] 让-皮埃尔·内罗杜:《古罗马的儿童》,张鸿、向征译,广西师范大学出版社,2005年。

[133] 爱德华·泰勒:《原始文化:神话、哲学、宗教、语言、艺术和习俗发展之研究》,连树声译,广西师范大学出版社,2005年。

[134] 大卫·帕金翰:《童年之死:在电子媒体时代成长的儿童》,张建中译,华夏出版社,2005年。

[135] 中国社会科学院语言研究所词典编辑室:《现代汉语词典》(第5版),

商务印书馆，2005年。

［136］刘晓东：《儿童文化与儿童教育》，教育科学出版社，2006年。

［137］朱家雄主编：《中国视野下的学前教育》，华东师范大学出版社，2007年。

［138］郭元祥：《教育的立场》，安徽教育出版社，2009年。

［139］牛利华：《回归生活世界的教育学省察——兼论教育与生活的关系样态》，东北师范大学出版社，2010年。

［140］张彤：《从先验的生活世界走向文化的日常生活——许茨与胡塞尔生活世界理论比较研究》，黑龙江大学出版社，2011年。

［141］艾伦·普劳特：《童年的未来——对儿童的跨学科研究》，华桦译，上海社会科学院出版社，2014年。

［142］威廉·A.科萨罗：《童年社会学》，程福财等译，上海社会科学出版社，2014年。

［143］艾莉森·詹姆斯、克里斯·简克斯、艾伦·普劳特：《童年论》，何芳译，上海社会科学院出版社，2014年。

［144］郑素华：《童年与文化：儿童文化研究小集》，云南出版集团公司，2015年。

［145］张更立：《异化与回归：走向"生活批判"的中国儿童教育研究》，南京师范大学出版社，2017年。

［146］刘铁芳：《教育的生活意蕴》，人民出版社，2017年。

［147］康·巴乌斯托夫斯基：《金蔷薇》，李时译，西苑出版社，2018年。

［148］吴晓蓉：《仪式中的教育：摩梭人成年礼的教育人类学研究》，人民出版社，2019年。

［149］王继：《身体与世界的共构》，中国社会科学出版社，2020年。

二、期刊类

［1］储韶华：《自由与自然：让理想回归大地》，《江海学刊》1999年第5期。

［2］刘晓东：《儿童的本能与儿童的教育》，《学前教育研究》2000年第2期。

［3］刘晓东：《"不朽的暗示来自童年"：西默斯·希尼的诗与他的童年》，《南京师范大学文学院学报》2001年第1期。

［4］王富仁：《把儿童世界还给儿童》，《读书》2001年第6期。

［5］吕智红、唐淑：《神童教育的历史回顾与反思》，《学前教育研究》2001年第6期。

［6］郑三元：《回归儿童的生活世界：一个天真的梦想》，《学前教育研究》2002年第1期。

［7］靖国平：《论教育与生活的"二重变奏"》，《天津市教科院学报》2002

年第 2 期。

[8] 姜勇：《论儿童发展的可能性——从教育的"规范世界"走向"生活世界"》，《学前教育研究》2002 年第 6 期。

[9] 段发明：《学校生活教育的疏离与回归：儿童的生活重负与消解》，《江西教育科研》2003 年第 3 期。

[10] 冯建军：《生命化教育与生活》，《教育评论》2003 年第 6 期。

[11] 胡延琴：《论儿童生活与成人生活的生态关系》，《河南教育学院学报》（哲学社会科学版）2004 年第 1 期。

[12] 侯莉敏：《论儿童个体经验与人类文化在幼儿园课程中的同构》，《学前课程研究》2007 年第 1 期。

[13] 苗雪红：《论基于儿童生活的幼儿园课程观》，《学前课程研究》2008 年第 9 期。

[14] 卜劳恩：《假期第一天》，《语文世界》（中学生之窗）2019 年第 2 期。

[15] 黄进：《重塑时间生活：幼儿园时间制度化现象审思》，《中国教育学刊》2019 年第 6 期。

[16] 刘晓东：《儿童是什么——儿童"所是"之多维描述》，《湖南师范大学教育科学学报》2020 年第 4 期。

[17] 刘铁芳、孙意远：《儿童何以成为整全的生命：儿童教育的意蕴及其实现》，《湖南师范大学教育科学学报》2020 年第 4 期。

[18] 刘谦、王正阳：《解读儿童——教育人类学田野工作方法对儿童研究的启示》，《教育研究》2022 年第 7 期。

[19] 辛静、杨小雅：《"更有意思"的短视频：儿童媒介化日常生活异化研究》，《新闻与写作》2022 年第 6 期。

[20] 刘小柳：《图像时代的儿童道德想象力危机与教育应对》，《中国教育学刊》2023 年第 12 期。

[21] 李旭：《幼儿园"生活"何谓？——杜威"教育即生活"的内涵特征、中国境遇及当代启示》，《学前教育研究》2023 年第 10 期。

[22] 聂康灵：《学会赏识促进儿童生命整全成长》，《中国教育学刊》2023 年第 9 期。

[23] 季诚钧、韩连权：《农村留守儿童社会性发展差异及其机制研究——基于生活历史法》，《贵州师范大学学报》（社会科学版）2023 年第 4 期。

[24] 洪晨、程天君：《现代儿童观的话语建构：基于多元话语分析视角的探究》，《学前教育研究》2024 年第 5 期。

［1］Piaget, J., Play, *Dreams and Imitation in Childhood*, Norton, 1962.

［2］Meyer, W. & Dusek, J., *Child Psychology, A Developmental Perspective*, Lexington, D.C. Heath and Company, 1979.

［3］Tizard, B. & Hughes, M., *Young Children Learning: Talking and Thinking at Home and in School*, Fontana Press, 1984.

［4］Moyles, J.R., *Just Playing?: The Role and Status of Play in Early Childhood Education*, Open University Press, 1989.

［5］Scarre, Geoffrey, *Children, Parentsand Politics*, Cambridge University Press, 1989.

［6］Meadows, S., *The Child as Thinker: The Development and Acquisition of Cognition in Childhood*, Routledge, 1993.

［7］Seifert, K.L., Cognitive Development and Early Childhood Education, in *Handbook of Research on the Education of Young Children*, edited by Spodek, B., Macmillan, 1993.

［8］Kíng, A., "Guiding Knowledge Construction in the Classroom: Effects of Teaching Children How to Question and How to Explain", *American Education Research Journal*, Vol. 31, No. 2(1994), pp. 338–368.

［9］Hartup, W.W., "Cooperation, Close Relationships, and Cognitive Development", in *The Company They Keep: Friendship in Childrenhood and Adolescence*, edited by Bukowski, W.M., et al., Cambridge University Press, 1996.

［10］White, A., *Philosophy for Kids: 40 Fun Questions that Help You Wonder About Everything!*, Prufroek Press, 2001.

［11］Noddings, N., *Educating Moral People: A Caring Alternative to Character Education*, Teachers College Press, 2002.